第27回党大会

日本共産党中央委員会総会決定集

第1回中央委員会総会〈2017年1月〉→第9回中央委員会総会〈2020年1月〉

日本共産党中央委員会出版局

第27回党大会　日本共産党中央委員会総会決定集

目次

第8回中央委員会総会（2019年11月4～5日）

第1回中央委員会総会は第27回党大会会期中の2017年1月18日午後、伊豆学習会館でひらかれました。また、第9回中央委員会総会は2020年1月12日と17日に、それぞれ党本部、伊豆学習会館でひらかれました。

第1回中央委員会総会と第9回中央委員会総会については、総会の決定として発表された文書や書記局コミュニケはありません。

第27回党大会
第2回中央委員会総会

2017年10月3日

第2回中央委員会総会について

２０１７年10月3日　日本共産党中央委員会書記局

一、日本共産党第2回中央委員会総会は、総選挙の公示7日前の10月3日午後、党本部で開かれた。会議前半の幹部会報告の部分は、「総選挙必勝・全国いっせい決起集会」として、党内通信・インターネットで中継され、全国の党員、後援会員、支持者など2万3千人以上が参加した。

一、志位和夫委員長が幹部会を代表して報告を行った。報告は冒頭に、党大会で決めた総選挙の目標への挑戦をよびかけたうえで、第一の主題として、「自公とその補完勢力」対「市民と野党の共闘」という対決構図が、鋭い形で浮き彫りになっていることを明らかにした。安倍首相が解散の大義を語れず、窮地に追い込まれるとともに、「希望の党」が、あらゆる面で「自民党の補完勢力」としての本質をあらわにしていることを解明した。「市民と野党の共闘」の側では、民進党が「希望の党」への合流という、4野党の党首合意を反故《ほご》にする背信行為を行ったが、日本共産党は市民と野党の共闘で政治を変える立場を断固として堅持し、進んでいくことを表明した。

第二の主題として報告は、総選挙の政治論戦でとくに留意すべき4点――①選挙の最大争点は〝安倍暴走政治をこのまま続けさせていいのか〟にある、②北朝鮮問題の道理ある解決の道を攻勢的に語る、③消費税10％への大増税の是非を問い、党の経済改革論を豊かに語る、④９条改憲勢力に痛打を与える選挙にしていく――を明らかにした。

第三の主題、選挙戦の宣伝・組織活動については、野党共闘の勝利と日本共産党躍進の一体的追求、「比例を軸に」、「８５０万票、15％以上」をめざすとりくみと小選挙区必勝区の勝利の一体的追求という、「二つの一体的追求」をゆるがず貫くことを強調し、五つの具体的な行動を提起した。

報告は結びに、前例のない大激動のもとで、党躍進の条件が間違いなく存在していること、同時に結果に実らせるには、やるべきことをやるべき期日までにやりぬくことが必要なことを強調し、市民と野党の共闘の勝利、日本共産党の躍進をつかみとろうと訴えた。

一、総会では、幹部会報告について11人が討論した。

一、志位委員長が討論の結語を述べた。結語は、立憲民主党、社民党とともに、３党と市民の共闘でたたかう決意を述べ、立憲民主党代表・枝野幸男氏の選挙区の党候補を取り下げ、協力してたたかうことを表明した。

また、情勢の大激変のもとで、自公と補完勢力が党略を弄《ろう》するものの誤算があらわになり、破たんに直面している一方、この勢力との対比で、わが党の〝ブレない党〟〝スジを通す党〟という値打ちが際立ち、党躍進のチャンスが間違いなく存在していることを明らかにした。

結語は最後に、宣伝・組織活動の目標を基準にし、到達点をリアルに見て、やり抜く手だてを日々うっていくこと、とりわけ公示までに党躍進の勢いをつくりだす重要性を強調し、この大会期の大仕事となる総選挙で、中央委員会の任務を果たすことを訴えた。

一、総会は、幹部会報告と結語を全員一致で採択し、総選挙での躍進を固く誓い合って散会した。

（「しんぶん赤旗」２０１７年10月４日付）

志位委員長の幹部会報告

中央役員のみなさん、インターネット中継をご覧の全国のみなさん、こんにちは。みなさんの日夜をわかたぬ奮闘に心からの敬意を申し上げるとともに、ともにたたかう決意を込めて、熱い連帯のあいさつを送ります。

私は、幹部会を代表して、第2回中央委員会総会への報告を行います。

衆議院選挙の公示日まで7日間、投票日まで19日間となりました。超短期決戦です。一日一日が勝敗を分ける歴史的な19日間となります。

まず冒頭に、全党と後援会の力を一つに集めて、市民と野党の共闘を必ず成功させるとともに、党大会で決めた総選挙の目標――「比例を軸に」を貫き、「８５０万票、15％以上」、「全国11のすべての比例ブロックでの議席増」を達成し、小選挙区でも必勝区を中心に議席の大幅増に挑戦するために、大奮闘する決意を、みんなで固めあおうではありませんか。

政治対決の構図と、総選挙をたたかう基本姿勢について

報告の第一の主題は、総選挙の政治対決の構図と、総選挙をたたかう基本姿勢についてであります。

「自公とその補完勢力」対「市民と野党の共闘」――対決構図がいっそう浮き彫りに

私たちは、党大会決定で、今度の総選挙の政治対決の構図を、「自公とその補完勢力」対「市民と野党の共闘」にあると見定めて、たたかってきました。

9月25日、安倍首相の衆議院解散表明と同じ日の「希望の党」の立ち上げ、28日、解散の日、突然の民進党の「希望の党」への「合流」方針の決定など、選挙戦の様相を大きく変える出来事が続いています。

こうした状況のもとで、一部メディアは、総選挙の対決構図を「自公」対「希望」と描いています。これはまったく偽りの対決構図であります。この両者には「対決」の中身はまったくありません。「自公」対「希望」対「リベラル・共産」と描いているメディアもありますが、これも正しくありません。

総選挙の政治対決の構図は、「自公とその補完勢力」対「市民と野党の共闘」にあります。これは、いささかも変わりがありません。むしろ、この対決の構図が、いっそう鋭い形で浮き彫りになっ

てきています。そのことを深くつかむことが大切であります。

「疑惑隠し解散」によって安倍自公政権は窮地に追い込まれている

まず「自公とその補完勢力」の側はどうでしょうか。

私は、9月21日の都道府県委員長会議の報告で、臨時国会冒頭での解散が「森友・加計《かけ》疑惑隠し」を狙った前代未聞の異常で党略的な暴挙であることを厳しく批判するとともに、この暴挙は国民の世論と運動に追い詰められた結果であることを強調し、安倍政権を退場させるチャンスの選挙ととらえて全力をあげることを訴えました。

安倍首相は、25日の解散表明にあたって、あれこれの解散理由を並べましたが、「なぜ冒頭解散なのか」についてはー切説明することができませんでした。解散の大義を語ることもできませんでした。イチかバチかの解散に打って出たものの、「疑惑隠しの解散」「大義なき解散」という批判が、国民のなかで急速に広がり、安倍政権はさらに窮地に追い込まれています。そのことは、一時的に持ち直した内閣支持率が、党利党略解散を受けて、軒並み下落に転じていることにも、はっきり示されているではありませんか。

総選挙が、安倍政権を退場に追い込む歴史的チャンスの選挙であることがいよいよ明瞭になってきました。全国の同志のみなさん。このことをしっかりつかんで、この総選挙を意気高くたたかいぬこうではありませんか。

「希望の党」――どこからみても「自民党の補完勢力」の本質は明らか

「希望の党」をどうとらえるか。わが党は、この動きについて、当初から、「自民党の補完勢力」と批判してきましたが、その本性がはっきりとあらわれてきています。

――まず結党メンバーの顔ぶれであります。自民党政治の中枢にいた人、野党共闘に反対して民進党から出てきた人、ウルトラ右翼の政党の党首だった人などが、結党メンバーに名をつらねました。小池百合子代表自身、防衛大臣、総務会長など政府と自民党の要職を歴任し、安保法制＝戦争法を策定するさいには、自民党の安全保障法制整備推進本部の副本部長として、これを推進した人物です。小池代表は、安倍首相とともに、安保法制＝戦争法という戦後最悪の違憲立法強行という暴走政治を推進した張本人の一人なのであります。小池氏をはじめとするこうした顔ぶれ一つを見ても、「希望の党」が、「自民党の補完勢力」であることは、あまりにも明らかではないでしょうか。

――政治的主張と行動の中心点はどうでしょうか。いろいろな公約を並べていますが、「安保法制容認」と「9条を含む憲法改定」の二つが「希望の党」の政治的主張の要となっています。安倍首相も「安全保障の基本理念は同じだ」と認めるように、政治的主張の根幹部分は安倍政権と何ら変わりがありません。そして、この二つを「踏み絵」にして、民進党出身者に屈服を迫り、野党共闘を破壊する。これが現実にとっている行動であります。安倍首相からすれば、〝最大の脅威〟であった野党共闘を破壊するという点で、「希望の党」は自民党の最大の援軍となっています。政治的主張を見ても、行動を見ても、「自民党の補完勢力」としての面目躍如といわなければなりません。

――「希望の党」が「維新の会」との連携を確認したことも重大です。「維新の会」は、国会で、「共謀罪」法や、「カジノ」法を自民・公明とともに強行採決し、野党共闘に対する口汚い攻撃を行うなど、「自民党の補完勢力」としての実績が試されずみの党であります。さらに、「維新の会」は、「憲法9条の改定」を総選挙公約に明記しています。「希望の党」と「維新の会」の連携は、東西で「自民党の補完勢力同盟」をつくろうというものにほかなりません。

――小池都知事が、都政でやっていることは何か。小池知事は、都政の最大の問題――築地市場の豊洲移転の問題で、豊洲市場の「無害化」という東京都の約束、「食の安全・安心」という都議選での公約を放り投げ、都政の「情報公開」「見える化」という公約を裏切って、都議会での議論を封殺し、問答無用の態度で自民党がすすめてきた豊洲移転をごり押ししています。業者のみなさんから激しい批判が起こり、都政運営が立ち行かなくなる行き詰まりに直面しています。都政における重大な公約違反の態度は、小池氏が国政であれこれの公約を語る資格そのものを問うものとなっているといわなければなりません。

あらゆる面からみて、「希望の党」が「自民党の補完勢力」であることは、明らかであります。それは、いかなる意味でも、野党が連携・協力の対象にできる勢力ではありません。安倍自公政権にも、その別動隊であるこのような勢力にも、断じて負けるわけにはいきません。事実にもとづいて、その姿を、広く国民に明らかにしていこうではありませんか。

民進党の「希望の党」への合流の決定について

それでは「市民と野党の共闘」の側はどうでしょうか。

私たちは、この2年間、4野党と市民の共闘を発展させるために力をつくしてきましたが、多くの人々の共闘のための努力に背く重大な動きがおこりました。

9月28日、民進党の前原代表は、突然、民進党の事実上の解散と、「希望の党」への合流を提案し、民進党の両院議員総会はこの提案を受け入れました。合流といっても、民進党の候補者は「希望の党」に公認を申請し、その審査を行うのは「希望の党」だということであります。合流というより、「希望の党」による民進党の吸収・合併・併合というのが、事の真相にほかなりません。

この民進党の決定は、この2年間の共闘の原点を否定するものであります。2年間の市民と野党の共闘の原点――「一丁目一番地」は、憲法違反の安保法制を廃止し、立憲主義を回復することにありました。このことを求める市民の空前のたたかいのなかから、この共闘は生まれたのです。「安保法制容認」を政治的主張の要としている「希望の党」への合流は、この原点を投げ捨てるものにほかなりません。

民進党の決定は、4野党での繰り返しの党首合意――安保法制を廃止し立憲主義を回復する、安倍政権を倒すために国政選挙でできる限りの協力を行う――などの公党間の合意を一方的にほごにするものといわなければなりません。この決定を行うさいに、民進党からわが党に対して何らの説明もありませんでした。わが党として、小池書記局長から民進党の大島幹事長に、公党間の信義にもとる行為として、厳重に抗議する対応を行いました。

さらに、民進党の決定は、市民連合のみなさんと4野党が9月26日に交わした、総選挙をたたかう共通公約──そこには、「特定秘密保護法、安保法制、共謀罪法などの白紙撤回」「安倍政権が進めようとしている9条改正への反対」などが明記されています──を、そのわずか2日後に裏切るものとなりました。

民進党の決定は、この2年間、共闘の発展のために力をつくしてきた人々に対する、重大な背信行為といわなければなりません。

民進党の候補者が「希望の党」の公認候補となった場合には、日本共産党は、公認候補を、原則として擁立してたたかいます。それは、有権者のみなさんに対するわが党の当然の責任であると考えるものです。

日本共産党の基本姿勢──共闘によって日本の政治を変えていく立場を断固貫く

今後をどう展望するか。市民と野党の共闘に重大な逆流が持ち込まれたことは明らかですが、日本共産党は、市民と野党の共闘によって、日本の政治を変えていくという立場を、断固として堅持して、前途を切り開く決意であります。

まず何よりも、これまで協力してきた市民連合のみなさんとの協力関係を大切にして、さらに発展させていきたいと考えています。市民連合は、9月29日、「見解」を発表し、民進党の決定を厳しく批判し、「立憲主義に反する安保法制を肯定する希望の党と市民連合が共闘することはありえません」とのべるとともに、「市民と立憲野党・議員の共闘を力強く再生させる可能性を模索しつづけたい」と表明しました。心強い表明であります。

さらに、日本共産党は、こういう状況の下でも、勇気をもって共闘の道をしっかり進もうという政党、議員、候補者のみなさんとは、共闘を追求していきます。

すでに日本共産党は、社会民主党とは、総選挙において、できる限り多くの選挙区で候補者の一本化を図る合意を行い、12都府県24選挙区で候補者を一本化することで合意しました。両党のこの合意は、どこでも熱い歓迎をもって迎えられています。

「希望の党」が、民進党出身者の「選別」を開始し、「安保法制容認」を「踏み絵」とするもとで、深刻な矛盾が広がっています。民進党の候補者のなかで、「希望の党」に入ることを拒否する方々が生まれています。昨日(2日)、民進党の枝野幸男代表代行は、「立憲民主党」を立ち上げ、「希望の党」に合流しない民進党国会議員らに参加をよびかけることを明らかにしました。私は、安保法制廃止、安倍政権による憲法9条改憲反対を貫こうという流れの中から、こうした動きが起こってきたことを、心から歓迎します。わが党は、共闘の原点と大義に立ち返って行動するという方々とは、この間の経過や行きがかりをのりこえて、協力・連携を追求していくことを表明するものです。

〝大義の旗〟〝共闘の旗〟を高く掲げる日本共産党の躍進を

この2年間、市民と野党の共闘は、昨年の参議院選挙、新潟県知事選挙、仙台市長選挙などで、多くの実績を積み重ねています。市民と野党が一つに結束すれば安倍政権を倒すことができる。これは、誰も否定できない政治の現実であります。

またこの2年間、共闘にとりくむなかで、全国各地で草の根から「共闘の絆」がたくさんつくられています。それは、一部の逆流によって、簡単に壊すことはできないものであり、今後に必ず生きるものと確信するものです。

市民と野党の共闘にこそ未来がある。逆流をのりこえることができれば、この共闘はもっと強く、もっと確かなものに発展しうる。このことに確信をもち、直面する総選挙でその可能性を、最大限に追求して奮闘しようではありませんか。

そして、安保法制廃止、立憲主義回復をはじめ、市民と野党の共闘が掲げてきた〝大義の旗〟を高く掲げているのが日本共産党であります。政治的立場の違い、思想・信条の違いを超えて、共闘の力で政治を変える――〝共闘の旗〟を握って離さず、一貫して高く掲げ続けているのが日本共産党であります。

全国の同志のみなさん。この党を躍進させることこそ、市民と野党の共闘を、試練をのりこえて前に進める最大の力となり、日本の政治を良くする一番の力となることを、総選挙で大いに訴えてたたかおうではありませんか。

総選挙の政治論戦をどうすすめるか――いくつかの留意点について

報告の第二の主題は、総選挙の政治論戦をどうすすめるかについてであります。

9月21日の都道府県委員長会議では、当面の政治論戦の中心点として五つの柱を強調しました。解散第一声でも、総選挙の争点を五つの柱で明らかにしました。すなわち、①安倍暴走政治をこのまま続けさせていいのか。とくに三つの違憲立法――安保法制・秘密保護法・共謀罪法の廃止。②北朝鮮の核・ミサイル問題をどうやって解決するか。③消費税10％を中止し、格差と貧困をただす四つの経済改革を実行する。④安倍政権による憲法9条改定を許していいのか。⑤核兵器禁止条約にサインする政府をつくろう。

原発再稼働を許さず「原発ゼロの日本」をつくる、沖縄の新基地建設の中止なども、重要な争点となります。明日、発表する「総選挙政策」で、わが党の政策的立場の全体を明らかにしたいと思います。

総選挙の政治論戦は、これらを土台にしながら、情勢にそくして発展させていきたいと考えています。ここでは、政治論戦で、とくに留意していただきたい点を4点ほどのべます。

安倍暴走政治を正面から追及し、政治の根本的転換を求める論陣を

第一に、この選挙の最大の争点は、安倍暴走政治をこのまま続けさせていいのか。ここにあるということであります。

安倍首相は、この解散を「国難突破解散」と称し、「急速に進む少子高齢化を克服し、わが国の未来を開く」、「北朝鮮の脅威に対して国民の命と平和な暮らしを守り抜く」ことが争点だと主張しています。もちろん、これらに対しても、私たちは、それを迎え撃つ攻勢的な論戦を行います。

同時に、そうした個々の政策以前の大争点として、「この5年間の安倍暴走政治」を正面から徹底的に追及し、政治の根本的転換を求める論陣を大いに張っていきます。安保法制＝戦争法、秘密保護法、共謀罪法の強行など、憲法をこれだけないがしろにした政権はかつてありません。沖縄米軍新基地建設でも、原発再稼働でも、国民の民意をこれだけ踏みつけにした政権はかつてありません。そしてこの暴走の行き着いた果ては「森友・加計疑惑」など国政私物化です。こんな異常な「お友達優遇」の政治私物化疑惑にまみれた政権もかつてありません。どれも安倍首相がこの総選挙で避けて通りたい問題ばかりですが、それを決して許してはなりません。

安倍首相は、「国難突破」と言いますが、安倍晋三氏が首相に居座っていることが、わが国にとっての最大の「国難」ではありませんか。憲法を壊し、民意を踏みつけにし、国政を私物化する、安倍暴走政治に退場の審判を下し、日本の政治に立憲主義・民主主義・平和主義を取り戻す——この論戦の先頭に、私たち日本共産党がたって大奮闘しようではありませんか。

この論戦ができるのは、日本共産党と共闘勢力であります。「希望の党」には決してできません。この党は、日本の政治を「リセットする」と抽象的に唱えることはできても、「安倍暴走政治」に対する批判はできません。小池代表自身が、自民党政治の中枢にいて、安倍首相とともに暴走政治を進めてきた「暴走仲間」だからであります。

私たちの正面の相手は、あくまで安倍自公政権であります。安倍自公政権への批判を正面にすえ、それとの関係で「希望の党」など「補完勢力」への批判を適切な形で行うという基本姿勢を堅持して論戦にとりくむようにしたいと思います。

北朝鮮問題の道理ある解決の道を、大いに攻勢的に語ろう

第二に、北朝鮮問題の道理ある解決の道を、大いに攻勢的に語ることであります。

安倍首相は、総選挙の訴えで、「北朝鮮の脅威から国民の命を守り抜く」ことを前面に掲げ、自分がやってきた外交活動を自賛しながら、日米同盟の強化と安保法制の重要性を繰り返しています。しかし、安倍政権のこの問題に対する姿勢は、①「対話のための対話は意味がない」とする異常な対話否定論に立ち、②「すべての選択肢はテーブルの上にあるという米国政府の立場を支持する」と、アメリカの軍事力行使を公然と容認し、③危機に乗じて安保法制を発動し、この地域の軍事的緊張を高めるとともに、日本を危険にさらす――問題の解決に役立つどころか、二重三重に危機を高めるだけの危険なものといわなければなりません。

日本共産党は、北朝鮮による核実験、弾道ミサイル発射を強く糾弾するとともに、破滅をもたらす戦争だけは絶対に起こしてはならないということ、経済制裁強化と一体に「対話による平和的解決」のために力をつくすことこそ唯一の解決策であるということ、とくに米朝が、危機打開のために直接対話に踏み出すことが重要だということを、一貫して主張するとともに、こうした内容を関係各国に伝達し、働きかけてきました。

経済制裁強化と一体に「対話による平和的解決」をはかることは、世界の多数の諸国が主張していることであります。それはまた、北朝鮮の制裁措置を決めた国連安保理決議自身がよびかけていることであります。

日本共産党の立場こそ、世界の大勢に立った、冷静で道理ある立場であることに確信をもって、これを大いに攻勢的に語ろうではありませんか。

消費税10％への大増税の是非を大争点に――格差・貧困をただす経済改革論を

第三に、経済論戦では、消費税10％への大増税の是非を正面から問うとともに、格差と貧困をただす日本共産党の経済改革論を豊かに語っていきたいと思います。

安倍首相は、解散の口実として、「消費税10％の増税分の一部を教育・子育てにまわす」ということを突然言い出しました。国民の切実な教育・子育ての願いを「人質」にとって、2度も延期を余儀なくされた消費税10％を押し付ける――「10％増税宣言」こそこの主張の本質であります。消費税10％増税を既定事実として、その「使い道」に議論を矮小化《わいしょう》することを許さず、消費税10％への大増税の是非そのものを大争点にしていくことが大切であります。

8％への増税が、3年半にわたる深刻な消費不況をつくりだしたこと、こうした状況下での増税は、経済も家計も破壊することを示し、10％増税をきっぱり中止することを訴えようではありませんか。増税するなら「アベノミクス」で大もうけをあげている富裕層と大企業に応分の負担を求めるべきという財源論の対案を大いに語ろうではありませんか。

この問題で、「希望の党」と「維新の会」は、「消費税凍結」を言いますが、共通しているのは「身を切る改革」を先にやれという主張であります。これは、「身を切る改革」――国会議員定数の大幅削減という民主主義破壊をやったうえで、10％を実施するという、二重の問題点があります。

消費税問題と一体に、格差と貧困をただす日本共産党の経済改革論を大いに語ることが大切であります。解散第一声では、大会決定をベースに、税金の改革、予算の改革、働き方の改革、地域経済の再生と、四つの柱を打ち出しました。大会決定、「総選挙政策」を大いに活用し、国民の切実な要求にかみあわせて、わが党の経済改革論を豊かに語ろうではありませんか。

自民党などが9条改憲を初めて総選挙の公約に——痛打をあたえる選挙に

第四は、憲法9条改定を許していいのかという大争点についてです。

安倍首相が、「9条1項、2項を残しつつ、自衛隊を明文で書き込む」という改憲案を提起したことを受けて、自民党は「憲法9条の改定」を公然と公約に掲げました。「維新の会」も「憲法9条の改定」を初めて公約に掲げました。「希望の党」も「憲法9条を含む憲法改定」を公約に掲げています。

自民党、「維新の会」、「希望の党」——自民党を含む複数の政党が、そろって9条改憲を総選挙の公約に掲げたのは、戦後でも初めてのことであります。憲法9条をめぐっても、この総選挙の意義はきわめて重大なものとなりました。まさに日本の命運がかかった選挙であります。全国の同志のみなさん、市民と野党の共闘の勝利、日本共産党の躍進で、9条改憲勢力に痛打を浴びせる選挙にしていこうではありませんか。

わが党が、繰り返し明らかにしてきたように、憲法9条に自衛隊を明記する改定を行えば、単に存在する自衛隊を憲法上追認することにとどまらず、2項の空文化=死文化、無制限での海外での武力行使に道を開くことになります。ここにこそ本質と狙いがあることを、徹底的に明らかにする論陣を張っていこうではありませんか。

選挙戦の宣伝・組織活動をどうすすめるか

報告の第三の主題は、選挙戦の宣伝・組織活動をどうすすめるかについてであります。

「二つの一体的追求」を揺るがずにつらぬく

選挙戦の宣伝・組織活動をすすめる基本姿勢として、まず強調したいのは、党大会決定が明らかにした「『二つの一体的追求』を揺るがずにつらぬく」ということであります。

第一は、野党共闘の勝利と日本共産党躍進の一体的追求であります。わが党は、市民と野党の共闘に重大な逆流が持ち込まれたもとでも、共闘の可能性を最大限に追求し、その勝利のために力をつくします。この姿勢を貫くことは、安倍政権を退場させて新しい政治をつくるうえでの貢献となるとともに、わが党への国民の共感と信頼を広げることにつながるものとなるでしょう。

同時に、日本共産党躍進のためには、そのための独自の活動に力をそそがなければならないことは、いうまでもありません。日本共産党の独自の政策、党の姿を丸ごと語るとりくみを強め、日本共産党を伸ばすことが政治を変えるうえでどんな意味をもつかを大いに語り抜き、広げに広げようではありませんか。昨年の参院選では、「野党共闘での選挙区選挙に手がとられ、比例の対策が弱かった」という反省も寄せられましたが、この反省を、総選挙をたたかう教訓として銘記しておきたいと思います。

第二は、日本共産党の躍進という点では、「比例を軸に」、比例代表で「850万票、15％以上」をめざすとりくみと、小選挙区必勝区での勝利の一体的追求をはかるということであります。

わが党は、この総選挙で、16の小選挙区必勝区を設定しました。その勝利に正面から挑戦します。同時に、選挙戦の軸は、あくまで比例代表選挙であります。現在の選挙制度のもとで、わが党が議席を伸ばす「主舞台」は、比例代表選挙であることを強調したいと思います。「比例を軸に」、「全国は一つ」でこの選挙をたたかいぬき、全国で「850万票、15％以上」という目標達成とともに、全国11の比例ブロックのすべてで議席増を達成するという目標を掛け値なしにやりぬくために、全党があらゆる力を傾注しようではありませんか。比例代表で党躍進の大波をつくってこそ、必勝区の勝利の道も開かれることを、肝に銘じて奮闘しようではありませんか。

沖縄1区～4区は、米軍新基地建設を許さない「オール沖縄」勢力が、統一候補を擁立して選挙戦をたたかいます。このすべてで勝利をかちとることは、「基地のない平和な沖縄」を求めるたたかいの前途を開くうえでも、前回選挙でわが党が小選挙区で唯一議席を確保した沖縄1区の、あかみね政賢候補の議席を守り抜くという点でもきわめて重要であり、必勝のために特別のとりくみを行います。

全党のみなさんが心一つに躍進に挑戦しよう――五つの行動提起

投票日まで19日。一日一日が勝負であります。最後に、具体的な行動提起をいたします。

――第一。すべての支部・グループが、「850万票、15％以上」に見合う得票目標、支持拡大目標をもって活動しましょう。全党員に声をかけ、緊急の支部会議を開きましょう。センター、たまり場を確保し、臨時電話を確保し、日々、活動参加を広げ、活動総量の飛躍をはかりましょう。党機関は、緊急に選挙ボランティアをつのり、非常勤の党員もふくめてもてる力を総結集し、選挙をたたかう指導態勢、臨戦態勢を強化しましょう。

――第二。大量政治宣伝で日本列島に元気な党の風を巻き起こしましょう。公示までの1週間の宣伝が特別に大切です。候補者、地方議員が先頭に立って、支部とともに、宣伝カー、ハンドマイクをフル稼働させましょう。党押し出しポスター、9条ポスターを一枚残らず張り出しましょう。「しんぶん赤旗」号外（第1弾）を一気に配布しましょう。

公示後、「しんぶん赤旗」号外（第2弾）を発行します。これも一枚残らず配布しましょう。4種の新大型プラスターを活用し、駅頭・路地裏でのメガホン、スタンディング宣伝など、人の流れにそって訴える創意をこらした宣伝活動を強めましょう。

――第三。対話と支持拡大をただちに大飛躍させましょう。公示までに得票目標を上回る対話と支持拡大を必ずやりぬき、公示後は天井知らずに広げましょう。飛躍のための三つの試されずみの鉄則を同時並行でやりきりましょう。すなわち、①「全国は一つ」の立場で、「マイ名簿」にもとづいて、党員の全国的な結びつき、つながりを視野に入れた、対話と支持拡大にとりくみましょう。②「声の全戸訪問」――テレデータを使った不特定の有権者への働きかけを選挙活動の柱にすえてとりくみましょう。③読者、後援会員、党支持者に協力を訴える「折り入って作戦」にとりくみましょう。この活動のなかで、党員拡大と「しんぶん赤旗」読者拡大を意識的に位置づけて推進しましょう。

――第四。市民・国民とともにたたかう壮大な選挙戦に挑戦しましょう。市民と野党の共闘の発展のために一貫して力をつくす日本共産党に対して、これまでにない広範な方々から自発的な期待と支援の動きが起こっています。これまでともに市民運動にとりくんできた方々に、サポーターになってもらうこと、応援演説に立ってもらうこと、SNSで共産党を支援する発信をしてもらうことなど、選挙への協力を率直に訴えましょう。

――第五。総選挙募金・新聞広告募金の一大運動にとりくむことを訴えます。「共産党に伸びてほしい」――この思いに働きかけ、よびかければ、募金が、街頭でも対話のなかでも、びっくりするほど集まっています。総選挙募金とあわせて、新聞広告募金を呼びかけます。新聞広告は、さきの都議選でも、全国からの募金に支えられて実施し、大きな力になりました。総選挙では、さらに大きな資金が必要ですが、比例代表での躍進に欠かせないものと位置づけ、思い切った募金活動にとりくむことを訴えるものです。

全国の同志のみなさん、試されずみの方針をすべてやり抜き、情勢にそくして方針を創意的に発展させながら、勝利を必ずつかもうではありませんか。

情勢の大激動――やるべきことを、やるべき期日までにやりきって、必ず勝利を

全国の同志のみなさん。

今度の総選挙は、安倍政権が、何の大義も道理もない冒頭解散という最悪の党利党略に打って出る、解散と同時に、「希望の党」という政権批判の「受け皿」をねらって新党が登場する、野党第1党の民進党がそれに吸収されて消滅する――こうした前例のない情勢の大激動のもとでたたかわれます。

こうした大激動のもとで、ブレない政党、市民とともにたたかう政党、政党らしい政党、日本共産党への新たな注目と期待が広がっています。困難なもとでも共闘の信義をまもり、共闘を断固として追求する姿勢に、広く共感の声が寄せられています。それは、解散の大激動のなか、9月度、5400人の「しんぶん赤旗」読者が増えたことにも示されています。がんばりぬけば、日本共産党が躍進をかちとる条件は、間違いなく存在しています。

同時に、チャンスを結果に実らせるためには、党のもつ力を底の底まで発揮することが、どうしても必要であります。やるべきことを、やるべき期日までにやりぬいてこそ、躍進は現実のものとなります。

全党の同志のみなさんに心から訴えます。

日本の命運がかかったこの歴史的な総選挙に、95年の歴史によって鍛えられ試された、わが党の革命的伝統・革命的気概を発揮して、総決起しようではありませんか。若い同志も、ベテランの同志も、全国の同志が、心を一つに、一日一日を悔いなくたたかいぬこうではありませんか。自ら風を起こして、市民と野党の共闘の勝利、日本共産党の躍進を何としてもつかみとろうではありませんか。

そのことを心から訴え、中央委員会が先頭に立って奮闘する決意をのべて、報告を終わります。みなさん、ともにがんばりましょう。

（「しんぶん赤旗」2017年10月4日付）

志位委員長の結語

討論の結語を行います。

討論では11人の同志が発言しました。たいへん短時間の会議でしたが、総選挙での勝利・躍進にむけた決意あふれる討論になったと思います。

大激動の情勢のなかで、総選挙をたたかう確固とした方針を示した

全国では、党内通信、インターネット中継で、2万3千人以上のみなさんが同時視聴をしております。この数は近年では最大の数になると思います。

全国から続々と感想、決意が寄せられております。たくさんの必勝の決意がのべられています。ある地区委員会から、次のような報告が寄せられています。

「（報告を聞いて）地区の電話や携帯に次々と電話が入りました。『とにかくどんどん宣伝しないとだめだ。流しのテープをつくってほしい』『公示までしかできないからハンドマイク宣伝をしたい。

演説原稿とのぼりをほしい』（職場支部）。みんな燃えています。ぶれない確固とした立場。いまほど日本共産党員であることの誇りを感じるときはありません」

同様の報告が、全国からいっせいに集中しつつあります。幹部会報告を聞いて、居ても立ってもいられない、すぐ行動したいという反応が、全国各地から続々と寄せられているのが特徴であります。

この中央委員会総会――全国いっせい決起集会は、大激動の情勢のなかで、総選挙をたたかう確固とした方針を示した会議として、重要な成果をあげたと思います。これを勝利・躍進という結果に必ずつなげるために、力をあわせてがんばりぬこうということを、まず訴えたいと思います。

3野党が協力・連携し、市民との共闘関係を発展させ、選挙をたたかいぬく

幹部会報告でものべたように、今度の総選挙では、市民と野党の共闘の可能性を、最大限に追求してたたかいたいと思います。政党としては日本共産党、立憲民主党、社会民主党の3野党が協力・連携し、市民のみなさんとの共闘関係を大いに発展させながら選挙をたたかっていきたいと思います。

共闘にかかわって、常任幹部会として、この総会中に一つの措置をとったので、ご報告しておきたいと思います。立憲民主党の枝野幸男代表が立候補している埼玉5区について、日本共産党の山本悠子さんの立候補を取り下げ、協力してたたかうことを決めました。山本候補、現地のみなさんとも相談して、この方針を確認しました。枝野さんにも伝達をし、歓迎をするということでありました。「連帯のメッセージ」として、そういう措置をとったことを、ご報告しておきたいと思います。

党略を弄する者の誤算があらわになり、それぞれが破たんに直面している

討論を通じて、情勢の大激変のなかで、日本共産党への新たな期待と注目が広がっていることが語られました。

私は、この情勢の大激動というのは、政党のあり方を根本から問うものになっていると思います。この点で、強調したいのは、「自公とその補完勢力」の側は、党略を弄《ろう》する者の誤算があらわになり、それぞれが破たんに直面しているということです。

その最たるものが安倍首相であります。彼は、「疑惑隠しの冒頭解散」という最悪の党利党略に打って出ました。しかし、それに対して、全国で国民の怒りが噴き上がっているわけです。そのことは、討論でもリアルに報告されました。憲法を壊す、史上かつてない異常な党利党略に対する怒りが噴き出し、内閣支持の急落に直面しています。安倍首相の思惑が完全にはずれた形で、選挙戦がスタートしている。これが第一であります。

第二に、「希望の党」の小池百合子代表について言いますと、彼女は民進党出身者からの公認要請について、「全員を受け入れるつもりはさらさらない」と言ったわけです。この「さらさらない」発言が、非常に強烈に国民に伝わりました。

私は、この露骨な「選別」を行ったことによって、「希望の党」が何者であるか、自らの正体を広く国民の前に明らかにしたと思うのです。「希望の党」が登場した時は、「リセット」とか「しがらみのない政治」とか、そういう漠然としたスローガンを掲げたわけです。しかし、実際にやっている行

動は何かと言ったら、「安保法制を容認せよ」、「9条を含む憲法改定を容認せよ」、まさにこの二つを「踏み絵」にして「選別」をはかる。この二つこそが政治的主張の要だった。この要においては、安倍自公政権と何ら変わるところがないではないか。このことが天下に明らかになった。この党も、党略を弄したものの、誤算に直面していると思います。

第三に、その「希望の党」に合流しようとしている民進党の前議員の問題です。ここには、共闘を裏切った者のみじめな姿があらわれていると思います。

彼らが直面する最大の矛盾は、これまで安保法制に反対し、憲法違反のこの法制を廃止すると言ってきた。２０１５年の安保法案反対のたたかいでは、野党4党として市民とともにたたかってきたわけです。この立場を自ら裏切って、安保法制容認に変わる。まさに百八十度の変節を、この人たちはやったわけであります。自分たちのやってきたことの説明を、有権者に語ることができるでしょうか。決してできないでしょう。

この人たちも、自分たちの延命のために、党略というよりは個利個略のために変節の道に走ったけれど、説明不可能の矛盾に直面していると思うのです。

このように、党略を弄する者たちが、誤算が生じ、それぞれが破たんに直面している。このような勢力に決して未来はありません。そして、私たちは、決して負けるわけにはいきません。

政党としての大道をいく日本共産党への支持と共感が広がっている

こういう勢力との対比で、日本共産党の値打ちが際立っていると思います。また、この情勢のもとで共闘の原点・大義にたって行動する人々の値打ちもまた、際立ってきていると思います。

今日の討論でもあったように、いまわが党に対して、「ブレない党」、「筋を通す党」、「共闘に誠実な党」、「信義を守る党」——こういう評価が寄せられています。

討論でも語られたように、この点では、わが党と、思想・信条に違いがあっても、政治的立場の違いがあっても、今度ばかりは共産党に支持を寄せてみようかという流れが起こっていることは重要です。ある保守政治家の重鎮の方が、「今度は比例で日本共産党と書く」とおっしゃったという報告でした。これはおそらく思想・信条の違いがあっても、それをこえたところで政党の節操というか、政党のあり方というか、そういうところに日本共産党への共鳴をみいだして、そういうことを言われているのだと思います。そういう支持や共感が寄せられている。とてもうれしいことです。

市民連合のみなさんのなかで、この間、共闘が非常な困難に突き当たったもとで、一貫して、ブレずに、共闘の大義を断固として守りぬいた日本共産党への信頼が広がっているということが語られたことも印象的でした。

党利党略にあけくれる「自公とその補完勢力」との対比で、政党としての大道をいく日本共産党の値打ちがいま光っている。党躍進のチャンスがまちがいなく存在しているということに確信をもって、力いっぱいがんばりぬこうということを訴えたいと思います。

「やるべきことを、やるべき期日までにやりぬく」——全党員の総決起を訴える

同時に、幹部会報告でものべたように、躍進のチャンスを現実のものとするためには、「やるべき

ことを、やるべき期日までにやりぬく」ことが絶対に必要です。そのこと抜きに勝利はない。それをやりきってこそ、初めて躍進への道が開けてきます。

私たちの活動をはかる基準を、宣伝活動でも、組織活動でも、目標との関係におく必要がありま す。宣伝活動の目標、組織活動の目標――これを基準にして、その基準をもとに日々の活動の到達点をリアルに見て、やりぬくための具体的な手だてを日々打っていく。問題や弱点があれば、次の日にまわさずに、その日のうちに改善する。そういう戦闘的な構えで、活動の目標をやりぬいてこそ、はじめてチャンスが現実のものになるということを強調したいと思います。

現瞬間の日報の到達点を見ますと、政治宣伝ではかなり全国で元気よく打って出始めていると思います。ただ組織活動が遅れている。対話と支持拡大がきわめて遅れています。急な解散ということではありますが、現状は遅れています。対話と支持拡大で遅れを何としても打開することが必要です。公示までに、宣伝活動でやるべきことをやりきり、対話と支持拡大で得票目標を突破するという大飛躍をどんなことがあってもつくりだす。そして公示後は、青天井で広げに広げる。この決意を固めあいたいと思います。

それをやりきる保障は、幹部会報告の「行動提起」の1番目にのべたように、すべての党員と後援会が立ち上がることです。支部を基礎に、全党員が立ち上がることです。これにつきると思います。「すべての党員と後援会が立ち上がれば、勝てない選挙はない」というのが、私たちの選挙の鉄則であります。この鉄則に立った活動をしっかりとやりぬいて、必ず躍進をつかもうではありませんか。

1月の大会で選出された私たち中央委員会としての初の大仕事です。都議選では勝ったわけですが、それに続いて、総選挙というわが党にとっての最も重大な政治闘争で勝利するという大仕事を、必ずみんなの知恵と力を結集してやりぬきましょう。大会で選出された中央委員会としての任務を立派に果たそうではないかということを訴え、私もその先頭に立つ決意を申し上げて終わりにします。がんばりましょう。

（「しんぶん赤旗」２０１７年10月５日付）

第27回党大会

第3回中央委員会総会

2017年12月2～3日

第3回中央委員会総会について

2017年12月3日　日本共産党中央委員会書記局

一、日本共産党第3回中央委員会総会は、12月2、3の両日、党本部で開かれた。

幹部会を代表して志位和夫委員長が報告した。委員長は冒頭、総会の任務は、（1）総選挙の教訓と課題を明らかにし、（2）当面する日本共産党の政治任務を提起するとともに、（3）2019年の参議院選挙と統一地方選挙での新たな躍進にむけた全党の意思統一をはかることにあるとのべ、それぞれについて詳しくのべた。

（1）報告は、日本共産党の選挙結果と、市民と野党の共闘の成果についてのべたうえで、総選挙で日本共産党が果たした歴史的役割を明らかにした。安倍政権を追い詰めつつあった市民と野党の共闘が、総選挙直前の「突然の逆流と分断に襲われた」瞬間に、党が「逆流と断固たたかう」「共闘を決してあきらめない」という対応を打ち出し、市民連合の頑張りと党の決断で「共闘の再構築」を実現した経過、これらのたたかいの歴史的意義を明らかにした。

報告は、「共闘を前進させながら、いかにして日本共産党の躍進をかちとるか」について、本格的共闘にとりくむことができた選挙区の経験から「共闘勝利と党躍進は両立しうる」ことを解明した。

日本共産党を丸ごと理解してもらい、積極的支持者を増やす日常的活動の重要性について、「中央のイニシアチブ」が不十分だったことにもふれつつ明らかにした。そして、どんな情勢のもとでも共闘勝利、党躍進を実現するには「いまの党勢はあまりに小さい」こと、それが選挙戦をたたかった「最大の反省点」であることを明らかにし、党員・「赤旗」読者の拡大と党機関体制の強化をよびかけた。報告は、選挙活動の日常化が重要な教訓の一つであるとして、比例代表選挙を、選挙戦はもとより党の要求活動・宣伝活動・党勢拡大などあらゆる活動の発展の軸にすえること、後援会活動を選挙活動の日常化の要にすえ抜本的強化をはかること、の二つを強調した。

（2）当面の政治任務について報告は冒頭、第4次安倍政権をどうとらえ、どういう構えで臨むかについて解明し、暴走政治を包囲するたたかいを発展させ、共闘の力で安倍政権を打倒しようとよびかけた。北朝鮮問題について安倍政権の対応の問題点と日本共産党の立場を明らかにした後、来年の通常国会、再来年の参院選を展望して、当面するたたかいの課題を次の6点にわたって詳述した——国政私物化疑惑の徹底究明、安倍9条改憲反対の一点での空前の国民的大運動の展開、暮らしと経済問題（社会保障・消費税・労働問題・農業など）で格差と貧困をただす改革の推進、原発ゼロの決断を迫るたたかい、沖縄米軍基地問題にかかわる全国的連帯の取り組み、核兵器禁止条約の署名を日本政府に迫るたたかい。報告は、こうした国民運動を発展させる構えについて、共闘の共通課題実行の先頭に立ち、共闘を豊かに発展させる党の取り組みと、党綱領にそくして先々の展望を語る党独自の活動の推進——の2点をあげて強調した。

（3）2019年の参院選と統一地方選での躍進をめざす活動について報告は、最初に参院選での次の二つの大目標をあげた。一つは、全国32の1人区で、党の「一方的な対応」は行わず「相互推薦・相互支援」の市民と野党の共闘で勝利をめざすこと、もう一つは、日本共産党が比例代表選挙で「850万票、15%以上」をめざし、選挙区で現有3議席を絶対に守り抜き議席増をめざすことである。統一地方選挙の目標については「すべての道府県議会での複数議席実現、議席増」などを詳述し、また来年の中間地方選挙にもふれて、「地方議員第1党の奪回、議席占有率10%以上をめざす」ことをよびかけた。選挙をたたかう方針について、第27回党大会決議第25項の「全面実践」と、今回総選挙での教訓を全面的に生かすことが大切であると訴えた。

新たな躍進をめざす党活動と党建設について報告は、来年は全国的選挙が想定されない久々の年となることにふれつつ、この年を「党と国民との結びつきを豊かに広げ、党大会決定にもとづく法則的活動を実践し、腰をすえて党の力をつける年にしていく」ことをよびかけた。その重要な内容として次の七つの点をあげた――大志とロマンのある生きた政治目標を決め、日常的・意識的に追求すること、草の根の運動の先頭に立ち、結びつきを豊かに広げること、「綱領を語り、日本の未来を語り合う集い」を気軽に、繰り返し、双方向で開くこと、党大会決定の新鮮な生命力を全党員のものにする新たな努力を強めること、党勢拡大を「楽しく元気の出る支部会議」「地区委員会活動の強化」と一体にすすめ、このなかで来年7月末までに党員・読者拡大で前回参院選時を回復・突破すること、世代的継承問題では民青同盟を強く大きくする活動に全党が総力をあげること、財政活動を抜本的に強化すること。

報告は最後に、党創立100周年にむけた5年間の最初の年、2018年を実り多い年にするために全力をあげようとよびかけた。

一、総会ではこの報告について、2日間で54人が討論した。

一、討論のあと、志位委員長が結語をのべた。結語は、この総会が大きく豊かな成果が得られた「歴史的総会」となったとして、市民と野党の共闘、「党綱領を語り、日本の未来を語り合う集い」、党員拡大を根幹にすえた党勢拡大、党の世代的継承――の各項目について豊かな討論の具体的内容と到達点の特徴を紹介した。結語は最後に、この3中総決定を12月中にすべての支部で討議し、具体化することをよびかけるとともに、この決定の土台にある党大会決定の全党員読了に新たに挑戦し、前進しようと訴えた。

一、総会は、幹部会報告と結語を全員一致で採択し、12月から全党の政治的・組織的飛躍をはかることを誓って散会した。

（「しんぶん赤旗」２０１７年12月４日付）

志位委員長の幹部会報告

みなさん、おはようございます。インターネット中継をご覧の全国のみなさんにも、心からのあいさつを送ります。

私は、幹部会を代表して、第3回中央委員会総会への報告を行います。

3中総の任務は、総選挙の教訓と課題を明らかにし、当面する日本共産党の政治任務を提起するとともに、2019年の参議院選挙と統一地方選挙での新たな躍進にむけた全党の意思統一をはかることにあります。

1、総選挙の教訓と課題について

報告の第一の主題は、総選挙の教訓と課題についてであります。

総選挙の結果――「二つの大目標」にてらして

総選挙で、わが党は、第27回党大会決定にもとづき、市民と野党の共闘の勝利、日本共産党の躍進という「二つの大目標」の達成をめざして奮闘しました。

日本共産党の結果と、ご支持、ご支援、大奮闘への感謝

まず日本共産党の結果ですが、わが党は、小選挙区では、沖縄1区で赤嶺政賢候補の当選をかちとりました。沖縄では2区、3区の勝利とあわせ、辺野古《へのこ》新基地建設反対の県民の民意がはっきりと示されました。私は、安倍政権がこの審判を重く受け止めることを強く求めるものであります。

比例代表では、前回の20議席（606万票、11・37％）から、11議席（440万票、7・90％）への後退となりました。たいへんに悔しい、残念な結果であります。全国の支持者、後援会員、党員のみなさんには日夜を分かたぬ大奮闘をしていただきました。多くの方々から「比例は共産党」という激励をいただきました。それを結果に結びつけることができなかった原因は、わが党の力不足にあります。

わが党が小選挙区で公認候補者を擁立してたたかった206の選挙区では、499万8千票（9・02％）を獲得し、半数を超える選挙区で得票を伸ばし、全体として健闘しました。必勝区としてたたかった選挙区などで、勝利した沖縄1区以外にも、五つの選挙区で得票率30％を超えるなど、議席への足掛かりとなる地歩を築いたことは、重要であります。

わが党にお寄せいただいたご支持、ご支援に、中央委員会総会として、心からの感謝を申し上げます。歴史的たたかいで大奮闘された全国の候補者のみなさん、予定候補者として活動しながら共闘の大義のために立候補を取り下げるという決断をされたみなさんに、心からの連帯と感謝を申し上げます。

今回のたたかいから教訓を導き、力をつけ、次の国政選挙では必ず新たな躍進をかちとる決意を表明するものであります。

市民と野党の共闘――逆流を乗り越え、次につながる重要な成果

市民と野党の共闘という点では、共闘を破壊する突然の逆流と分断に遭遇しましたが、それを乗り越えて、次につながる重要な成果を得ました。

日本共産党、立憲民主党、社民党の3野党が、市民連合と7項目の政策合意を結び、協力・連携して選挙戦をたたかいました。全国各地で無所属の候補者を野党統一候補としたたたかいもとりくまれました。その結果、立憲民主党が躍進し、市民と野党の共闘勢力は、3野党では38議席から69議席へと大きく議席を増やし、さらに各地で無所属の野党統一候補が勝利しました。このことは私たちにとっても大きな喜びであります。

わが党は、共闘勢力一本化のために、全国67の小選挙区で予定候補者を降ろすことを決断し、多くのところで自主的支援を行いました。わが党が候補者を擁立しなかった83選挙区のうち、32選挙区で共闘勢力が勝利しました。小選挙区の得票が3野党の比例票の合計を上回ったのは63選挙区にのぼり、「共闘効果」がはっきりと示されました。わが党の決断は、共闘勢力が議席を伸ばすうえでの効

果的貢献となったと考えます。

市民と野党が連携・協力して選挙戦をたたかうなかで、全国で新しい「共闘の絆」がつくられ、新しい友人、新しい信頼を得ることができました。立憲民主党とともに、自由党、社民党、新社会党のみなさんとも心かよう共闘関係が築かれました。全国各地で市民連合、市民団体のみなさんとの協力と信頼の関係が大きく広がりました。これは、今度の総選挙で私たちが得た最大の財産であります。

わが党は、総選挙でつくられた「共闘の絆」を、継続・発展させる努力を払いつつ、市民と野党の共闘を本格的共闘へと発展させるために全力をつくす決意であります。

総選挙で日本共産党の果たした歴史的役割について

今度の総選挙はどういう選挙だったか、日本共産党はどうたたかったか。それを全体としてつかむことは、選挙結果と今後の展望をとらえるうえでも重要であります。

追い詰められての解散――共闘体制をつくるために最大の努力をそそぐ

今度の解散・総選挙は、安倍自公政権が、国民の世論と運動に追い詰められてのものでした。この間の安倍政権による憲法破壊、民意無視、国政私物化の政治に対して、国民のなかに深い批判、怒り、嫌悪感が広がりました。それは7月の都議選での自民党の歴史的惨敗をもたらしました。「解散を延ばせば延ばすほど追い詰められる」――安倍首相はこういう思惑からイチかバチかの解散に打って出たのであります。

安倍首相が最も恐れたのは、市民と野党の共闘が成功をおさめることでした。わが党は、解散の動きがおこるとただちに、「共闘で迎え撃つ」と表明し、共闘体制をつくるために最大の努力をそそぎました。

9月20日、4野党（共産党、民進党、自由党、社民党）の書記局長・幹事長会談が行われ、「小選挙区での野党候補一本化を模索」することを確認しました。9月26日、4野党が市民連合と7項目の政策合意を交わしました。総選挙で「できる限りの協力を行う」ということは、4野党党首会談でもたびたび合意していたことであり、この流れが実っていれば、総選挙の結果がまったく違ったものになったことは明らかでした。

共闘が崩壊の危機に瀕した瞬間――わが党は二つの態度表明を行った

市民と野党の共闘は、突然の逆流と分断に襲われました。9月25日の希望の党の結党表明に続いて、9月28日、衆院解散の日に、民進党の前原代表は、突然、希望の党への「合流」を提案し、民進党の両院議員総会が満場一致でこの提案を受け入れるという事態が起こりました。これはこの2年間の共闘の原点、積み重ねを否定し、公党間の合意を一方的にほごにする、重大な背信行為でした。

共闘が崩壊の危機に瀕《ひん》した瞬間――9月28日のその日に、わが党は二つの態度表明を行いました。

第一は、「逆流と断固たたかう」ということであります。わが党は、希望の党の政治的主張の要は、安保法制容認、9条を含む憲法改定の二つであることを明らかにし、「自民党の補完勢力」とズバリ批判しました。さらに、民進党の候補者が希望の党の公認候補となった場合には、原則として党の候補者を擁立してたたかうことを表明しました。

第二は、「共闘を決してあきらめない」ということであります。何よりも市民連合のみなさんとの協力を大切にし、さらに発展させるとともに、「こういう状況のもとでも、勇気をもって共闘の道をしっかり進もうという政党、議員、候補者のみなさんとは、しっかり共闘を追求していく」ことを表明しました。そして、ただちに社民党と協議し、両党間で、候補者一本化についての合意を交わしました。

市民連合のみなさんも、9月29日、民進党の希望の党への「合流」を強く批判するとともに、共闘の再生の可能性を追求するという声明を発表しました。

共闘が崩壊の危機に瀕した瞬間に、わが党が、「逆流と断固たたかう」「共闘を決してあきらめない」という二つのメッセージを発信し、ただちに行動を開始したことは、全国の草の根の市民連合のたたかいとも響きあい、その後の共闘の再構築の流れにつながる、重要な意義をもつものとなりました。

共闘の再構築――市民連合の頑張りと日本共産党の決断

こうしたもとで10月2日、立憲民主党が結党されました。わが党は、10月3日に開催した第2回中央委員会総会で、この動きを「心から歓迎」するとともに、「共闘の原点と大義に立ち返って行動するという方々とは、この間の経過や行きがかりをのりこえて、協力・連携を追求していく」ことを表明し、共闘の再構築のために全力でとりくみました。

公示までのわずか1週間余りの短期間で共闘の再構築ができたのはなぜか。次の二つの力があわさりました。

第一は、全国の草の根での市民連合のみなさんの頑張りです。全国各地で、民進党の候補者に対して、市民の側から「希望の党に行ってはいけない」という働きかけが行われました。それにこたえて、各地で、共闘の立場に踏みとどまる流れが広がりました。なかには一度希望の党への合流を明言したものの、市民に謝罪し合流を撤回した候補者も生まれました。崩されかけた共闘を立て直した力は、この2年間、草の根で積み重ねられた共闘の蓄積でありました。

第二は、日本共産党が共闘勢力一本化のために、67の小選挙区で予定候補者を降ろすという決断を行ったことです。わが党は、今回の総選挙の野党共闘に臨む方針として、「相互協力、相互支援の共闘をめざす。候補者を一方的に降ろすことは考えていない」と繰り返し表明してきました。しかし、共闘に突然の逆流が持ち込まれ、選挙公示まで時間がないという非常事態のもとで、一方的に候補者を降ろしてでも共闘を成功させることを優先するという判断を行いました。この判断は、安倍政権の暴走を止め、日本の政治に民主主義を取り戻すという大局にたった対応であり、正しい判断だったと確信するものであります。

全国の党機関と党組織、党員のみなさんには、共闘を逆流から守り、発展させるという点でも、たいへんな努力をしていただき、献身的な奮闘をしていただきました。日本共産党ならではの奮闘であったと、私は思います。その奮闘に対して、心からの敬意と感謝を申し上げたいと思います。

選挙後、各界の多くの識者の方々から、「共産党は、市民と野党の共闘が破壊の危機に瀕したさいに、身を挺《てい》して逆流を止め、日本の民主主義を守った」という評価を寄せていただきました。たいへんにうれしい評価であり、寄せられた激励は決して忘れません。心からの感謝を申し上げます。

このたたかいの歴史的意義――共闘の道をとことん追求する

このたたかいは、日本の平和と民主主義の前途にとって歴史的意義をもつものとなりました。もし逆流と分断の動きを成功させていたらどうなっていたでしょうか。市民と野党の共闘が破壊されただけでなく、改憲推進勢力による二大政党化が急速に進む危険がありました。日本の政界が改憲翼賛勢力によって覆われるという重大な危険があったのであります。

そういう重大事態に日本の政治が陥りかねない危機の瞬間に、日本共産党が、市民連合のみなさんと協力し、揺るがずに共闘の旗を掲げ、献身的に奮闘し、逆流を止め、将来の展望を開いたことは、歴史に対する貢献となったと考えるものであります。

日本共産党は、安保法制＝戦争法が強行された2015年9月19日、「戦争法（安保法制）廃止の国民連合政府」を提唱し、全国規模での野党の選挙協力の追求という新たな道に踏み出しました。それから2年余、私たちは、さまざまな困難や逆流をのりこえて、共闘を一歩一歩前進させてきました。

日本の政治を変えるには、この道しかありません。思想・信条の違いをこえた統一戦線によって社会変革をすすめるというのは、党綱領の大方針であります。今後も、共闘の前途には、さまざまな困難や曲折が予想されますが、わが党は、いったん踏み出した共闘の道を、多くの方々と手を携えてとことん追求し、安倍政権を打倒し、自民党政治を終わらせ、野党連合政権をつくるために全力をあげる決意であります。

全国の同志のみなさん。日本共産党が、今回の総選挙で、重要な歴史的役割を果たしたことを確信にし、誇りにもして、市民と野党の共闘の本格的発展のために、そして次の国政選挙では日本共産党を躍進させるために、力をつくそうではありませんか。

共闘を前進させながら、いかにして日本共産党の躍進をかちとるか

市民と野党の共闘を前進させながら、いかにして日本共産党の躍進をかちとるか。総選挙結果を受けて発表した常任幹部会の声明では、「新しい努力と探求が求められる課題」とのべました。その後、都道府県委員長、地区委員長、候補者のみなさんから感想を寄せていただきました。党内外の方々からも多くの意見をいただきました。それらを踏まえ、総選挙から教訓を導き、今後の課題を明らかにしたいと思います。

共闘勝利と党躍進は両立しうる――本格的共闘にとりくんだ経験から

まず強調したいのは、野党共闘の勝利と日本共産党の躍進は両立しうるということであります。市民と野党の共闘の勝利のために真剣に力をつくすわが党の姿勢が、有権者の共感をよび、党への期待や支持につながったことは、選挙戦をたたかった多くの同志が実感していることだと思います。

注目すべきは、市民と野党の共闘こそが、安倍自公政権に代わる「受け皿」であることが、広範な有権者によく伝わるようなたたかいができた選挙区では、共闘候補が自民党候補に競り勝つとともに、共闘で果たしているわが党の役割も鮮明となり、比例代表で党の得票を伸ばしている選挙区が生

まれていることです。

無所属候補を野党統一候補としてたたかい、自民党に打ち勝って当選をかちとった新潟3区、4区では、わが党は前回総選挙を上回る比例得票を獲得しました。無所属候補を野党統一候補としてたたかい、勝利をかちとった福島1区でも、伊達市・伊達郡の1市3町で、わが党は比例得票を伸ばしました。これらの経験は、市民と野党の共闘を本格的共闘に発展させることによって、わが党が前進する条件も開かれることを示すものとして、きわめて重要であります。

日本共産党を丸ごと理解してもらい、積極的支持者を増やす日常的活動を

そのうえで、わが党の独自の努力としては、常任幹部会の声明が提起した二つの点が大切であることは、全国からの感想でも強い共感をもって受け止められています。

第一は、日本共産党の綱領、理念、歴史を丸ごと理解してもらい、積極的支持者を増やす日常的活動を抜本的に強めることであります。

ある地区委員長から次のような感想が寄せられました。

「野党共闘の中で日本共産党の前進もかちとるには、選挙までに日常的に日本共産党の役割をわかってもらうこと、党を丸ごと理解してもらうことが大事だと痛感しました。まともな共闘相手の政党が姿を現せば現すほど、このことが重要になるわけで、『消去法』で共産党が残るという『消極的支持』でなく、『共産党だから支持する』という積極的な支持者をたくさんつくっていく日常活動を成功させなければなりません」

これはたいへんに重要な今後の課題であります。

率直に言って、前回の総選挙でわが党が比例代表で獲得した606万票のなかには、安倍政権の暴走に批判を持ちつつ、当時の民主党にも幻滅と不信を募らせていた人々のなかで、「他に入れるところがないから、今回は共産党」という方も少なくありませんでした。この3年間、そういう方々に積極的な党支持者になっていただくための努力がどうだったかと考えますと、一部にはすぐれた経験が生まれているものの、全党的には十分だったとはいえません。中央のイニシアチブも十分とはいえません。積極的支持者を増やす日常的活動の抜本的強化に、新たな決意で挑戦したいと思います。

市民と野党の共闘が一致点とする課題に全力でとりくむとともに、安倍政権の暴走政治のどんな問題でも、その根っこには「対米従属」「財界中心」という自民党政治のゆがみがあること、そのゆがみをただす改革にとりくんでこそ日本の前途は開けること――党綱領の示す日本改革の方針を大いに語り広げていこうではありませんか。

わが党の党名についての疑問、旧ソ連、中国、北朝鮮をどう見るかなどともかみあわせて、日本共産党がめざす未来社会は、人間の自由で全面的な発展こそが最大の特質となること、民主主義と自由の成果をはじめ、資本主義時代の価値ある成果のすべてが、受けつがれ、いっそう発展させられることなど、理念問題でも、わが党の魅力を大いに語っていきたいと思います。

さらに、わが党の平和、民主主義の主張と行動には、95年におよぶ戦前・戦後の一貫した歴史の裏付けがあることも、大いに語っていこうではありませんか。

第27回党大会決定では、「綱領を語り、日本の未来を語り合う集い」を、日本列島の津々浦々で開くことを呼びかけています。この決定を文字通り実践しましょう。中央としてそのための資材をさまざまな形で提供する努力を強めます。党を語ることは難しいことではありません。一人ひとりの党員は、みんな党との出会いがあり、党への思いを持っていると思います。自らの生きた言葉、自らの思いを重ねて、この運動に大いにとりくもうではありませんか。

どんな情勢のもとでも共闘勝利、党躍進を実現する強く大きな党を

第二は、党の自力の問題であります。全国のみなさんから寄せていただいた感想や意見でも、総選挙の結果をうけての常任幹部会声明の討議でも、党の自力をつけるという問題は、最も痛切な問題として受け止められています。

党大会決定は、「いまなぜ党建設か」について次のようにのべています。

「この間の国政選挙でのわが党の連続的な躍進・前進は、正確な方針のもとでの全国の党員と後援会員のみなさんの大奮闘のたまものだが、同時に、わが党を取り巻く客観的条件が有利に働いたことも事実である。わが党が躍進・前進すれば、支配勢力がそれを抑え込もうと激しい攻撃を加えてくることは、すでに参議院選挙でも体験したことであり、それは今後もさらに強まるだろう。わが党を封じ込める新しい仕掛けをつくる動きも起こりうることである。どんな難しい情勢が展開したとしても、それを打ち破って日本共産党が躍進・前進を続けるには、いまの党勢はあまりに小さい。いま強大な党をつくることがどうしても必要である」

今回の総選挙における野党共闘破壊の逆流は、「わが党を封じ込める新しい仕掛けをつくる動き」でもありました。これが成功したならば、「日本共産党を除く」という「壁」が新たにつくられることになったでしょう。わが党は、逆流と果敢にたたかい、市民と野党の共闘を守り前進させることはできましたが、日本共産党の躍進をかちとることはできませんでした。どんな複雑な情勢のもとで

も、共闘の前進と日本共産党の躍進を同時に実現するには「いまの党勢はあまりに小さい」。これが選挙戦をたたかっての私たちの最大の反省点であります。

わが党は、この総選挙を、前回総選挙時比で、党員は94・1％、「しんぶん赤旗」読者は日刊紙92・8％、日曜版90・5％でたたかいました。党大会後、党員と読者で前回総選挙時の回復・突破をめざす運動にとりくみ、全党のみなさんの大きな努力がそそがれましたが、党勢を後退させたままで総選挙をたたかうことになりました。

わが党の都道府県・地区機関は、そこで働く同志のみなさんの献身的な奮闘によって支えられていますが、体制の弱まりなどから党機関が選挙実務に追われ、支部や党員の立ち上がりのための指導と援助に力をそそげなかったという報告が多数寄せられています。常勤常任委員が3人未満の地区が196地区（62・2％）、常勤常任委員がいない地区が23地区となっており、非常勤の同志を含めた機関体制の強化が強く求められます。

総選挙では、比例代表の得票を前回から伸ばした自治体・行政区が80あります。そのうちの半数は、前回総選挙時から党員数を維持・前進させて総選挙をたたかっています。「集い」を連続的に開催し、こつこつと党勢を拡大した党組織で、全体が後退したもとでも着実に比例票を伸ばしていることは、きわめて教訓的であります。

全党の同志のみなさん。市民と野党の共闘の勝利、日本共産党の躍進という二つの大仕事をやり抜くためには、強く大きな党をつくることが絶対不可欠であります。他に道はありません。そのことを総選挙の最大の教訓の一つとして銘記し、党勢を上げ潮に転ずるためにありとあらゆる知恵と力をそそごうではありませんか。

選挙活動をいかにして日常化するか

わが党の選挙活動をいかにして日常化するか——この問題も総選挙をたたかっての重要な教訓の一つであります。

今回の総選挙は、解散から投票日まで1カ月足らずの超短期のたたかいでした。党の現状では、こうした短期のたたかいだけで勝利に必要な活動をやり抜くことには困難があります。期日前投票が広く普及し、2000万人を超える有権者が期日前に投票するという条件も考慮するなら、選挙活動の日常化はいよいよ重要な課題となっています。総選挙の教訓を踏まえ、次の諸点で活動を改善・強化します。

比例代表選挙を選挙戦はもとより、あらゆる党活動発展の軸にすえる

第一は、比例代表選挙を選挙戦はもとより、あらゆる党活動発展の軸にすえるということであります。

2004年の第23回党大会決定では、かつての中選挙区制の選挙に比べて、国政選挙が党活動のなかで影が薄くなっていることをふまえ、「あらゆる党活動の軸に比例代表選挙をすえる」ことを強調しました。この方針を今日の情勢にそくして具体化していきたいと思います。比例代表選挙で前進をかちとることを、全国どこでも選挙戦の中心にすえる、さらに要求活動、宣伝活動、党勢拡大でも比例代表選挙での前進をかちとることに焦点をあて、そのためにどれだけのとりくみの発展をはかるか

の目標と計画をもって日常的に追求するようにしていきたいと思います。

比例代表選挙の意義を、党内だけでなく、支持者や市民運動のみなさんと共有していく努力を日常的に行うことも重要であります。比例代表選挙は、国民の意思を正確に反映する最も民主的な選挙制度です。日本共産党にとっては今日の選挙制度のもとで議席を伸ばす「主舞台」となっています。わが党が、選挙区で候補者を擁立し、選挙区で勝利をめざして奮闘することは、比例代表での前進にとってもどうしても必要であります。これらの点を市民のみなさんと共有していく日常的努力を強めたいと思います。

比例代表選出議員が、有権者と日常的に結びつき、住民要求にこたえた活動を行うとともに、衆参の国会議員団および比例ブロック選出議員の実績を有権者に伝えていく活動を抜本的に強めます。中央委員会の責任で、国会議員団ブロック事務所や国政事務所の体制と活動についても改善・強化をはかります。

後援会活動を選挙活動の日常化の要にすえ、抜本的強化をはかる

第二は、後援会活動を選挙活動の日常化の要に位置づけ、その抜本的強化をはかることであります。

わが党が、全国で342万人の後援会員を持っていることは、大きな財産です。同時に、県・地区委員長の感想では、後援会活動の位置づけや、後援会員との日常的な結びつきが弱まっていることも報告されています。党外の方々からも、党が国民とともにたたかう選挙のあり方について、活動の改善・刷新の提案が寄せられています。

後援会活動の改善・改革の基本姿勢として、「日本共産党後援会の活動を、いまわが党に新しい注

目を寄せ、応援しようという人々が、参加しやすい活動へと思い切って改善し、発展・強化をはかる」という党大会決定の立場がきわめて重要であります。

いま多くの市民が、「この政治を変えたい」という思いをもち、主権者として政治にかかわり、選挙に自発的に参加したいという思いをもっています。そうした市民のみなさんと、同じ目線で、ともにたたかう選挙活動をつくりあげていきたいと思います。たとえば党事務所、選挙事務所なども、新しく党に期待を寄せ、ボランティアで協力しようという人が、誰でも入れて、気持ち良く活動できるような事務所になっているでしょうか。ここでも思い切った改善をはかることが、たいへんに重要であります。

そのうえで、次の三つの点を重視して、後援会活動の抜本的強化をはかります。

一つは、支部に対応する単位後援会の確立と、活動の日常化であります。単位後援会をもっている支部は59％にとどまっており、年間を通じての楽しい行事・集いなど、日常的活動にとりくんでいる後援会はその一部です。すべての支部が単位後援会をもち、後援会員のみなさんと人間的にも政治的にも温かい結びつきを強め、活動を日常化するために、力をつくそうではありませんか。

二つは、後援会ニュースを通じた結びつきを、心通う生きた人間的な結びつきへと発展させることです。342万人の後援会員のうち、後援会ニュースを通じた後援会員がかなりの部分を占め、この活動はきわめて重要です。しかし、「定期のニュースは一部にしか届いていない」、「ほとんど顔を見たことがない」などの問題点も報告されています。定期のニュースを届け、願いを聞く、人間的にも結びつくなどの日常活動にとりくみ、342万人に揺るがぬ党支持者になっていただき、さらに大きく広げていきたいと思います。

三つは、新しい試みですが、中央として、党と国民がネット・SNSで日常的に結びつき、力をあわせて選挙をたたかうために、「JCPサポーター」制度（仮称）を発足させます。ネット・SNSを通じて登録・参加し、ネット・SNSでの日常的な情報提供と双方向型の交流・発信を行い、節目でのイベントや集いの開催、国政選挙をはじめとする選挙戦での協力などをすすめます。「JCPサポーター」が地域・職場・学園の後援会と接点がもてるような情報の発信を系統的にすすめ、一歩一歩、都道府県、地区委員会、地域、職場、学園の活動での協力関係を築いていくようにしたいと思います。

以上が、総選挙をたたかっての主要な教訓と課題であります。全国の同志のみなさん。これを次の国政選挙に必ず生かし、新たな躍進に挑もうではありませんか。

2、政治情勢の特徴と、当面するたたかいの課題について

報告の第二の主題は、現在の政治情勢の特徴と、当面するたたかいの課題についてです。

第4次安倍政権をどうとらえ、どういう構えでのぞむか

まず、第4次安倍政権をどうとらえ、どういう構えでのぞむかについて、いくつかの角度から報告いたします。

自公で3分の2の議席には三つの仕掛け――国民多数の信任ではない

総選挙の結果、自民党と公明党が議席の3分の2を占めましたが、それは安倍政権の政治的基盤が強固になったことを意味するものではありません。次の三つの仕掛けによるものであります。

第一は、小選挙区制です。自民党は、比例代表の得票率で33％、有権者比得票率17％で、61％の議席を得ました。これは大政党有利に民意をゆがめる小選挙区制がつくった「虚構の多数」にほかなりません。

第二に、総選挙直前に持ち込まれた野党共闘への逆流と分断が、自民党への最大の「援軍」となりました。議席での多数は、自・公が強かったからでなく、安倍首相が立派だったからでもなく、分断工作が一定の功を奏した結果にすぎません。

第三に、安倍首相は、選挙戦の遊説で「森友・加計《かけ》疑惑」について一切語らず、憲法改定も封印し、徹底した争点隠しを行いました。

総選挙の結果は、安倍政治への国民多数の信任を意味するものではないということを、まず強調したいと思います。

きわだつ逃げの姿勢――行き詰まり、もろさと弱さを、自ら告白するもの

総選挙を前後して、国民の批判、国会質疑、野党の追及を恐れ、そこから逃げようという安倍政権の姿勢は、きわだったものとなっています。

憲法の規定にのっとった野党の臨時国会召集要求を拒否し、疑惑隠しの冒頭解散を強行する。総選

挙後の特別国会も当初は実質審議抜きでやり過ごそうとする。国民と野党の強い批判で審議に応じざるを得なくなると、野党の質問時間削減という議会制民主主義のイロハも踏みつけにした異常な暴挙に出る。

特別国会の質疑でも、逃げの答弁に終始し、まともに議論を行う姿勢もなければ能力もないことが露呈しました。これらは、安倍政権の政治的な行き詰まり、国民的基盤のもろさと弱さを自ら告白するものにほかなりません。

改憲右翼団体「日本会議」との一体化——危険性とともに、基盤を不安定に

改憲右翼団体「日本会議」と安倍政権との一体化が深刻になっています。

安倍首相による憲法9条改定のシナリオを書いたのは「日本会議」でした。首相は、5月3日に「日本会議」が開いた改憲集会へのビデオメッセージで9条改憲を表明し、11月27日の「日本会議」の結成20周年記念大会に、現職首相として初めてメッセージを送り、憲法改定にむけ「歴史的使命を果たす」と誓いました。

第4次安倍政権の安倍首相を含む20人の閣僚のうち、公明党所属の1人を除き全員が、「日本会議国会議員懇談会」「神道政治連盟国会議員懇談会」などに加盟歴のある「靖国」派議員となっています。

安倍政権が、侵略戦争を肯定・美化し、歴史を偽造する極右勢力によって構成され、支えられ、極右勢力と身も心も一つになって憲法9条改定の道を暴走していることは、きわめて重大であります。それは、この政権の特異な危険性を示すものであるとともに、その基盤を不安定にし、国民との深刻

な矛盾を広げざるを得ないでしょう。

暴走政治を包囲するたたかいを発展させ、共闘の力で安倍政権を打倒しよう

安倍自公政権は国会では多数をもっていますが、そのすすめる主要な課題への支持は国民のなかでは少数であります。憲法を壊す強権政治、国政私物化疑惑などが続くもとで、国民のなかで安倍首相への不信と嫌悪感が渦巻いています。頼みにしていた安倍政権の補完勢力も、総選挙後、いよいよその政治的立場を失い、混迷を深めています。

全国の同志のみなさん。日本共産党が、あらゆる分野で、国民の切実な要求にもとづいて、安倍暴走政治を包囲するたたかいを発展させる先頭に立って奮闘しようではありませんか。国民のたたかいの発展と一体に、市民と野党の共闘を発展させ、共闘の力で安倍政権を打倒し、新しい政治をつくろうではありませんか。

北朝鮮問題をどう解決するか――日本共産党の立場と安倍政権の問題点

経済制裁強化と一体に「対話による平和的解決」を

ここで北朝鮮問題について報告します。

この間、北朝鮮が、核実験と弾道ミサイル発射を繰り返していることは、世界と地域の平和と安定にとっての重大な脅威であるとともに、国連安保理決議などに違反する暴挙であります。日本共産党

は、北朝鮮の暴挙を厳しく糾弾し、これ以上の軍事的挑発を中止するとともに、核・ミサイル開発を放棄することを厳重に求めるものです。

同時に、万一、米朝の軍事衝突から戦争、核戦争に発展する事態が起きれば、恐るべき犠牲は避けられません。破滅をもたらす戦争は絶対に回避しなければなりません。日本共産党は、8月12日に発表した声明で、危機打開のために米朝が直接対話に踏み出すことを提唱し、日本政府および関係国にそのための努力を要請してきましたが、それはいよいよ急務となっています。国際社会が一致結束して、経済制裁強化と一体に「対話による平和的解決」をはかることが、唯一の解決策であることを重ねて強調したいのであります。

対話否定、軍事力行使容認――危機を高めるだけの対応をあらためよ

安倍首相は、この問題を「国難」と呼んでいますが、その対応は、①「対話のための対話は意味がない」とする異常な「対話否定」論に立ち、②「すべての選択肢はテーブルの上にあるという米国政府の立場を支持する」と、アメリカによる先制的な軍事力行使を公然と支持し、③危機に乗じて、安保法制を発動し、日米共同演習をエスカレートさせ、トランプ大統領に言われるまま新たな武器を購入する――二重三重に危機を高めるだけのものとなっています。こうした対応を根本からあらためることを強く求めます。

「外交不在は戦争突入の条件を醸成」――ペリー元米国防長官の発言を受け止めよ

ペリー元米国防長官は、11月29日、朝日新聞に掲載されたインタビューで、「日本の指導者は、外交の失敗がもたらす帰結を理解する必要があります。外交の不在や見境のない発言は、戦争に、非常に壊滅的な核戦争に突入する条件を醸成《じようせい》してしまいます」と指摘し、実行可能な軍事オプションは存在しないと強調し、「我々は外交を真剣に検討すべきです。私は安倍首相に、トランプ大統領との議論で、こうしたことを促すことを期待しています」とのべています。1994年の北朝鮮の核危機のさい、軍事攻撃を本格的に検討しながら、最後は直接対話に踏み切った元米国防長官の発言を、日本政府は重く受け止めるべきであります。

「対話による平和的解決」を求める声は、韓国、中国、ロシアなど関係国とともに、ASEAN（東南アジア諸国連合）、ドイツ、フランスなど、国際社会の圧倒的大勢となっています。日本共産党は、こうした方向で、危機を打開し、問題の解決がはかられるよう、引き続き力をつくすものであります。

当面するたたかいの課題――来年の通常国会、再来年の参院選を展望して

来年の通常国会、再来年の参議院選挙を展望して、当面のたたかいの課題について報告します。

国政私物化疑惑――2人のキーパーソンの招致を含め真相の徹底究明を

第一は、国政私物化疑惑の徹底究明であります。

特別国会の論戦をつうじて、森友・加計学園をめぐる疑惑はいっそう深刻となっています。会計検査院は、森友学園への国有地8億円値引き売却問題で、国が算定したゴミの量は過大で、国有地売却

は「適切とは認められない」とする検査結果を報告しました。8億円値引きの根拠が崩れました。さらに、わが党の追及で、財務省の側から森友学園に値引き売却を提案し、「口裏合わせ」をはかっていたことを示す「音声データ」の存在を政府も認めざるをえなくなりました。こうした異常な事態の背景に安倍昭恵氏の関与があるのではないかという疑惑がいよいよ深まりました。

加計学園にかかわる疑惑では、わが党の追及で、加計学園が事業者として選定された1年半も前（15年6月）の国家戦略会議ワーキンググループ（WG）に加計学園関係者が出席・発言していたこと、それが隠され続け、速記録まで破棄されたことなど、「加計ありき」「加計隠し」でことがすすめられてきた異常な事実が明らかにされ、真相究明のためには、加計孝太郎氏を国会に招致することが、いよいよ避けて通れなくなってきています。

この問題は、時の権力者によって公正公平であるべき行政がゆがめられ、国政が私物化されたという疑惑であり、絶対にあいまいにすることはできません。安倍首相が、安倍昭恵氏、加計孝太郎氏という真相解明の2人のキーパーソンを国会に出そうとしないことが、出そうとしないで自分であれこれと〝間接話法〟で語っていることが、国民の強い不信が続く最大の要因となっています。わが党は、2人をはじめ関係者の招致を行い、真相の徹底究明をはかるために引き続き全力をつくすものであります。

憲法問題――安倍9条改憲反対の一点での空前の国民的大運動を呼びかける

第二は、安倍政権による憲法9条改定を許さないたたかいです。

安倍首相は、総選挙の翌日、「与野党にかかわらず、幅広い合意形成をするように努力を重ねていかなければならない」と、改憲への強い執念を見せました。来年の通常国会にも憲法改定の国会発議を行おうというのが、自民党の描くスケジュールです。9条改定案の国会での発議を絶対に許さないことを目標にすえ、この一点での揺るぎない国民的多数派をつくりあげるために全力をあげます。

そのためには、今年から来年前半にかけてのたたかいが一つの勝負どころとなります。「安倍9条改憲NO！全国市民アクション」が呼びかけた「3000万人署名」を、全国の草の根で集めきることを、たたかいの軸にすえて頑張り抜こうではありませんか。野党各党は、「安倍政権による9条改憲に反対する」ことを市民連合との政策合意で確認しており、この一点での市民と野党の共闘を、国会内外で大きく発展させるために力をつくそうではありませんか。草の根のたたかいと共闘が、たたかいを勝利に導く要であります。

この問題で、揺るぎない国民的多数派をつくる最大の政治的カギは、憲法9条に自衛隊を明記する改定を行えば、9条2項の空文化＝死文化に道を開き、海外での武力行使が文字通り無制限になるという問題の本質を、国民多数の共通認識にしていくことにあります。日本共産党は、論戦、宣伝、対話で、問題のこの本質を国民に広く明らかにする先頭に立って奮闘するものです。

安倍政権による憲法9条改定を許さないたたかいは、文字通り、日本の命運を左右する歴史的闘争となります。

国民のみなさんに心から呼びかけます。政治的立場の違い、思想・信条の違いを超え、安倍9条改憲反対の一点での空前の国民的大運動を起こし、安倍首相の野望を必ず葬り去ろうではありませんか。

暮らしと経済――格差と貧困をただす経済民主主義の四つの改革を

第三に、暮らしと経済の問題では、党大会決定がよびかけた「1%の富裕層や大企業のための政治でなく、99%の国民のための政治を」――格差と貧困をただす経済民主主義の四つの改革を掲げ、その実現のためのたたかいにとりくみます。

――社会保障をめぐって、総選挙後、政府の経済財政諮問会議、財政制度等審議会などで、あいついで「社会保障改革」の案が打ち出されています。医療では、75歳以上の窓口負担の2割への引き上げ、介護では、「要介護1・2」の在宅サービスを保険給付から外す、生活保護では、子育て世帯を狙い撃ちにした加算・扶助費の削減など、大改悪が目白押しです。こうした動きに対し、医療・介護の職能団体、市民団体など、幅広い団体が声をあげ、反撃の運動を起こしていることは重要です。社会保障の大改悪策動を打ち破り、拡充を求める、広範な共同のたたかいを発展させようではありませんか。

――消費税をめぐって、安倍政権は、2019年10月からの10%増税を既定事実として、突き進もうとしています。大増税は、消費不況をいっそう深刻にし、格差と貧困に追い打ちをかけます。社会保障を切り捨て、大企業に減税をばらまく一方での庶民大増税には、一かけらの道理もありません。「富裕層・大企業に応分の負担を」の対案を大いに語り、消費税10%を中止させるために全力をあげようではありませんか。

政府・与党は、大増税を国民に押し付けながら、深刻な財政危機を打開する方途を示せなくなっています。「能力に応じた負担」の原則を貫く税制改革、歳出の浪費をなくす財政改革、国民の所得を増やす経済改革をすすめることで、消費税に頼らずに暮らしの充実と財政危機打開の両立をはかる日本共産党の財源提案を大いに広げていくことが大切です。

——安倍政権は、「残業代ゼロ法案」と、過労死水準までの残業を合法化する労働基準法改定案を「一本化」して、通常国会に提出・成立させようとしています。「残業代ゼロ法案」は、すべての労働団体と、全国過労死を考える家族の会や弁護士団体など広範な市民団体が、「過労死を促進する」と強く反対しています。市民と野党の共闘、ナショナルセンターの違いを超えた労働組合の共同を広げ、戦後日本の労働法制を根幹から揺るがす大改悪を絶対に許さないたたかいの発展をはかりましょう。党大会決定が提起した「8時間働けばふつうに暮らせる社会」を掲げ、本物の働き方改革の実現を求めてたたかおうではありませんか。

——農業をめぐって、安倍政権は、来年度から米の直接支払交付金を廃止し、民主党政権時につくった所得補償制度を全廃しようとしています。これを許さず、農産物の価格保障・所得補償制度の確立を求めてたたかいます。また、安倍政権は、離脱したアメリカを呼び戻すことをめざして、「TPP11」を強引に進めようとしています。これは、アメリカが戻らない場合でも、トランプ政権が求める日米FTA交渉の出発点となり、アメリカがさらなる譲歩を迫る条件を与えることになります。わが党は、「TPP11」を断固阻止するためにたたかうものであります。

原発問題——再稼働中止、原発ゼロの決断を迫るたたかいを

第四は、原発ゼロをめざすたたかいです。

東京電力福島第1原発の大事故から7年近くになりますが、原発再稼働に反対する声は、どんな世論調査でも国民の過半数で揺るぎません。原発事故によって、今なお6万8千人もの福島県民が故郷を追われ、避難生活を強いられている現実を目のあたりにして、国民の多数が「原発はもう動かせない」という強い思いを持っています。

原発を再稼働すれば、計算上わずか6年で、すべての原発の使用済み核燃料貯蔵プールが満杯になります。処理方法のない「核のゴミ」という点からも、再稼働路線は完全に行き詰まっています。高速増殖炉「もんじゅ」が問題となっていますが、冷却材に使われていたナトリウム――これは放射能で汚染されているわけですが、取り出す方法がないということが最近明らかになりました。あらゆる点で無責任きわまる原子力行政の問題点が噴き出しています。

国民の強い批判を受けて、総選挙で野党と市民連合の間で、「福島第1原発事故の検証のないままの原発再稼働は認めない」ことが政策合意されたことは、原発ゼロをめざす運動を励ましています。ここでも市民と野党の共闘を発展させ、安倍自公政権に、再稼働路線の中止、原発ゼロの決断を迫るたたかいをすすめようではありませんか。

沖縄米軍基地問題――全国が連帯して名護市長選、県知事選に必ず勝利を

第五は、基地のない平和で豊かな沖縄をめざすたたかいです。

総選挙では、沖縄の四つの小選挙区のうち、1、2、3区で、辺野古新基地に反対する「オール沖縄」の候補者が勝利しました。ところが政府は、そのわずか2週間後に新たな護岸工事の建設に着手しました。地元紙は政府の暴挙を「沖縄には民主主義は適用しないという宣言」と糾弾しましたが、沖縄の基地問題で問われているのは、日本という国の民主主義にほかなりません。

沖縄では、昨年のオスプレイの墜落事故のさいにも、今年の米軍ヘリ炎上・大破事故のさいにも、日本の警察・海上保安庁がまともな捜査ができないという事態が続き、「これで独立した主権国家といえるか」という怒りが広がっています。この屈辱的な現状をただすために、日米地位協定の抜本改定は急務となっています。

安倍政権は、なりふり構わぬ新基地建設の工事強行によって、県民をあきらめさせ、分断を持ち込むという卑劣な強圧をふるっています。それに対して沖縄県民は「勝つ方法はあきらめないこと」を合言葉に不屈のたたかいを続けています。

来年は、2月の名護市長選挙、11月の沖縄県知事選挙と、重要な選挙戦が連続してたたかわれます。絶対に負けられない選挙であります。全国のみなさんが、翁長《おなが》知事を先頭にした「オール沖縄」のたたかいと連帯し、あらゆる支援を集中し、勝利のために全力をあげることを心から訴えるものであります。

核兵器禁止条約――日本政府に禁止条約へのサインを迫るたたかいを

第六に、核兵器禁止条約について訴えます。

7月7日、国連で歴史的な核兵器禁止条約が採択され、9月から各国の署名が開始されました。条約の成立は、国際政治に新たな変化をつくり出しつつあります。国連で軍縮問題を扱う第1委員会では、10月27日、核軍縮に関連する20本の決議案を採択しましたが、その半分が核兵器禁止条約の採択に言及するものとなりました。なかでもすべての加盟国に禁止条約への署名と批准を求めた決議案「多国間核軍縮交渉の前進」が、国連加盟国のほぼ3分の2の賛成で採択されたことは、大きな意義があります。核兵器廃絶国際キャンペーン（ＩＣＡＮ）のノーベル平和賞の受賞、被爆者とローマ法王との会見など、被爆者を先頭とする市民社会の役割が国際的にも高く評価されていることも、歓迎すべき動きであります。核兵器禁止条約の採択に大きな力を得て、世界が核兵器禁止・廃絶にむけて大きく動きつつあります。

そうしたなかで、日本政府が、核兵器禁止条約に反対し、核兵器大国に追随する姿をむき出しにしていることは、恥ずべきことです。日本政府が、国連第1委員会に提出した核軍縮決議案は、核兵器禁止条約に一言も触れないばかりか、ＮＰＴ（核不拡散条約）第6条の核保有国の核軍縮義務が削除されるなど、日本の昨年の決議からも大きく後退し、各国から異例ともいえる多くの批判的意見が集中しました。

核兵器禁止条約を発効させ、禁止から廃絶へと前進するうえで、核保有国と同盟国の政策転換を実現する世論と運動――とりわけ被爆国・日本の政府の姿勢を変えさせるたたかいは、決定的に重要となっています。「ヒバクシャ国際署名」を2020年までに全世界で数億の規模で集めるとともに、日本政府に核兵器禁止条約へのサインを迫るたたかい、そして禁止条約にサインする政府をつくるたたかいに、大いにとりくもうではありませんか。

国民運動を発展させるうえでの構え――二つの点について

これらの国民運動を発展させるうえでの、私たち日本共産党の構えとして、二つの点を強調したいと思います。

共闘の共通課題実行の先頭に立ち、共闘を豊かに発展させる

第一は、市民と野党の共闘で、すでに確認されている共通の課題について、それぞれのたたかいを発展させる先頭に立って奮闘するとともに、たたかいを通じて共闘を豊かに発展させるために力をつくすということであります。

直面するたたかいの課題のうち、「安倍政権による憲法9条改定に反対」、「秘密保護法、安保法制、共謀罪法などの白紙撤回」、「福島第1原発事故の検証のないままの原発再稼働は認めない」、「森友・加計疑惑の徹底究明」、「雇用の不安定化と過密労働を促す『働き方改革』に反対し、8時間働けば暮らせるルールを実現する」などは、野党が市民連合と交わした政策合意のなかに明記されていることです。野党は、国民に対して、これらの共通公約を実行する共同の責任を負っています。日本共産党は、これらの課題で共同のたたかいを前進させるために、市民連合のみなさんとも協力して全力をあげて奮闘するものです。

さらに「19年10月の消費税10％増税は認めない」、「核兵器禁止条約への署名を迫る」などの課題でも、野党間で前向きの一致が得られる可能性があります。たたかいのなかで、共闘の課題を豊かにしていくための努力をはかりたいと思います。

もともと、今日の市民と野党の共闘を生み出した原動力は、2015年に日本列島にわき起こった安保法制＝戦争法に反対する空前の市民運動でした。共闘を発展させる原動力は、国民のたたかいにあります。このことを銘記して大いに奮闘しようではありませんか。

党綱領にそくして先々の展望を語る党独自の活動に大いにとりくむ

第二は、安倍政権の暴走政治のどんな問題も、その根っこには異常な「対米従属」「財界中心」という自民党政治のゆがみがあること、そのゆがみをただす改革にとりくんでこそ日本の前途は開けることを明らかにする、日本共産党独自の活動にとりくむことであります。

北朝鮮問題での軍事的対応へののめり込み、憲法9条改定への熱中、沖縄基地問題での民意無視の強権政治、核兵器禁止条約に背を向ける恥ずべき姿勢——安倍政権によるこれらの暴走政治の根本には、異常なアメリカ言いなりの政治があります。日米同盟を絶対視し、日米同盟をあらゆるものに優先させる姿勢を続けていいのかが問われています。世界でも異常な従属体制——日米安保条約を廃棄し、独立・平和・中立の日本をつくることにこそ、日本の未来があることを、大いに語ろうではありませんか。

社会保障大改悪、消費税増税、「残業代ゼロ法案」など働き方改悪、原発再稼働など、国民の命と暮らしを脅かす暴走政治の根本には、異常な財界中心の政治があります。それは、総選挙後、経団連会長が、「国民に痛みを伴う改革」に「勇気をもって」とりくめと、これらの課題の推進の号令をかけたことからも明らかです。1％の富裕層と大企業の利益を最優先させ、99％の国民に犠牲を強いる政治を続けていいのか。これが問われています。大企業の横暴を抑え、国民の生活と権利を守る「ルールある経済社会」をつくることにこそ、国民すべてが尊厳をもって生きることができる日本をつくる大道があることを、大いに語ろうではありませんか。

日本共産党が、市民と野党の共闘が掲げる課題に、最も誠実・真剣にとりくむとともに、党綱領にそして先々の展望を大いに明らかにする独自の活動にとりくむことは、共闘を発展させるうえでも貢献となることを強調したいと思うのであります。

3、参院選、統一地方選挙での新たな躍進をめざして——党活動と党建設の方針

報告の第三の主題として、参議院選挙、統一地方選挙での新たな躍進をめざす党活動と党建設の方針についてのべます。

参議院選挙、統一地方選挙の目標と方針について

次の全国的選挙は、2019年春の統一地方選挙と、7月の参議院選挙となることが想定されます。統一地方選挙と参院選が連続的にたたかわれるのは、12年ぶりとなります。二つの全国的選挙で新たな躍進をかちとることを前面にすえて、党活動と党建設の新たな発展をかちとるために全力をあげます。

参院選——本格的な共闘の実現、日本共産党の新たな躍進をめざす

参議院選挙では、次の二つの大目標に挑戦します。

第一に、市民と野党の共闘を本格的に発展させ、19年参院選でも選挙協力を行い、自民・公明とその補完勢力を少数に追い込むことをめざします。

全国32の1人区のすべてで、市民と野党の共闘の実現と、その勝利をめざします。共闘を成功させるために、①豊かで魅力ある共通公約をつくる、②本格的な相互推薦・相互支援の共闘を実現する、③政権問題で前向きの合意をつくる――などの諸点で、野党間、野党と市民連合間でしっかりした協議を行い、本格的な共闘の実現をめざします。

これまでの2度の国政選挙――16年参院選、17年総選挙では、わが党は、共闘体制構築のために、一部をのぞいて、候補者を一方的に降ろすという対応を行い、それは適切なものでした。同時に、本来、選挙協力は相互的なものであり、そうしてこそ力を発揮することができるし、持続・発展することができます。次の参院選では、過去2回のような一方的な対応は行いません。あくまで相互推薦・相互支援の共闘をめざします。

第二に、日本共産党の新たな躍進を必ずかちとるために、全力をあげます。「比例を軸に」を貫き、「全国は一つ」でたたかい、比例代表で「850万票、15%以上」を目標にたたかいます。選挙区選挙では、現有3議席（東京、京都、大阪）を絶対に守り抜き、議席増をめざしてたたかいます。

今回の総選挙で比例代表で440万票へと後退し、13年参院選の515万票、16年参院選の601万票を下回ったことは、党の現状としてリアルに直視しなくてはなりません。同時に、今回の総選挙での得票の後退は、かつてのような「共産党排除の壁」に追い詰められての結果ではありません。共闘を貫いた党の姿に共感して、新たに支持してくださった方も少なくありません。総選挙後、各界の識者の方々から、党のとった態度への評価とともに、「今回醸成された信頼感はいずれ生きてくる」などの激励が寄せられましたが、こうした激励に応える必要があります。「８５０万、15％以上」は、大きな目標ですが、頑張りいかんで実現は可能であります。全党が、新たな決意で、新たな躍進に挑戦しようではありませんか。

統一地方選・中間地方選挙で着実な前進・躍進をかちとろう

統一地方選挙の意義と目標は、党大会決定ですでに明確にしています。

――前回の統一地方選挙では、全都道府県で議席を獲得するという、党史上初めての到達を築きました。２０１７年の東京都議会議員選挙では、東京都党組織の大奮闘と全国の支援で、難しい条件のもとで17議席から19議席への重要な躍進をかちとりました。

２０１９年統一地方選挙では、これらの到達点を踏まえ、道府県議会で新たな空白を絶対につくらず、すべての道府県議会での複数議席実現、議席増に挑戦します。

――県議空白の政令市（20政令市中６市）での県議議席獲得、政令市の市議空白区（１７５区中46区）の克服、道府県議、政令市、東京特別区、県庁所在地、主要な地方都市での議席増を特別に重視します。

――一般市議、町村議の議席増、空白議会（43市、３４３町村）の克服に挑戦します。党員拡大を根幹にすえた党勢拡大にとりくみ、移住も含め早く候補者を決め、候補者を先頭にした計画的・系統的とりくみを行います。

――党議員団が議案提案権をもつことは、住民の要求実現にとって大きな意義をもちます。現在、半分近く(46・59%)の自治体でもっている議案提案権を、都道府県ごとの拡大目標をもち、全国的には、3分の2以上の自治体でもつことをめざします。

統一地方選挙は、その直後に行われる参議院選挙の前哨戦《ぜんしょうせん》としても、重要な意義をもつものとなります。この目標に、正面から挑戦し、必ずやり抜こうではありませんか。そのために遅くとも来年3月までに予定候補者を決定し、勝利にむけたとりくみをスタートさせることを強く訴えるものであります。

2018年は、151市、131町村、計282自治体で中間選挙が行われます。沖縄では、名護市長選挙、沖縄県統一地方選挙、県知事選挙、那覇市長選挙など、一連の重要な選挙がたたかわれます。必要な力の集中をはかりつつ、一つひとつの選挙で勝利し、議席増、得票増をめざします。中間選挙で議席と得票の上げ潮の流れをつくり出してこそ、統一地方選挙での勝利、参議院選挙での躍進をかちとることができることを銘記して、奮闘したいと思います。

統一地方選挙、中間地方選挙で着実な前進・躍進をかちとり、党大会決定が呼びかけた地方議員第1党の奪回、議席占有率10%以上をめざそうではありませんか。

選挙をたたかう方針——党大会決定、総選挙の教訓を全面的に生かす

選挙をたたかう方針は、党大会決議・第25項「新しい情勢にふさわしく選挙方針を抜本的に発展させる」で明らかにされています。そこで強調された、「野党共闘の前進と日本共産党躍進の一体的追求」、「『市民・国民とともにたたかう』、壮大な選挙戦」、「伝えたい相手への敬意をもち、自分の言葉を大切にして、対等な目線で語り合うという、双方向での宣伝・組織活動」、「あらゆる結びつき・つ

ながりを生かして選挙勝利に結実させる」、「若い世代とともにたたかう選挙にしていく」などの諸点は、引き続き今後の選挙戦をたたかう指針ともなるものであり、その全面実践をはかります。

同時に、すでに明らかにした総選挙の教訓を全面的に生かすことが大切であります。報告でのべた「共闘を前進させながら、いかにして日本共産党の躍進をかちとるか」、「選挙活動をいかにして日常化するか」などの内容は、そのまま次の参議院選挙、統一地方選挙をたたかう方針として実践するようにしたいと思います。

新たな躍進をめざす党活動と党建設について

来年――2018年は、全国的選挙は想定されません。2019年の参議院選挙、統一地方選挙で新たな躍進をかちとるために、2018年を、党と国民との結びつきを豊かに広げ、党大会決定にもとづく法則的活動を実践し、腰をすえて党の力をつける年にしていくようにしたいと思います。次の七つの点をにぎって、党活動と党建設を着実に前進させることを、呼びかけます。

大志とロマンある生きた政治目標を決め、日常的・意識的に追求しよう

第一は、生きた政治目標を決めることです。

すべての都道府県、地区委員会、支部・グループが、参議院選挙、統一地方選挙での躍進をめざす政治目標とそれを達成するための計画を、「総合計画」「政策と計画」のなかに位置づけ、決定することは、新たな躍進にむかう出発点となります。

そのさい、「わが支部（地区、県）をこう変える」という大志とロマンある、みんながわくわくするような生きた目標をみんなでよく討議して決め、みんなのものにしていくことが大切であります。「850万、15％以上」という参議院選挙の比例代表の全国目標にそくして、都道府県、地区委員会、支部・グループで比例代表の目標を決め、それを達成することをあらゆる党活動発展の軸にすえましょう。要求活動、宣伝活動、選挙活動、党勢拡大など党のあらゆる活動を、比例代表の目標を達成することに焦点をあてて、その達成のために必要な計画をたて、日常的・意識的に追求しましょう。

草の根の運動の先頭に立ち、結びつきを豊かに広げよう

第二は、草の根の運動であります。

すべての県・地区委員会、支部・グループが、国民の願いにもとづき、草の根から国民運動、市民運動を発展させる先頭にたちましょう。この活動は、国民の利益を守るために献身するという立党の精神にたった活動であるとともに、党と国民との生きた結びつき、党への信頼を広げ、選挙での躍進、党勢拡大をすすめる力の源泉ともなります。

報告でのべた、憲法、暮らしと経済、原発、米軍基地、核兵器禁止・廃絶など、国政の大問題から、日常的な職場、地域、学園の要求にいたるまで、国民の要求実現のための運動をおこし、またすでにあるさまざまな運動に参加し、要求実現の先頭にたつとともに、結びつきを豊かに広げましょう。

安倍9条改憲に反対する「3000万署名」に全国津々浦々でとりくみ、日本の命運をわけるこの

たたかいで必ず勝利をかちとるために、先頭にたって大奮闘しようではありませんか。

「綱領を語り、日本の未来を語り合う集い」──気軽に、繰り返し、双方向で

第三に、すべての支部・グループ、すべての自治体・行政区で、参院選、統一地方選にむけて、「綱領を語り、日本の未来を語り合う集い」を開きましょう。

「集い」は、党の綱領、理念、歴史を丸ごと理解してもらい、また国民が関心をもっているさまざまなテーマで日本の未来を語りあい、党を積極的に支持してくれる人たちを日常的に広げるとりくみです。また「集い」は、そこでの対話をつうじて、党員を増やし、「しんぶん赤旗」読者を増やすうえでも、重要な意義をもちます。さらに「集い」で、党への誤解をとく活動をすすめることは、市民と野党の共闘を本格的なものに発展させるうえでも、大切な活動になります。

今回の総選挙にむけて「集い」に積極的にとりくみ、それが選挙をたたかううえでも大きな力となった党組織では、共通して次のような教訓が報告されています。

──一つは、「集い」を気軽に開くことです。最初はさまざまなためらいも出されますが、「集まりを気にしないでまずとりくもう」「会場は党員宅でも」「集いを住民に知らせること自体が大事な活動」と気軽に始め、とりくみを広げています。

──二つは、「集い」を繰り返し開くことです。愛知県のある地域支部は、「集い」を毎月開き、15カ月になりました。『集い』を続けることで、何より党員が元気になり、協力してくれる人たちが広がり、選挙が日常化することになった」との報告であります。

──三つは、「集い」は双方向でということです。話題提供は長くせず、みんなが語り合え、参加者が主役になる運営に心がけています。参加者の政治への思い、党への率直な意見・要望を聞き、ともに日本の前途を考える場としていくための努力がはらわれています。

参院選、統一地方選にむけ、「集い」を、日本列島のすみずみで、気軽に、繰り返し、双方向で開こうではありませんか。国会議員、地方議員、候補者が、党を語る先頭にたつとともに、党員一人ひとりが、自分の思いを重ね、自分の言葉で党を語りましょう。『JCPマニフェスト　日本共産党綱領』パンフを大いに活用しましょう。若い世代の中での「集い」を特別に重視し、若者の実情と願いに耳を傾け、一緒に未来を探求するとりくみとして発展させましょう。

党大会決定の新鮮な生命力――全党員のものにする新たな努力を強めよう

第四は、第27回党大会決定の生命力をしっかりつかみ、この決定を全党員のものにする新たな努力を強めるということです。

党大会決定は、開始された「日本の政治の新しい時代」を前に動かすために、日本共産党はいかにたたかうかを明らかにした文書であり、綱領を今日の情勢のもとで具体化したものです。党大会から1年近くがたちましたが、決定に盛られた内容は、どの問題でも新鮮な生命力を発揮しています。

――総選挙でわが党は、重大な逆流が生まれる複雑な情勢のもとでも、市民と野党の共闘を揺るがず発展させるという立場を貫きましたが、全党がこの大仕事をやり抜けた土台には、共闘の力――統一戦線の力で日本の政治を変える道を太く明らかにし、断固としてこの道をすすむことを呼びかけた党大会決定がありました。

――党大会決定は、世界と日本の現状をどうとらえ、どう働きかけるかについて、大きな展望を指し示しました。その生命力は、核兵器禁止条約の採択という世界平和の大激動でも実証されました。党大会決定は、安倍政権に対する国民的対案を、外交、経済、原発、米軍基地、憲法、歴史問題など、あらゆる分野で明示しましたが、それは総選挙をたたかう大きな政治的指針になるとともに、総選挙後の情勢においてもそれぞれが新鮮な意義をもつものとなっています。

――党大会決定は、党建設においても、「いまなぜ党建設か」――党建設の歴史的意義を深く明らかにするとともに、どうやって党建設を本格的な前進に転ずるか、世代的継承をどうすすめるかについて、大きな方向を明らかにしました。その内容は、党を強く大きくする運動をすすめるうえでの最良のよりどころになるものであります。

――党大会決定は、中国の国際政治における動向にあらわれた問題点を突っ込んで解明しています。日米安保条約と自衛隊に関する党攻撃への端的な反撃を行っています。党創立95周年にあたって「歴史が決着をつけた三つのたたかい」――戦前の天皇制の専制政治・暗黒政治とのたたかい、戦後の旧ソ連などによる覇権主義とのたたかい、「日本共産党を除く」という「オール与党」体制とのたたかいについてのべています。党大会決定には、党の綱領、理念、歴史を語る内容が満載されています。

党大会決定の読了の到達点は、決議で43・8％となっています。ここから先が大事であります。ここから先、全党員読了をめざして、どこまで読了を広げることができるかが、わが党の質を決めることになります。全党の英知で練り上げ、決定し、今日の情勢のもとで大きな生命力を発揮している第27回党大会決定を全党員が読了するために、パンフレットを活用し、新たな決意で力をつくそうではありませんか。党大会決定に繰り返し立ち返り、決定を力に党活動を前進させる気風を全党に定着させようではありませんか。

党勢拡大――「楽しく元気の出る支部会議」「地区委員会活動の強化」と一体に

第五は、党勢拡大の上げ潮を必ずつくりだすことです。

党の自力をつけること――党員拡大を根幹にすえて党勢拡大を前進させることは、総選挙の最大の教訓として、全党のみなさんが最も痛切に受け止めている問題だと思います。２０１９年の参院選、統一地方選で新たな躍進をかちとるため、２０１８年にこの分野でたしかな前進を何としても築きたいと思います。今度こそ、党勢を前進させて選挙をたたかいたいと思います。

第３回中央委員会総会として、全党のみなさんが、次の目標に正面から挑戦することを呼びかけるものです。

全国の目標として、参議院選挙１年前の来年７月末までに、党員、「しんぶん赤旗」日刊紙読者、日曜版読者で、前回（２０１６年）参院選時を回復・突破することをめざします。これは党員で１万１千人、日刊紙読者で１万３千人、日曜版読者で６万３千人を増やすという目標となります。一つの支部・グループあたり、党員１人増、日刊紙読者１人増、日曜版読者４人増を実現すれば達成できます。都道府県、地区委員会、支部・グループが、これに見合う目標を決め、来年７月末にむけて党勢拡大の上げ潮をつくり出し、さらにそれを発展させて、２０１９年の二つの政治戦で必ず勝利をつかもうではありませんか。

どうやって党建設を本格的な前進に転ずるか。党大会決定をしっかり握って、決定にしがみついて実践したいと思います。党大会決定が明らかにした党建設前進の法則的方向は、全党の経験と教訓を総括して打ち出したものであり、これを本気で実践したいと思います。

──一つは、党大会への中央委員会報告で強調した「楽しく元気の出る支部会議」を全党に定着させる努力と一体に、党勢拡大の独自追求をはかることであります。

近畿のある地区委員会は、党大会決定を受けて、「楽しく元気の出る支部会議」を定着させる努力を行い、それが持続的な党員拡大の力となり、総選挙にみんなが立ち上がる力となっています。96・5％の支部が支部会議を開き、党大会決定を読了して政治的団結をはかる、支部会議に参加できていない同志については訪問して近況をつかみ交流するなどの努力をしてきました。一人ひとりの党員を大切にする気風が強まり、支部に連帯感が生まれ、「こんな活動なら誘いたい」「支部を大きくしたい」となりました。党員拡大の独自の援助とあいまって、党大会後、入党を働きかけた支部は6割を超え、34人の党員を迎えているとの報告であります。

党大会決定が提起した「楽しく元気の出る支部会議」は、支部の活力を高め、要求運動、宣伝活動、選挙活動、党勢拡大で前進する力がわきでる鉱脈であり、あらゆる支部活動発展の要でありま す。

支部会議の現状は、毎週開催は2割弱にとどまっています。党機関はこの現状の打開のために思い切って援助を強めましょう。一人ひとりの党員を大切にし、温かく連帯感あふれる支部をつくる努力と一体に、党勢拡大を前進させようではありませんか。

──いま一つは、大会決議が強調した「地区委員会活動の強化」によって、支部に出かけ、支部から学び、一緒に知恵と力をつくすリーダーシップを発揮することと一体に、党勢拡大の独自追求をはかることであります。

四国のある地区委員会は、党大会決定を受けて、「大河の流れも、一滴のしずくから」を合言葉に、「すべての支部」にこだわって、支部への日常的援助を強めました。党大会後、放置されていた30の支部を地区委員会全体で分担しなおし、一つひとつに足を運び、援助を強めるなかで、新たに会議が開けるようになった支部が着実に広がっています。こうした援助を行えるよう、職場を定年退職した4人の党員に、補助指導機関の委員になってもらい、補助指導機関を再建するなど、体制強化を行いました。こうした粘り強い努力によって、党員でも「しんぶん赤旗」の読者でも党大会現勢をほぼ維持し、総選挙の対話・支持拡大は、前回を大きく超える規模となったとの報告であります。

党大会決定が明らかにした「楽しく元気の出る支部会議」「地区委員会活動の強化」――この二つの法則的方針をしっかりにぎって、党勢拡大の新たな前進をつくりだすために、知恵と力をそそごうではありませんか。

なお、「しんぶん赤旗」の読者拡大では、紙の「赤旗」読者を増やすことを基本にすえつつ、新しく党に関心や期待を寄せている人々に、広く「赤旗」を読んでいただけるよう、来年7月をめどに、「しんぶん赤旗」日刊紙の電子版を発行する準備をすすめていることを、報告しておきたいと思います。

世代的継承――民青同盟を強く、大きくする活動に全党が総力をあげよう

第六は、党の世代的継承のとりくみを前進させることです。

総選挙をたたかって、党の世代的継承は、日本の未来にとって、党の事業の継承にとって、どうしても必要な課題であると全党が痛感している問題となっています。この問題でも、党大会決定の本格的実践に挑戦したいと思います。

――党大会決定は、６０００万人の労働者階級のなかに党をつくる仕事を、「職場支部と全党の共同の事業」として推進する大方向を示しました。党大会後、党中央として、3月に「自治体、教職員、医療・福祉の党組織の経験を聞く会」、4月に「全党の結びつきを生かし、空白の職場に党支部をつくる事業の経験に学ぶ会」を開き、その成果は、党大会決定とともに学ばれ、労働者階級のなかでの党づくりの新たな努力が始まっています。

長時間労働に反対する労働者の新たなたたかいの発展、市民と野党の共闘によって労働者・労働組合の前向きの変化がおこるもとで、新たな活力を得て前進する職場支部が生まれ、労働運動の強化につながる動きもつくられていることは重要であります。大会決定にそくした系統的努力を本格的にすすめます。党中央として、市民と野党の共闘によって生まれている新しい条件をくみつくして、職場支部の新しい前進をはかることを目的に、「職場講座」を開催します。

――党大会決定は、若い世代のなかでの党づくりを、すすんだ党組織の努力に学び、「三つの柱」――①どの支部にでもできる世代的継承、②民青同盟への親身な援助を強め、同盟員を増やし、民青班をつくる、③全党のあらゆる力、結びつきを生かして、学生党員を迎え、学園に党支部をつくる――で強めることを提起しました。この方針を受けて、全党の探求・開拓が強まり、総選挙でも若い世代が大奮闘しました。

いま全党が総力をあげて、民青同盟を強く、大きくしていく仕事に、民青のみなさんと心を一つにとりくむことを呼びかけます。党大会後、中央でも、都道府県・地区委員会でも、民青との懇談が系統的にとりくまれています。民青の実情、悩み、要望をじかに聞き、「力をあわせて民青を大きくしたい」という機運が広がっています。

民青同盟は、総選挙でも、SNSなども駆使した対話活動で力を発揮しましたが、対話したところでは、日本共産党への壁がなく、働き方、学費・奨学金、憲法の問題などで、どんどん対話が進み、とりくんだ同盟員も元気になっているのが特徴です。

民青同盟は、12月8日からの全国大会にむけて、1500人の拡大目標達成にむけ奮闘するとともに、大志を持って民青を大きくする活動にとりくもうとしています。いま民青を急速に大きくする条件は大いにあります。

中央から県、地区にいたるまで、党と民青との懇談を系統的に行い、民青同盟員の拡大と民青班づくりの目標と計画を具体化し、力をあわせてやりとげましょう。『日本共産党綱領セミナー』、『マルクスと友達になろう』などを活用した懇切な学習の援助を行いましょう。とくに民青の県委員会が定期に会議を開き、会議を通じて成長していけるよう、親身な援助を行うことが大切であります。

昨年の参院選から18歳選挙権が実施されたもとで、高校生のなかで、主権者として「政治や社会のことを学びたい」「自分の意見を持ちたい」といった前向きな変化が生まれています。こうした動きにこたえる活動を強め、高校生のなかで民青同盟員を増やし、民青班をつくる活動に、党が民青のみなさんと力をあわせてとりくみます。全国どこの党の地区委員会にも高校は存在します。職場・地域の党員の結びつきに高校生があがることも少なくありません。一番〝身近〟な若者は高校生です。退職教員の同志の力を借りるなど、党のもつあらゆる可能性を生かして援助の態勢を強め、高校生のなかに民青同盟をつくるとりくみに挑戦しようではありませんか。

財政活動の抜本的強化――党費納入の強化、いくつかの点について

第七は、財政活動の抜本的強化であります。

全国の支持者・党員から中央に寄せていただいた総選挙募金は、新聞広告募金も含めて、1回の選挙の募金としては2000年代最高となりました。ご協力いただいた方々に中央委員会として心からの感謝を申し上げます。

総選挙をたたかい、財政の現状は、中央も地方党組織も、「4原則の財政活動」の一つひとつの抜本的強化を必要とする状況にあります。その根幹は、党費の強化であります。党費納入党員を増やし、「実収入の1％」の党費納入を徹底・定着させる努力を強めましょう。「しんぶん赤旗」の活動で対読者100％集金をやりきりましょう。そのうえで、三つの点を訴えたいと思います。

――一つは、「しんぶん赤旗」日刊紙の発行を全党の努力で支える意識的な努力を強めることであります。日刊紙は長期にわたって赤字の事業となっています。日刊紙読者を増やして黒字化する努力とともに、日曜版読者や『女性のひろば』など定期雑誌を増やし、日刊紙発行を党の機関紙誌発行事業全体で支え守っていく努力を呼びかけます。

――二つは、選挙財政の計画的な備蓄のための全党的努力を強めることです。参院選、統一地方選での躍進をかちとるための資金は、そのときだけの募金では間に合いません。計画的な備蓄が必要です。

――三つは、大会決定は、専従活動家は「全党の宝」であり、「現在に倍する専従者によって支え

られる党機関をつくることが、綱領実現に不可欠」と訴えました。この方向にむかって前進するためには、財政面と人材の面の双方での裏付けが必要であります。中央・地方が一体となった努力をさらに強めることを、訴えたいと思います。

党創立100周年をめざして――2018年を実り多い年に

党大会決議は、次のように呼びかけています。

「5年後には、日本共産党は党創立100周年を迎える。

私たちは、いま、野党と市民の共闘によって、日本の政治を変えるという、かつて体験したことのない未踏の領域に足を踏み入れつつある。95年のたたかいを経てつかんだ成果、切り開いた到達点に立って、開始された新しい統一戦線を発展させ、安倍政権を倒し、野党連合政権に挑戦しよう」

私たちの挑戦は、まさに「かつて体験したことのない未踏の領域」への挑戦であります。そこには、新たな困難、新たな苦労もあります。しかし、それは歴史をひらく、苦労のしがいのある苦労ではないでしょうか。

全党の同志のみなさん。総選挙のたたかいから教訓と課題をつかみとり、党創立100周年にむけた5年間の最初の年――2018年を、2019年の二つの全国的政治戦――統一地方選挙と参議院選挙での新たな躍進を準備する実り多い年とするために、全力をあげようではありませんか。

中央役員のみなさんの討論によって、報告の提起が深められることを訴えて、幹部会を代表しての報告を終わります。

（「しんぶん赤旗」2017年12月4日付）

志位委員長の結語

みなさん、2日間の総会、お疲れさまでした。私は、幹部会を代表して討論の結語を行います。

大きく豊かな成果が得られた歴史的総会となった

まず、総会の全体の特徴ですが、たいへんに大きな、そして豊かな成果が得られた歴史的総会となったと思います。

討論では、2日間で54人の同志が発言しました。幹部会報告が積極的に受け止められ、深められました。とくに市民と野党の共闘を前進させながら、いかにして日本共産党の躍進をかちとるか――共闘と躍進の統一的追求という、3中総の主題が深められました。

二つの国政選挙で、すべての都道府県で共闘を経験――党が鍛えられつつある

市民と野党の共闘の経験と教訓が豊かに語られました。2016年参院選では、野党共闘は1人区に限定されましたが、総選挙では、参院選では複数定数区だった都道府県も含めて共闘が取り組まれました。参院選と総選挙の二つの国政選挙で、全国すべての都道府県で共闘を経験したということになります。

これはわが党にとって重要な意義をもつ経験であります。討論では「共闘の取り組みを通じて党全体が鍛えられた」との発言がありました。共闘ということになりますと、他の政党と交渉する力が必要です。市民団体のみなさんと協力する力も必要です。そういう力を全党が二つのたたかいを通じてつけ、鍛えられつつある。このことは、民主連合政府をになう党への発展を展望しても、重要な前進の一歩だと思います。

前衆院議員の奮闘、参院予定候補の決意——新たな躍進にむけ全力を

討論では、前衆院議員のなかから4人の同志が、元気いっぱいの奮闘の様子を語りました。これらの発言は、全党を励ます発言であり、日本共産党ならではの立派な姿が示されたと思います。東京、京都、大阪の参院選挙区予定候補者の同志から必勝の決意が表明されました。「比例を軸に」をしっかりすえつつ、すでに豊かな実績が試されずみの宝の議席を絶対に守り抜き、新たな躍進をかちとるために全力をあげようではありませんか。

全国からの感想、「しんぶん赤旗」電子版、「JCPサポーター」制度について

幹部会報告は、インターネット中継され、全国で1万421人が同時視聴しました。837通の感想文が中央に寄せられました。感想文を読みますと、総選挙結果に「残念」と思っていたが、幹部会

報告を視聴して、「残念が確信、展望に変わった」という感想がたくさん寄せられています。そして新たな躍進をかちとるために、党を丸ごと理解してもらう取り組み、党の自力をつける活動への強い決意が述べられています。

「しんぶん赤旗」日刊紙の電子版、「JCPサポーター」（仮称）制度は、大歓迎されています。昨日、千葉県のある女性からメールをいただきました。この女性は電話やメールで、ぜひ「サポーター」制度をつくってほしいという熱烈な要望を寄せてくれていた方です。「サポーター制度ができれば、できることを何でもやりたい」というような意見を寄せていただいた方なのですが、昨日のメールには、このように書いてありました。

「本日の総会に取り上げていただけますこと、嬉《うれ》しく思います。お電話もメールも無駄ではなかった、と噛《か》みしめております。前向きな議決がなされることを願ってやみません。追伸。我が家も今月から赤旗日曜版を紙でとらせていただくことにしました」

たいへんにうれしいメールであります。ぜひよいスタートを切れるようにしたいと考えております。

市民と野党の共闘――築かれた信頼の関係を、発展させたい

討論では、市民と野党の共闘について、いろいろな角度から、全国の教訓と課題が語られました。

政党間、市民連合、労働組合――三つの信頼が広がった

幹部会報告では、総選挙で得た最大の財産は、全国で新しい「共闘の絆」がつくられ、新しい友

人、新しい信頼を得ることができたことにあると強調しました。討論を聞いて、本当に大きな財産を築いたということをあらためて実感しました。

三つの信頼が広がったと思います。

第一は、政党間の信頼です。わが党が支援してたたかい勝利した候補者が、選挙後、党の県・地区事務所に感謝のために次々と訪問されたことが報告されました。発言で共通して語られたのは、他党の政治家がたたかいのなかで変化しているということでした。「共闘」という言葉を使わなかった候補者が、市民と野党の共闘のたたかいを通じて、「共闘の力で勝利できました」と言うようになったことが報告されました。新潟の市民連合の共同代表の方は「政治家は選挙を通じて生まれ変わる」と述べておられますが、そういう変化が起こりうる。共闘を通じて、相互にリスペクト（尊敬）し、ともに勝利をめざしてたたかうなかで、信頼が強まる方向に発展していくよう力をつくしたいと思います。

第二は、市民連合のみなさんとの信頼です。総選挙のたたかいを通じて、全国の市民連合のみなさんとわが党との強い信頼と協力の関係が築かれたと思います。北海道の「市民の風」の上田文雄共同代表（元札幌市長）が、宣伝カーの上から「ぜひ比例は共産党へ」と演説されたということが報告されました。埼玉の立憲主義回復をめざす「オール埼玉総行動」の責任者の方が、選挙後の会議で、「日本共産党の決断はたいしたものだ。共産党の決断が立憲勢力の前進の最大の貢献となったことは間違いない」と語られたことも紹介されました。市民連合のみなさんとの信頼の絆は本当に強まったということを実感いたします。

第三は、労働組合などとの信頼です。この間、「総がかり行動実行委員会」がつくられました。これは、労働運動のナショナルセンターの違いをこえた画期的な共闘組織として生まれ、発展しています。そういうもとで、各地で自治労や日教組傘下の労働組合との協力・共同が広がったことが報告されました。そのなかで、わが党候補への支援の動きも起こったとのことであります。これはある意味では歴史的な、たいへんに重要な変化であります。

それぞれの地域で、協力・共闘の関係の発展に努力しよう

この間の2回の国政選挙で野党共闘に取り組むなかで、わが党も支援して勝利をかちとった他党・他会派の国会議員は、衆院では小選挙区で勝利した32人と比例代表で「復活当選」した23人の合計55人、参院では1人区の11人です。くわえて13年参院選で勝利した沖縄選挙区の糸数慶子さん。合計で67人になります。さらにそれにくわえて議席は得られなかったが多くの候補者の方々とも全国で協力関係がつくられています。特に、社民党、新社会党とは、党本部間で相互支援を合意してたたかい、信頼関係が強まったと思います。そのことは討論のなかでも、多くの同志が語ったことであります。

野党統一候補で勝利した衆院議員から「これからは私を使ってください」と言われたということも述べられました。中央としても努力していきますが、それぞれの地域で、協力・共闘の関係の発展にぜひ努力していただきたいと思います。共通の課題での共同のたたかいを大いにすすめる。国政選挙でさらなる共闘の発展のための協力をすすめる。日常的に連携・協力した取り組みをすすめようではありませんか。

「党綱領を語り、日本の未来を語り合う集い」――法則的活動の発展を

党活動全体を発展させる「推進軸」と位置づけ、日本列島津々浦々で

次に、「党綱領を語り、日本の未来を語り合う集い」についてです。討論では、すでに全国でたくさんの素晴らしい経験が生まれていること、大きな威力を発揮していることが語られました。

福岡の岡野県委員長から、福岡西部地区の別府《べふ》支部の経験が紹介されました。この支部は、559人に後援会ニュースを届け、月1回の「集い」に取り組んできた。前回総選挙から、毎年党員を1～2人を迎え、日刊紙読者6人増、日曜版読者10人増となり、「『集い』が、選挙の日常化、後援会づくり、党建設の真ん中にすわっている」という報告でした。

富山の火爪《ひづめ》県議の発言では、地元の小学校区で、4年間で60カ所以上の「集い」を開いている経験が述べられました。地元の問題、議会の報告、日本共産党について語り合っているとのことでした。こうした日常的な取り組みを力にして、16年前には、3支部・党員37人だった党組織が、5支部・党員100人超に前進し、党員の有権者比は1％を超えたとの報告でした。

埼玉・北部の柴岡地区委員長の発言では、「集い」を気軽に、ハードルを下げて、だれでも取り組めるようにと、努力している経験が語られました。読者に「あなたのお宅で『集い』を」と呼びかけて取り組んでいるとのことでした。「読者の数だけ『集い』ができる」との発言でありました。

「集い」が、党を強く大きくする法則的活動であることは、全党の実践で試されずみであります。

「集い」を、党活動全体を発展させる「推進軸」と位置づけて、文字通り、日本列島津々浦々で、気軽に、繰り返し、双方向で開こうではありませんか。

「集い」の意義づけについて、党の未来社会論を大いに語ることについて

「集い」の意義づけについて、幹部会報告では3点述べました。積極的支持者を増やす、党勢拡大を進める、共闘を発展させる――この3点を述べたわけですが、討論ではこの点も深められました。討論で、共闘をともにたたかった市民のみなさん、党の支持を広げてくれた市民のみなさんと話してみると、「共産党の支持を広げるのに苦労した」とずいぶん言われたということが、発言されました。「いろいろと出てくる党への疑問に答えられなかった」ということでした。こういう方々に党の理解を広げることは、共闘の未来にとっても重要だということが強調されました。市民の側からも、「党の素晴らしさを伝えるのはあなたがた党の責任でしょう」と提起されたとの発言もありました。まさに党の責任として、党の素晴らしさを、ともに選挙をたたかった方々に伝えていく必要があります。

「集い」にかかわって、討論で、党の未来社会論を語ることに挑戦したいという発言が次々に出されました。これはたいへんに大切なところです。大阪の清水同志は、「未来社会論を語るのにいささかも躊躇《ちゅうちょ》、気後れがあってはならない。ここにこそ党の最大の魅力がある」と語りました。「この問題での党に対する疑問への答えのなかに、党の最高の魅力がつまっている」という発言もありました。未来社会論を語ることに、正面から取り組もうではありませんか。この問題に正面から取り組み、これをクリアしたら、まさに党を丸ごと支持してくれるようになるでしょう。党への誤解、いろ

いろな「壁」はすっかりなくなることになると思います。日本共産党が「共産党」たるゆえんは、資本主義をのりこえる未来社会――社会主義・共産主義の社会をめざすことにあります。党の未来社会論という、日本共産党の最大の魅力を伝える取り組みに大いに挑戦しようではありませんか。

党員拡大を根幹にすえた党勢拡大――討論で深められた三つの点について

党員拡大を根幹にすえた党勢拡大についても、討論で深められました。結語では、討論をふまえて、三つの点を強調したいと思います。

「共闘の時代」にふさわしい党づくりに取り組もう

第一は、「共闘の時代」にふさわしい党づくりに取り組もうということです。

一つは、市民と野党の共闘、日本共産党の躍進――この二つの大仕事に取り組むことが求められる新しい時代に入るもとで、共闘と躍進の両方をやりぬく力を持った党が必要となっているということです。幹部会報告で述べたように、これをやりぬくには、「いまの党勢はあまりに小さい」。これが総選挙の最大の反省点であります。

いま一つは、政党関係で考えますと、まともな共闘相手の政党が生まれるもとでは、共闘相手をリスペクト（尊敬）するという姿勢を貫きながら、同時に日本共産党の独自の値打ちを伝えぬく力が必要になります。わが党が国政選挙で独自のたたかいをしていた時代には、安倍自公政権を批判して、野党にもこういう問題点があると述べ、わが党の値打ちを語るという押し出しをやりましたが、「共闘の時代」に入ったもとでは、そういうやり方は適切ではありません。共闘は相互にリスペクトしてこそすすみます。同時に、日本共産党の独自の値打ち、日本共産党ならではの値打ちを大いに語る。その力をつけなくてはならない。それをやることができる質量ともに強い党がどうしても必要です。「共闘の時代」は、これからも続きますし、これからこそ発展させなければなりません。まだ始まったばかりです。「共闘の時代」を、前に進めることを展望したら、その最大の力は強く大きな党をつくることにある。そういう大きな位置づけをしっかり握って取り組もうではありませんか。

総選挙後の情勢――いま強く大きな党をつくる条件は大いにある

第二は、総選挙後の情勢のもとで、いま強く大きな党をつくる条件は大いにあるということであります。

千葉の浮揚《うきあげ》県委員長が次のように発言しました。「24歳の青年が『入党したい』と訪ねてきました。『共産党がこれだけ役割を果たしたのに選挙で後退した。これではダメだ。だから私が入って共産党を強くしたい』。そこで、綱領を読んでもらい入ってもらいました。こういう思いが『赤旗』購読の申し込みのなかでも次々とあらわれています。購読の申し込みをいただいたので届けに行って話し合ってみたら、『政治活動をやりたい』と言っているので、綱領を渡してもう一度話し合って支部と面接して入党した人も2人います。党への期待を感じる情勢です」。こういう発言でありました。

京都の渡辺府委員長は、総選挙後、複数の教員が入党している経験を語りました。「今度の選挙結果を受けて、『もうためらってはいられない』、『自分が身を投じて一緒に頑張るんだ』という決意で入党してきています。共通しているのは、綱領を読んでもらって、党の姿を丸ごとつかんでもらったうえで自主的に入党していただいていることにあります。総選挙で国民との関係で新しい信頼を得ました。党勢拡大の新しい条件を、私たちが総選挙のたたかいで切り開いたのです」。こういう発言でした。

総選挙での日本共産党のたたかいぶり、そしてその結果を見て、この党を一緒に大きくしたい、そのために自らが入党したいという動きが起こっていることは、たいへんにうれしいことであります。「ＪＣＰサポーター」制度も、市民のみなさんから提案が寄せられたものでした。そういう新しい条件をくみつくした党勢拡大をやろうではありませんか。「一緒にこの事業をすすめましょう」という思い切った呼びかけをしていこうではありませんか。

どうやって党勢拡大をすすめるか――党大会決定に答えがある

第三に、どうやって党勢拡大をすすめるか。これは全党のみなさんが苦闘し、模索し、探求している問題だと思いますが、党大会決定に答えがあることが討論で浮き彫りになったと思います。

大阪・木津川南地区の能勢《のせ》地区委員長の発言は、たいへん学ばされる深い中身があったと思います。次のような発言でした。

「第25回党大会を前後してたくさん入党者を迎えましたが、同時に多くの離党者を生み出してしまいました。何がいけなかったのか。『規約にもとづく党づくり』が欠けていました。入党の基準を低め、新入党員教育すら放置していました。素晴らしい人を迎えても、支部会議に参加しなければ、党員として成長できません。そこに気づき、支部指導の観点を変えました。そこに党大会決定での『楽しく元気の出る支部会議』の提起が背中を押してくれました。支部会議の開催への援助を強め、新たに12の支部が会議を開いたり、回数を増やし、96・5％の支部が会議を開催するようになりました。党大会決定の全党員読了の努力によって、支部の政治的団結、一人ひとりを大切にする気風、連帯感がつくられ、『長いこと活動してきたが、いまが一番楽しい』という声が出されています。『楽しく元気の出る支部会議』と一体に、独自の激励を機関がやり続けてこそ、党建設の前進をつくることができます」

私は、この発言を聞き、率直な反省から新しい前進を開始したことが、リアルに真剣に語られたことに胸を打たれました。やはり持続的に法則的に前進する党をつくらなければなりません。たくさん増やしても、多くの離党者をつくってしまったら、いつまでたっても強い党はつくれません。「規約にもとづく党づくり」「楽しく元気の出る支部会議」――これを全党に定着させる努力と一体に、党勢拡大の独自追求をはかってこそ、持続的に法則的に前進する党をつくることができる。このことを木津川南地区委員会の取り組みは語っているのではないでしょうか。

三重の大嶽《おおたけ》県委員長の発言も、たいへん印象的なものでした。「三重県では、党員と日刊紙読者を前回総選挙時比で上回って総選挙をたたかいました。総選挙後、支部の討議で、自力が足らないということはみんな痛感していますが、『自力をつくる自力がない』と言う。どうするか。やはり大会決定です。大会決定には前大会期から前進した経験がまとめられています。大会決定に立ち戻って、大会決定で党をつくるということしかありません。3中総の討議のさいに、大会決議第5章（党建設の章）をあらためて党機関でも支部でも論議する必要があります」

党大会決定の党建設の方針というのは、全党の経験と教訓を踏まえ、全党の英知を総結集してつくった方針であります。この方針を、掛け値なしに全面的にやりぬいて、党勢拡大の新たな上げ潮をつくろうではありませんか。

党の世代的継承——条件と可能性、民青同盟を強く大きくすることについて

討論では、党の世代的継承について、たいへん活発に議論されました。

条件と可能性は大いにある——中学校の生徒の模擬投票から

ここでも条件と可能性は大いにあることが討論で出されました。

ある中学校での生徒の模擬投票が報告されました。社会科の先生が「これから3年後にあなたたちも投票権を持つから、今からしっかり公民の学習をしよう」と、各党の総選挙政策をすべて取り寄せて学習し、家族や知人にインタビューし、いろいろ議論もしたうえで模擬投票をした。そうしたら共産党が1位だったという話でした。これを紹介した同志は、「15歳で素晴らしい、社会に対する問題意識をいっぱいもっている。大いに希望はある」と語っていました。

私は、選挙後、民青中央のみなさんとの懇談で、「若いみなさんの総選挙での対話の中身はどうでしたか」と聞きますと、「若者のなかに、共産党についてのマイナスイメージがあるわけでは決してありません」という答えでした。ただ「知られていない」という。いわば「白紙」の状態です。ですから理念・政策を伝えれば、支持がどんどん広がる状況があるということでした。若い知性・理性に働きかければ、若い世代のなかに党をつくることはできる。私たちが、ぜひ信頼をもって、若いみなさんのなかに飛び込んでいきたいと思うんです。

強く大きな民青同盟をどうつくるか、党が果たすべき仕事はどこにあるか

幹部会報告では、民青同盟を強く大きくする仕事に全党をあげて取り組もうと訴えました。討論で、多くの同志が、民青を強く大きくする取り組みについて語りました。小山農《みのる》民青中央委員長は、民青のみなさんのなかで幹部会報告が強く歓迎されていることを述べるとともに、意気高く強く大きな民青をつくることの決意表明がされました。中央委員会総会で、民青の拡大についてこんなに議論されたのは久方ぶりだと思います。

山形の本間県委員長は、若者の願いにこたえる活動に取り組みながら、民青を大きくする活動に取り組んでいることを報告しました。子どもの貧困に関心をもつ学生の気持ちにこたえ、何か社会の役に立ちたい、もっと学び交流したいとの要求にこたえた活動に取り組み、その活動に民青県委員長、党地区委員長も参加し、交流を深める中で、民青同盟員を増やしているという経験でありました。本間同志は、「社会の役に立ちたい、もっと学び交流したいとの要求にこたえる場」をつくること、そしてそうした場をつくりながら、民青と一緒に加盟を訴えることが、民青を強く大きくする「新たな鉱脈」だと思うと発言しました。

東京の関口青年学生部長は、東京で年間250人の民青同盟員を増やしていること、さらに大きく前進させる決意を語りました。関口同志は、党の結びつきを生かして民青を拡大する取り組みなどは大切だが、同時に、それにとどまらず、「民青が民青自身の結びつきで拡大できるように」なるよう援助していると強調しました。さらに、「民青自身が、新しい仲間を迎えたいとなるような魅力ある班活動」をつくる援助をしていると発言しました。そういうなかで、班長のいる班が3割から7割

に、班会議をやっている班も3割から7割に前進しているとの報告でありました。

これはたいへん大事な観点だと思います。やはり、青年を大きく増やす主役は青年自身でありま す。私たち党が果たすべき仕事は、党の結びつきを生かして民青を拡大することにとどまらず、民青同盟のみなさんが自分たちの力で大きく増やしていけるように民青同盟を援助する。学習を中心に援助し、成長の手助けをする。これが私たち党が果たすべき仕事であります。

党大会決議は、民青同盟について、「その存在と活動は、若い世代の未来をひらくうえでも、日本共産党の未来にとっても、かけがえのないものである」と述べました。この「かけがえない」組織を、強く大きくする仕事に、全党あげて力をそそごうではありませんか。

3中総決定、党大会決定の徹底について

最後に、決定されるであろう3中総決定と、党大会決定の全党員への徹底について述べます。

3中総決定を読み、具体化し、ただちに実践に踏み出そう

静岡の山村県委員長は次のように発言しました。「3中総報告が、逆流を乗り越えるために果たした党の役割について丁寧に述べている内容を、全国的な視野に立って、確信をもって県内に伝えきる。そして、その目で、県内の動きをもう一度事実に基づいて、正確にとらえ確信につなげることが大切です。静岡県党でこそ3中総報告を学ぶことが決定的に重要です」

同じことは、全国どこでもいえると思います。市民と野党の共闘というのは、全国でいろいろな発

展段階があるわけです。その全体をトータルに総括し、教訓を引き出したのが、今度の3中総報告です。全国的視野に立って、総選挙の結果と課題、参院選・統一地方選挙でいかに躍進をかちとるかをつかむためには、3中総決定を全党員のものにすることがどうしても必要であります。

指導的同志——都道府県・地区役員のみなさん、支部長・支部委員のみなさん、地方議員のみなさんは、2週間以内——12月17日までに3中総決定を読み、その中身を大いに語る先頭に立とうではありませんか。決定を全党員に届け、全党員が読了するために、あらゆる手だてをとろうではありませんか。そして、12月中にはすべての支部で討議し、具体化しようではありませんか。「わが支部、わが地区、わが県をこう変える」という大志とロマンある目標を立て、ただちに実践に踏み出そうではありませんか。

3中総報告のすべての土台には党大会決定——全党員読了に新たな決意で挑戦を

3中総決定徹底とあわせて、党大会決定の全党員読了に、気持ちを新たに挑戦することを重ねて訴えたいと思います。3中総報告のすべての土台に党大会決定があります。そして、大会決定は3中総報告の前提となっています。

私は、今年1月の党大会の中央委員会報告のなかで、党大会にむけた全党討議で、高知県のある党支部長が、「決議案は宝石箱だ。何度読み返しても新しい発見がある。決議案の縦糸は綱領、横糸は私たちのたたかいで、すばらしい織物ができた。世界と日本のたたかいが響きあっていると実感する」——こういう決議案への感想を語っていたことを紹介しましたが、みんなの知恵を集めてつくったこの「宝石箱」、「何度読み返しても新しい発見」のある、全党の知恵を集めてつくった決定を、全党員のものとし、日々の指針として活動する気風を全党に定着させようではありませんか。
中央役員のみなさん。この中央委員会総会が、2019年の参議院選挙、統一地方選挙の新たな躍進にむけて、新しい前進がスタートした総会となるよう、全力をあげて奮闘しようではありませんか。

この12月から党勢拡大で必ず前進に転じよう

そして最後に一言、訴えます。この12月から、党員拡大を根幹とする党勢拡大で必ず前進に転じて、新しい年を迎えようではありませんか。報告では、来年――2018年の位置づけについて語っています。しかし、このたたかいのスタートは12月だということを強調したい。この12月から党勢拡大で新たな前進を必ずかちとろうではありませんか。3中総決定の徹底・具体化をすすめながら、12月から必ず前進をかちとる。この仕事を、中央役員みんなの知恵と力を結集して、最初の関門として、まずはやり抜こうではありませんか。そのことを最後に訴えて、討論の結語といたします。ともに頑張りましょう。

(「しんぶん赤旗」2017年12月5日付)

第27回党大会

第4回中央委員会総会

2018年6月11日

第4回中央委員会総会について

2018年6月11日　日本共産党中央委員会書記局

日本共産党第4回中央委員会総会は6月11日午後、党本部で開かれた。中央委員155人、准中央委員47人が参加した。

一、総会では、冒頭に志位和夫幹部会委員長があいさつに立ち、この総会の意義と中心点についてのべた。

一、小池晃書記局長が、4中総決議案「『参議院選挙勝利・統一地方選挙躍進　党勢拡大特別月間』をよびかける」の提案報告を行った。

一、総会では、6月11日から9月30日までのこの「特別月間」の成功などについて、都道府県で活動する24人が積極的に討論した。

一、総会では、小池書記局長が討論の結語をのべ、4中総決定の実践に全力をあげようとよびかけた。

一、総会は、委員長あいさつ、4中総決議案、書記局長結語を中央委員の全会一致で採択し、全党実践の決意を固めて閉幕した。

（「しんぶん赤旗」２０１８年６月12日付）

志位委員長のあいさつ

みなさん、こんにちは。私は、第4回中央委員会総会にあたって、幹部会を代表して、中央役員のみなさん、インターネット中継をご覧の全国のみなさんに、心からのあいさつを送ります。

新潟県知事選——市民と野党の共同したたたかいは今後につながる大きな財産をつくった

昨日（6月10日）投開票された新潟県知事選挙で、市民と野党が共同で推した池田ちかこ候補は、当選には及ばなかったものの、50万票を超える得票を得て、大健闘の結果となりました。池田さんの大奮闘をたたえたいと思います。ご支持いただいた県民のみなさん、ご支援いただいたすべてのみなさんに、心からの感謝を申し上げます。

柏崎刈羽《かしわざきかりわ》原発の再稼働問題が最大争点となるもとで、池田ちかこ候補が「福島原発事故の検証結果が出ないもとでの再稼働は認めない」「新潟のことは新潟で決める」ときっぱり公約したことは、論戦をリードし、大きな意義があったと考えます。

5野党・1会派がそろって池田候補の推薦を決め、市民団体のみなさんとともに心ひとつにたたかったことは、今後につながる大きな財産をつくりました。私は、ともにたたかったすべての政党、市民団体、個人の方々に心からの敬意を表するとともに、新潟でも全国でも市民と野党の共闘をさらに発展させるために全力をあげる決意を表明するものです。

なぜ4中総を開催したか――ここで党勢の上げ潮をつくらねば選挙に勝つ保障はない

全国の同志のみなさん。この4中総は、常任幹部会での議論をふまえ、幹部会の了解をえて、緊急に招集したものであります。総会の主題は、「いかにして党勢拡大を前進させるか」。この点に絞りました。なぜ4中総を開催したのかについて、会議の冒頭に発言しておきたいと思います。

昨年12月の3中総以降の党活動を概括しますと、全党の奮闘によってさまざまな分野で重要な成果をかちとっています。

安倍政権と正面対決し、追い詰める国会論戦で、わが党議員団は抜群の働きをしています。安倍政権による9条改憲を許さないたたかいをはじめ、各分野の国民運動の発展にも、とりわけ草の根からの運動でわが党は大きな貢献をしています。市民と野党の共闘が、国会共闘、「原発ゼロ」の共闘、「オール沖縄」の共闘など、新たな前進をとげています。朝鮮半島問題の平和的解決にむけた外交活動は、日本共産党ならではの先駆的な意義をもつものであります。そして3中総以降の中間地方選挙でわが党が改選比で22の議席増をかちとったことも特筆すべきことであります。

これらは、全党の奮闘のたまものであり、それを全党の確信にしてさらに前進したいと思います。そしてこれらは、第27回党大会決定と3中総決定の生命力を実証するものであり、今後も、大会決定と3中総決定を、党活動の基本方針にすえ、その全面実践をすすめたいと思います。

同時に、党勢拡大については、全国の同志の奮闘によって、部分的・萌芽的には前進の手がかりをつくってきましたが、全党的には連続的に後退が続くという状況にあります。このまま推移するならば、来年の参院選・統一地方選で躍進をかちとるという大目標とのかかわりで、致命的な弱点となりかねない状況にあります。

どうしてもこの事態を抜本的に打開し、党勢の新たな高揚をつくりださなければ、選挙に勝つ保障はない。わが党に寄せられている多くの国民の期待に応えることができない。いまが頑張りどころであり、そのイニシアチブを発揮することは、大会で選出されたこの中央委員会の重大な責任だと考え、この総会を緊急に招集いたしました。

「特別月間」――「前回参院選時の回復・突破」という目標を必ずやりきる

幹部会として、総会に「決議案」を提案しています。その内容については、小池書記局長が提案報告を行います。私は、「決議案」が、二つの点でこれまでの決定を発展させる重要な内容を提起していることについて、のべておきたいと思います。

第一は、今日――6月11日から9月30日までを「参議院選挙・統一地方選挙躍進　党勢拡大特別月間」とし、党員と「しんぶん赤旗」日刊紙・日曜版読者で「前回参院選時を回復・突破」することを目標に、「党のあらゆる力を党勢拡大に集中的にそそぐ特別の活動にとりくむ」ことであります。

3中総決定では、「前回参院選時の回復・突破」を7月末までに達成すべき目標としましたが、この達成期日を9月末までに変更したいと思います。これはもとより「のんびりやる」ということではありません。この間の党勢拡大の連続的な後退という現実を直視し、すべての都道府県、地区委員会、支部が、「目標を必ずやりきる」――そのためには一定の期間が必要となるという立場からの提案です。統一地方選挙、参議院選挙の日程を展望しても、「党のあらゆる力を党勢拡大に集中的にそそぐ」ことができる時期は、この時期をおいてほかにないということを考慮して、今日から9月末までの時期を設定しました。

1958年の第7回党大会以来、わが党は、党勢拡大に力を集中する「月間」や「大運動」にくりかえしとりくんできましたが、率直に言って、自ら決めた目標を達成したのは1970年代中頃までの運動であり、その後の「月間」や「大運動」では、奮闘はするが目標を達成できないという状況が続いてきました。今回の「特別月間」では、こうした状況を打ち破りたい、「やれるだけやる」ではなくて、文字通りすべての都道府県、地区委員会、支部が、「目標を必ずやりきる」運動として成功させたいと思います。「特別月間」のとりくみを通じて、「自ら掲げた目標を必ず達成する党」へと質的にも成長・発展をはかることを、私は、心からよびかけたいと思うのであります。

参院選を「前回比3割増以上」でたたかい、党勢拡大と選挙躍進の好循環を

第二に、「特別月間」のこの目標は、参院選躍進にむけた「中間目標」であって、党勢拡大の流れをさらに持続・発展させて、来年の参議院選挙は、党員も読者も「前回比3割増以上」の党勢でたたかうという目標に挑戦することを、「決議案」がよびかけていることです。この目標の提起は、新しい提起であります。

「前回比3割増以上」という目標は、党員でも、読者でも、現勢の約1・4倍以上をめざすという目標になります。どんな複雑な情勢が展開したとしても、参院選で「850万票、15％以上」という比例目標をやりきる、その保障をつくるということを考えたら、これはどうしても必要な目標です。2010年代に「成長・発展目標」を達成するという大志とロマンある目標との関係でも、「前回比3割増以上」に正面から挑戦しようではありませんか。

わが党の歴史をふりかえれば、前回選挙時比で130％以上の党勢をきずいて、つぎの選挙戦で勝利をめざすというのは、1960年代から70年代の時期には、全党が当たり前のように追求してきた選挙戦の鉄則でした。党綱領路線確定後の「第1の躍進」の時期――1969年の総選挙、72年の総選挙などでは、いずれも前回比130％の党勢をきずいて選挙をたたかい、連続躍進をかちとっています。

全国の同志のみなさん。選挙にむけて「前回比3割増以上」の党勢をきずき、その力で躍進をかちとり、躍進した力でさらに大きな党勢をきずく。そうしてこそ、党綱領実現の道がひらかれます。来

年の参議院選挙・統一地方選挙を、そのような党勢拡大と選挙躍進の本格的な好循環をつくる選挙にしていこうではありませんか。

希望ある変化をはらむ大激動の情勢をリードする強く大きな党を

いま内外とも、希望ある変化をはらむ大激動の情勢が展開しています。

安倍政権は、疑惑と不祥事にまみれ、内政・外交ともにその破たんは深刻です。いよいよこの戦後最悪の反動政権を倒すときがやってきました。

それをなしとげる力は、市民と野党の共闘にあります。

来年の参議院選挙で、市民と野党の共闘を「本気の共闘」として必ず成功させ、自民・公明とその補完勢力を少数に追い込み、政局の主導権を野党が握り、野党連合政権に道を開く――そういう流れをつくりだすうえでも、いま日本共産党が党勢の上げ潮をつくりだすことが、その決定的な推進力となります。

世界に目を向ければ、朝鮮半島をめぐって平和の激動が起こっています。南北首脳会談の成功に続き、明日開催される史上初の米朝首脳会談が大きな成果をおさめることが強く期待されます。いま進んでいる「対話による平和的解決」のプロセスが成功をおさめたら、それは世界史的にも一大転換点となるでしょう。北東アジア地域の情勢は敵対から友好・協力へと一変し、日本の情勢にも大きな変化がつくられるでしょう。「北朝鮮の脅威」を口実にした海外派兵、大軍拡、改憲の策動は、その「根拠」を失うことになるでしょう。

この間、日本共産党は、党綱領に導かれて、情勢の節々で、「対話による平和的解決」の道を具体的に提唱し、関係国への働きかけを行ってきましたが、世界は私たちが求め続けた方向に大きく動いています。世界の大激動のなかで、わが党の綱領が生命力を発揮していることに確信をもってすすもうではありませんか。

全国の同志のみなさん。いまこそ、この大激動の情勢をリードする、強く大きな党をつくる事業を本格的に前進させるときです。党づくりの仕事は、苦労がともなう仕事ですが、そこには他にかえがたい喜びもあると思います。すべての支部、そしてすべての党員のみなさんが立ち上がれば、「特別月間」を成功させることは必ずできると、私は、訴えたいと思います。この総会が、党建設・党勢拡大で、新しい歴史を開いた総会となるよう、中央役員のみなさんの真剣で率直な討論を期待して、あいさつとします。

（「しんぶん赤旗」2018年6月12日付）

第4回中央委員会総会　決議

「参議院選挙・統一地方選挙躍進党勢拡大特別月間」をよびかける

２０１８年６月11日

1、「特別月間」のよびかけ――前回参院選時を必ず突破し3割増へ

3中総実践の到達と「特別月間」のよびかけ

（1）昨年12月の第3回中央委員会総会から半年がたった。わが党の活動は、安倍政権を追い詰める国会論戦、安倍9条改憲阻止の「３０００万人署名」のとりくみ、道理にたった外交活動、中間地

方選挙での議席増（改選比22議席増）など、さまざまな分野で重要な成果をあげている。

一方で、党勢拡大は、全国の党組織・党員の奮闘にもかかわらず、党員では10カ月連続で後退し、「しんぶん赤旗」日刊紙では5カ月連続で、日曜版でも8カ月連続で後退が続いている。

3中総で私たちは、「2019年の参議院選挙、統一地方選挙で新たな躍進をかちとるために、2018年を、党と国民との結びつきを豊かに広げ、党大会決定にもとづく法則的活動を実践し、腰をすえて党の力をつける年にしていく」と決意した。しかし現状はこの決意に逆行する重大な事態となっている。このまま推移するなら、私たちは「党の力をつける」という決定的課題を達成できないまま、来年の二つの政治戦をたたかうことになりかねない。それでは勝利の保障はない。
（2）この事態を抜本的に打開し、党勢の新たな高揚をつくりだすために、第4回中央委員会総会は、「参議院選挙・統一地方選挙躍進　党勢拡大特別月間」にとりくみ、党のあらゆる力を党勢拡大に集中的にそそぐ特別の活動にとりくむことをよびかける。
――「特別月間」の期間は、6月11日から9月30日までとし、この期間に、すべての都道府県、地区委員会、支部・グループが、党員、「しんぶん赤旗」日刊紙読者、日曜版読者で、前回（2016年）参院選時を回復・突破することを目標とする。

3中総決定では、「前回参院選時の回復・突破」を7月末までの目標としたが、現在の重大な到達点を直視し、この目標を全党が必ず達成するために、遅くとも9月末までにやりとげることにする。前回参院選時回復・突破までは、党員1万6千人、日刊紙読者1万6千人、日曜版読者8万3千人以上の拡大が必要だが、この目標を、全党の力をくみつくして、必ずやりとげることをよびかける。

「特別月間」のとりくみをつうじて、「自ら掲げた目標を必ず達成する党」への前進をはかろうではないか。

――「特別月間」の目標は、参院選躍進に向けた「中間目標」である。「特別月間」を通じて、党勢を法則的で安定的な前進の軌道に必ずのせ、来年の参院選は、党員も読者も「前回比3割増以上」の党勢でたたかうという目標に挑戦することを訴える。

これは、全党的には、党員、日刊紙読者、日曜版読者とも、現勢の約1・4倍をめざす目標となる。「850万票、15％以上」の参院比例目標は、昨年の総選挙で獲得した比例票の約2倍、前回2016年参院選で獲得した比例票の約1・4倍の目標となる。これを達成しようと思えば、前回比3割増以上の党勢はどうしても必要である。

来年は、党綱領実現をめざす2010年代の「成長・発展目標」を達成すべき最後の年となるが、この大志とロマンある目標達成との関係でも、「前回比3割増以上」に正面から挑戦することをよびかける。

「特別月間」の意義――参院選・統一地方選躍進の土台をきずく

この「特別月間」の意義は、何よりも、来年の参院選・統一地方選躍進の土台をきずくことにある。

（1）来年の参議院選挙は、市民と野党の共闘勝利と日本共産党躍進によって、自民・公明とその補完勢力を少数に追い込み、政局の主導権を野党が握り、野党連合政権に道を開く歴史的なたたかいになる。「850万票、15％以上」という参院選の比例代表選挙の目標は、①党綱領実現に道を開く大志とロマンある目標であり、②比例とともに選挙区でも現有議席を確保し躍進をかちとる保障であり、③統一地方選挙での躍進にとっても必要不可欠な目標である。

全党は、「まず統一地方選、その後に参院選」という「段階論」に陥《おちい》ることなく、参院選比例代表躍進を活動の前面にすえ、それと一体に統一地方選躍進のための独自の準備をやりきろう。得票目標は、統一地方選でも参院選でも、「850万票、15％以上」に見合う目標に一本化し、これに一貫して挑戦するようにしよう。

（2）3中総決定は、総選挙の最大の教訓として、「党の自力」の問題を深く究明した。総選挙のさいに突然起こった共闘破壊の逆流とのたたかいを振り返って、「どんな複雑な情勢のもとでも、共闘の前進と日本共産党の躍進を同時に実現するには『いまの党勢はあまりに小さい』。これが選挙戦をたたかっての私たちの最大の反省点」とのべている。同時に、総選挙で、比例代表の得票を前回から伸ばした80の自治体・行政区の半数が、前回総選挙時から党員数を維持・前進させて総選挙をたたかったことを強調している。この総選挙の教訓を、来年の参院選に必ず生かそう。

来年の参院選、統一地方選で、本気で勝とうとすれば、選挙間際になってからの頑張りでは、その保障はない。「特別月間」の目標に正面から挑み、それをやりきり、どんな複雑な情勢が展開しても自力で風を起こし、自力で勝利をつかむ力を私たちが身につけてこそ、二つの政治戦での躍進の道は開かれる。参院選での市民と野党の共闘を成功させるうえでも、日本共産党が党勢の上げ潮をつくりだすことが、大きな力となる。まさに今が頑張りどころである。そのことを銘記して、今年の夏から秋口までのこの期間を、党勢の新たな高揚に向かう歴史的期間にしようではないか。

2、いま強く大きな党をつくる条件は大いにある

「特別月間」の目標をやりきることはできるか。客観的にも主体的にもその条件は大いにある。

大激動の情勢と日本共産党の値打ち――国民の中に打ってでて大きな党をつくろう

内外情勢の大激動のもとで、日本共産党ならではの値打ちが浮き彫りになり、党への新たな期待と注目が広がっている。

（1）日本共産党は、安倍政権との最も厳しい対決者として、森友・加計問題など一連の疑惑の究明でも、暮らし・経済や外交問題でも、国会で抜群の働きをしている。党国会議員団は、この間、独自に入手した内部情報も活用して論戦を進めてきたが、わが党につぎつぎと内部告発が寄せられるのも、その対決姿勢への信頼のあらわれである。

「しんぶん赤旗」は、独自の取材で、政治を動かすスクープを何度も打ってきた。今年3月に、駐米日本大使館公使が、当時（2009年）の米国政府の核削減政策に反対し、沖縄への核配備を容認する発言をしていた記録を明らかにしたことは、メディアの大きな反響をよび、国会でも問題になっている。

安倍改憲に反対する「3000万人署名」、「ヒバクシャ国際署名」にとりくむなど、全国の草の根から平和と暮らしを守る運動を大きく広げるうえでも、日本共産党の果たしている役割は、かけがえのないものである。

いま日本共産党を強く大きくすることは、「安倍政権を倒したい」という多くの国民の声にこたえた、私たちの重大な責任である。

(2)日本共産党は、市民と野党の共闘が新たな前進をかちとるうえでも、重要な貢献をしてきた。安倍政権の強権政治・国政私物化と対決する野党の国会共闘――節々での書記局長・幹事長会談、連日の国対委員長会談、野党合同ヒアリング、野党合同決起集会などが大きく前進し、安倍政権を追い詰める一連の成果をあげている。

「原発ゼロ基本法案」の共同提出など、野党共闘は共通政策でも重要な前進が記録された。わが党が、市民団体のみなさんとも共同して、原発再稼働を認めないという筋を通した対応を行ったことが、「基本法案」の共同提出につながった。辺野古《へのこ》新基地建設反対の「オール沖縄」の新たな発展のためにも、日本共産党はその一翼を担って、重要な役割を果たしている。

「一致点を大切にし、共闘の力で政治を変える」――共闘を発展させる日本共産党の一貫した立場に、信頼と共感が広がっている。

(3)いま朝鮮半島に平和の激動が起こっている。朝鮮半島問題の対話による平和的解決のプロセスが成功をおさめるならば、この地域の情勢を一変させるだけでなく、世界史的にも一大転換点となるだろう。

安倍政権が、対話否定・圧力一辺倒という態度をとるもとで、日本共産党は、昨年から今年にかけて、情勢の節々で、「対話による平和的解決」の道を具体的に提唱し、関係国に働きかけてきた。4月上旬には、「朝鮮半島の非核化と北東アジアの平和体制構築を一体的・段階的に進める」ことを関係国に要請した。その後の情勢の進展は、わが党の提唱が、日本政府をのぞく関係各国政府が努力してきた方向とも合致し、情勢を前向きに打開する唯一の道であることを示している。

わが党のこうした対応の根底には、2004年に改定した党綱領での帝国主義論の発展、20世紀の世界の構造変化のうえに21世紀の世界をとらえるという世界論がある。綱領の生命力が、世界の大激動のなかで発揮されている。

情勢の大激動のもとで発揮されている日本共産党の値打ちに確信をもって、国民のなかに広く党の姿を語り、党勢拡大を前進させようではないか。

3中総以来のすべての努力を党勢拡大に実らせよう

大会決定、3中総決定をふまえ、部分的・萌芽的なものではあるが、「支部が主役」の法則的な党建設の教訓がつくりだされている。

(1)第27回党大会決定は、「楽しく元気の出る支部会議」を全党に定着させること、支部に出かけ、支部から学び、一緒に知恵と力をつくす「地区委員会活動の強化」をはかることと一体に、党勢拡大の独自追求をはかることを強調した。大会決定が示した努力方向は、全国のすぐれた経験に学んで打ち出したものだったが、大会後の全国の経験は、この方向にこそ党建設の法則的発展の道があることを示している。

とくに、「赤旗・党活動ページ」で系統的に紹介してきたように、参院選比例代表で「850万票、15％以上」に対応する地区委員会の目標を、支部と地区の共通の「本気の目標」とし、「得票目標達成のためには何としても強く大きな党を」と党勢拡大の独自追求に力をそそいだ党組織で、党員でも、読者でも、持続的な前進が開始されていることは、重要である。

（2）「世代的継承」は、社会変革の事業と党の前途のかかった一大事業だが、労働者と若い世代のなかでの党づくりでも、新たな探求と努力が強められている。

「2018年職場問題学習・交流講座」（5月26～27日）は、全国88の党組織からの聞き取りをもとに準備され、職場における矛盾が深まるもとで、「ルールある経済社会」への転換をめざす党綱領の立場が、広範な労働者と響き合う状況が生まれていること、党が職場の人間的連帯や若い労働者の成長の〝よりどころ〟となっていることを明らかにし、職場での党建設の発展方向を示した。

青年・学生分野の活動では、今年の学生新歓で、学園で果敢な対話を広げ、民青同盟の「三つの魅力」（「青年との共同」「草の根の行動力」「社会変革の学び」）を語り伝えるなかで、同盟員拡大で20年ぶりの到達をきずくことができた。各地で党と民青との懇談が行われ、民青班をつくる目標と計画をもち、力をあわせて学園、地域、職場、高校生での班づくりが開始されている。若者は、世界と日本の進路への模索を強め、学びたいという切実な願いをもち、党綱領がストレートに響く状況がある。

（3）「綱領を語り、日本の未来を語り合う集い」が、〝気軽に〟〝繰り返し〟〝双方向〟でとりくまれ、3中総後に行われた「集い」には、全国で6800回12万人が参加している。5月16日に開催した「集い」経験交流会は、「『集い』に失敗はない」「困難な支部こそ『集い』を」という確信が語られ、どんな支部でも「やってみよう」という勇気と決意がわく交流となった。

新しい「入党のよびかけ」は、党綱領の中心点を伝え、党の歴史を語り、生き方を問いかけるものとして感動をもって受けとめられ、入党の決意を広げる大きな力になっている。「入党のよびかけ」を読んだ支部と党員が、党員としての原点を思い起こし、党勢拡大に立ち上がっている。

第1回「地方議員研修交流講座」、第4期「特別党学校」が開催され、それぞれ大きな成果をあげた。

3中総後つくられてきた法則的な党づくりの教訓・努力を、全党のものにするならば、党建設・党勢拡大の新たな上げ潮をつくり、「特別月間」を成功させることは必ずできる。そのための努力を心から訴えるものである。

3、全支部・全党員の運動にし「特別月間」を成功させよう

いかにして「特別月間」を成功させるか。目標達成の最大のカギは、全支部・全党員が参加する運動にしていくことにある。

全国津々浦々で国民の利益を守り、草の根で奮闘する2万の支部、30万近い党員が、結びつきを出し合い、党員拡大と「赤旗」購読の働きかけにふみだせば、大きく見える目標も達成できる。

支部も、党機関もただちに臨戦態勢を確立し、次のことを具体化しよう。
（1）都道府県・地区委員会、補助指導機関は、4中総決議をよく討議し、支部に足を運び、支部

とともに「特別月間」を具体化し、支部が実践にふみだすまで援助を行おう。〝困難支部を放置しない〟との立場にたち、すべての支部に指導・援助を行うためにあらゆる知恵と力をつくそう。国政選挙を1回たたかう以上の構えで、日々の計画を具体化し、実践の結果を掌握して対策を講じ、毎日活動・毎日成果をすすめる臨戦態勢をただちにつくろう。

（2）すべての支部・グループが、毎週の支部会議を開き、4中総決議を討議し、「850万票、15％以上」に見合う参院選比例目標と党勢拡大目標（「特別月間」目標と「前回参院選時3割増」目標）を決め、実践にふみだそう。「楽しく元気の出る支部会議」を全党に広げることこそ、「特別月間」成功の最大の原動力である。

国民要求にもとづく活動、党の姿を広く伝える宣伝活動を強めることと一体に、党勢拡大を前進させよう。一人ひとりができること、挑戦したいことを話し合い、みんなが参加する「特別月間」にしよう。

（3）党勢拡大の独自追求を抜本的に強め、すべての党機関と支部・グループが「目標」と「期限」に責任をもとう。月ごとの目標を必ずもち、月ごとに目標を着実に達成し、拡大運動を月ごとに発展させつつ、「特別月間」の目標を総達成しよう。

過去の「月間」や「大運動」の試されずみの鉄則をすべて実践しよう。党員拡大を根幹にすえ、5人、10人、20人と党員を迎える地区、目標を一気に突破する党組織など先進的な経験を次々つくり広げることは、拡大運動を成功させる鉄則である。読者拡大の目標をやりきるために、その数倍の対象者をもち、実践を組織し、期日までに実際に働きかける具体的手だてや段取りをとりきろう。紙の「しんぶん赤旗」を基本にしつつ、7月2日から開始される「しんぶん赤旗」電子版を新しい層に広げるために力をつくそう。『女性のひろば』など定期雑誌の普及に努力しよう。

（4）党機関の長は、目標をやり抜く構えを固め、指導的役割を断固として発揮しよう。衆参の国会議員・候補者、地方議員・候補者が、議員団の目標と個人目標、行動計画をもち、持てる力を総発揮しよう。機関役員、支部指導部、党グループをはじめ、力のある党員は、支部と一緒に行動の先頭にたち、支部目標の達成に貢献しよう。中央委員会はその先頭にたって力をつくす決意である。

7月15日、わが党は、世界と日本の激動のもとで党創立96周年を迎える。

安倍政権は、疑惑と不祥事にまみれ、内政・外交ともに破たんを深め、いよいよこの戦後最悪の反動政権を倒すときがやってきた。市民と野党の共闘は、昨年総選挙での逆流の危機を乗り越えて前進している。緊張が続いてきた北東アジアで、朝鮮半島の非核化と平和体制の構築をめざす平和の激流が起こっている。

第4回中央委員会総会は、すべての党員のみなさんによびかける。「日本共産党はどんな党か」「激動の時代にどう生きるか」を国民に語り広げ、「特別月間」の歴史的成功を党史に刻もうではないか。質量ともに強く大きな党をつくり、参院選・統一地方選での躍進の道をきりひらこうではないか。

（「しんぶん赤旗」２０１８年6月12日付）

小池書記局長の結語

お疲れさまでした。幹部会を代表して、討論の結語を行います。

24人の同志が発言しました。党内通信やインターネットでの、全国での同時視聴は、1万2582人と報告されています。

全体として、4中総決議案が提起した「参議院選挙・統一地方選挙躍進　党勢拡大特別月間」、さらに参議院選挙にむけて「3割増以上」の党勢をきずく目標、この提起を正面から受け止め、決意が語られる意気高い総会になりました。

全国からよせられた感想文を見ても、3中総後の党勢の連続後退について、総会決議案で包み隠さず明らかにしたことについて、「大変ショックを受けた」「重大な状況だ」という受け止めとともに、「だからこそ頑張らなければいけない」「早く支部でこの提起を具体化しよう」という積極的決意が多数よせられています。この力強い受け止めにこたえて、党中央としても全力をつくす決意です。

共同の事業として民青を増やそう

討論の中で、民青の拡大を「特別月間」の目標に位置付けてはどうかというご意見がありました。民青への援助については、決議案で、この間の党づくりの教訓の大きな柱の一つとして位置付けています。学生新歓の大きな前進、同盟員の拡大、党と民青の懇談の広がりなどですが、4中総決議案では、「特別月間」でそれらを全党のものにしようと提起しています。

各県・各地区では、具体的な数の目標ももって積極果敢に取り組んでいただきたいと思います。その際、民青は民青としての目標の議論もありますので、よく相談し、共同の事業として民青を増やすことに力を合わせようではありませんか。

2週間以内に全支部・グループ、議員団が討議・具体化を

結語で、4中総決議案に加えて述べておきたいのは、討議・具体化についてです。採択されれば、直ちにこの4中総決議について、党機関での討議・具体化を行うとともに、すべての支部、グループ、議員団で、少なくとも2週間以内に、討議し、具体化しましょう。そして、2週間以内に何らかの形で党勢拡大に足を踏み出しましょう。このことを提起したいと思います。

中央としても、中央直属支部・グループ、国会議員団事務局を中心とした決起集会を、13日に開催し、直ちに4中総決議の討議・具体化を行う予定であります。

大事なことは、「議論」の進め方であります。

同時視聴された方の感想文を見ても、少なくない同志から、「こんなに大きな目標ができるんだろうか」という不安、ためらいの声がよせられています。そうした同志も、党を強く大きくしたいという思いには共通のものがあるはずです。目標達成への不安を「消極的な意見である」「後ろ向きである」ととらえるのではなく、そういうためらいや不安も正面から受け止め、率直な意見を出し合って、納得いくまで丁寧に本音の議論ができるかどうか。ここが討議・具体化の一番重要なところであり、4中総決議の実践が成功するかどうかのカギを握っています。丁寧な議論、本音を出し合う議論に、中央役員としても心を砕いていきましょう。

同時に、「できるかどうか」と悶々《もんもん》としているだけでは結論は出ませんから、これは足を踏み出して、実践で解決をすることを率直に提起していく。実際に足を踏み出してみると、党に対する大きな期待が広がっているだけに、成果が上がり、確信が広がるということが現実には起こってくると思います。

丁寧な議論を行うとともに、どんな形であれ行動への一歩を踏み出す、ぜひそうした形で、この取り組みを前に進めていこうではありませんか。

「特別月間」の成功は、わが党の国民に対する責任

討論では、「安倍政権を倒したい」という思いが、国民の中に広がっている一方、「なぜ倒せないのか」といういらだちがあることも指摘されました。

どうしたら安倍政権を倒せるか、これは、最終的には選挙で倒すしかありません。そのためにも市民と野党の共闘を力強く進め、日本共産党を躍進させよう、そのために強大な党をつくろうというのが「特別月間」であり、この「特別月間」の成功は、日本共産党が国民に対して果たすべき責任ともいえるのではないでしょうか。

私が国会議員になったのは、今から20年前の7月、98年の参議院選挙でした。今年が国会議員になってちょうど20年目になりますが、国会での活動にかつてなく大きな手ごたえを感じる日々が続いています。いくら頑張っても日本共産党が排除されていた時とは違い、共産党抜きでは、国会での論戦も野党共闘も、市民との共闘も成り立ちません。新潟県知事選挙に見られるように、わが党も加わる市民と野党の共闘が、勝利には至りませんでしたが、与党連合と一騎打ちで、相手の心胆《しんたん》寒からしめるところまで追い詰める情勢が生まれている。頑張れば野党連合政権への道が開ける、わくわくするような情勢です。

もちろん、今回提起している目標は、容易ならざる目標ではあるけれども、この情勢のもとで全党員・全支部が立ち上がれば、必ず達成できる目標だと確信しています。

「安倍政権を倒そう」というのは、すべての党員に共通する思いでしょう。その党員の思いを信頼し、その思いにこたえて、中央役員が4中総決議実践の先頭に立って頑張りぬこうとよびかけ、討論の結語とします。

（「しんぶん赤旗」２０１8年6月13日付）

第27回党大会

第5回中央委員会総会

2018年10月13〜14日

第5回中央委員会総会について

２０１８年10月14日　日本共産党中央委員会書記局

日本共産党第5回中央委員会総会は10月13、14の両日、党本部で開かれた。中央委員１５２人、准中央委員45人が参加した。

一、総会では、志位和夫幹部会委員長が幹部会報告を行った。大破たんをきたしている安倍政治を終わらせようという訴えから始まって、日本共産党の課題と立場、統一地方選挙と参議院選挙をたたかう方針などを提案し、臨戦態勢の確立を呼びかけた。

一、総会では、２日間で合計56人が討論に立ち、報告の内容を裏付け、具体化の努力・決意を表明した。

一、志位委員長が討論の結語をのべた。

一、総会は、報告・結語を全会一致で採択し、奮闘する決意を固めて閉幕した。

（「しんぶん赤旗」２０１８年10月15日付）

志位委員長の幹部会報告

みなさん、おはようございます。インターネット中継をご覧の全国のみなさんにも、心からのあいさつを送ります。

私は、幹部会を代表して、第5回中央委員会総会への報告を行います。

2019年・統一地方選挙まで5カ月、参議院選挙まで8カ月に迫りました。

5中総の任務は、第4次安倍政権に対する基本姿勢、当面するたたかいの課題と日本共産党の立場を明らかにするとともに、来年の統一地方選挙と参議院選挙で連続勝利をかちとるための方針を意思統一することにあります。

1、安倍政治の大破たん――一刻も早くこの内閣を終わらせよう

報告の第一の主題は、第4次安倍政権をどうとらえ、どうたたかうかであります。

安倍首相は自民党総裁としては3年の任期を得ました。しかし、あらゆる面で安倍政治は大破たんに陥っています。私は、「安倍政治の四つの破たん」ということを強調したいと思います。

民意無視の強権政治の破たん――沖縄県知事選挙の歴史的勝利

第一は、民意無視の強権政治の破たんであります。その破たんは、安倍政権が最も野蛮な強権をふるってきた沖縄で劇的な形であらわれました。

沖縄への強権がついに通用しなくなった

9月30日に行われた沖縄県知事選挙で、翁長雄志《おながたけし》前知事の遺志をつぎ、辺野古《へのこ》新基地反対を掲げてたたかった玉城《たまき》デニー候補は、沖縄県の知事選で過去最多となる39万票をこえる得票を獲得し、相手候補に8万票の大差をつけて圧勝しました。私は、保守・革新の垣根をこえて心一つにたたかった「オール沖縄」のみなさん、勇気と誇りをもって歴史的審判を下した沖縄県民のみなさんに心からの敬意を表するとともに、ともにたたかった全国の仲間のみなさんとともにこの歴史的勝利を喜びたいと思います。

この間、安倍政権は、幾度《いくど》となく示された県民の総意を踏みにじり、強権をふるって辺野古の新基地建設を強行し、県民をあきらめさせる卑劣な企てを続けてきました。知事選でも、官邸主導で、権力を総動員し、公明党・創価学会を大動員し、空前の企業・団体の締め付けを行い、県民に襲いかかり民意を押しつぶそうとしました。しかし、そうした沖縄への強権がついに通用しなくなりました。

逆に、県民の強い批判と怒りを呼び起こし、県民に包囲される結果となったのであります。

9月22日に開催された「うまんちゅ大集会」で、翁長前知事夫人の樹子《みきこ》さんは、「今度の選挙は静かに結果を待とうと思っていたけれども、日本政府のあまりのひどさ――権力を総動員して沖縄の民意を押しつぶそうとする日本政府のやり方に『何なんですかこれは』という気持ちでこの場に立った」と訴えました。この樹子さんの訴えは、玉城デニー候補の力強い決意表明とともに、県民の心を深くゆさぶり圧勝の流れをつくりました。

安倍政権は、力ずくで民意を押しつぶす強権政治は、沖縄ではもはや通用しないことを、知るべきです。県知事選挙で示された県民の意思を重く受け止め、辺野古の新基地建設を中止し、普天間《ふてんま》基地の即時閉鎖・撤去に取り組むことを強く求めるものであります。

沖縄のようにたたかおう――大義の旗のもと結束し強権政治を打ち破ろう

沖縄県知事選挙での勝利は、沖縄の基地闘争の新たな展望を開きました。また、それは、安倍政権への厳しい痛撃となって、政権の土台を大きく揺さぶりつつあります。それは、安倍政治の終わりの始まりとなりました。

国政5野党・1会派がそろって「オール沖縄」に連帯して知事選をたたかったことは、重要な前進です。「オール沖縄」の勝利は、全国の市民と野党の共闘にとっても、大きな希望を与えています。大義の旗を掲げ、そのもとに立場の違いをこえて互いにリスペクト（敬意）をもって結束し、あきらめず不屈にたたかい続けるならば、どんな強圧をもはねかえすことができる。このことを、「オール沖縄」のたたかいは教えているのではないでしょうか。

いま安倍政権が強行しようとしている憲法9条改定、消費税10％への増税、原発再稼働などは、どれをとっても国民多数が反対している問題であります。それを押し切って強権をふるえば、安倍政治がいよいよ深刻な破たんに追い込まれることは避けられません。

私は訴えたい。沖縄のようにたたかおうではありませんか。ひるむことなく明確な対決軸を示し、そのもとに結束してたたかい、あらゆる分野で安倍政権の強権政治を打ち破ろうではありませんか。

ウソ、隠蔽、差別の政治の破たん――政治モラルの劣化と退廃は底なしに

第二は、ウソ、隠蔽《いんぺい》、差別の政治の破たんであります。安倍政権のもとで、政治モラルの劣化と退廃は底なしとなっています。

「正直な政治」という当たり前の主張が、痛烈な批判の代名詞に

私は、今年のメーデーのあいさつで「ウソのない、正直な政治をつくろう」と訴えましたが、いまや「正直な政治」というあまりにも当たり前の主張が、安倍政治に反対する広範な人々の共通の思いになり、痛烈な批判の代名詞となっています。

森友・加計《かけ》疑惑では、安倍首相のウソとつじつまをあわせるために、まわりがウソを重ね、情報を隠蔽し、公文書改ざんまで行われました。ウソと隠蔽の政治は、南スーダンＰＫＯに派兵された自衛隊の「日報隠し」、「働き方改革」法をめぐるデータ捏造《ねつぞう》や隠蔽など、他の分野にも広く及んでいます。

これらの一連の問題が連続して引き起こされるもとで、どの世論調査でも、「安倍首相を信頼できない」という声が多くあがっています。あれこれの政策課題だけでなく、安倍首相の政治モラルに対して国民の深い不信と怨嗟《えんさ》がむけられているのであります。

人権侵害、女性差別の根本に、侵略戦争の肯定・美化という大問題が

くわえて安倍政権特有の差別の政治にも、多くの国民の怒りが広がっています。

自民党の杉田水脈《みお》衆院議員が、LGBTのカップルは「生産性がない」などとした暴言を雑誌に寄稿しました。LGBTの人たちへの偏見をあおる重大な差別発言であるとともに、憲法に保障された個人の尊厳を冒瀆《ぼうとく》する人権侵害の発言であります。にもかかわらず、当人から反省の言葉は一言もなく、安倍首相は「まだ若いから」と不問に付す許しがたい態度をとっています。

女性差別の言動も枚挙にいとまがありません。財務省事務次官のセクハラ事件と、その後の政府・財務省の対応は、麻生財務大臣の「被害者は名乗り出ろ」「福田の人権はなしか」などの発言をはじめ、セクハラ被害を受けている女性をおとしめる姿勢に終始しました。二階自民党幹事長が「子どもを産まない方が幸せじゃないかと勝手なことを考える人がいる」と語るなど、子どもを産まない女性を否定する発言も相次いでいます。「女性の活躍」をあれだけ強調しながら女性閣僚の登用はたったの1人。この政権ほど女性蔑視がはなはだしい政権はないのではないでしょうか。

これらの人権侵害、女性差別の言動の根本に、安倍政権が、「日本会議」「神道政治連盟」など、過去の侵略戦争を肯定・美化し、歴史を偽造する極右勢力によって構成され、支えられているという大問題があります。男尊女卑、個人の尊厳の否定、個人の国家への従属は、どれもみなこの勢力が共有

している時代逆行の思想にほかなりません。柴山文部科学大臣が、「教育勅語」を「現代的にアレンジ」して教えることも「検討に値する」とのべたこともきわめて重大であります。文科大臣失格といわなければなりません。

安倍政権が、どれだけ日本の政治モラルを堕落させてしまったかは、はかりしれないものがあります。にもかかわらずどの問題についても、真剣な反省は一かけらもありません。この点一つとっても、すみやかに退陣してもらう以外にないではありませんか。

「戦争する国づくり」の破たん――朝鮮半島の平和の流れとの深刻な矛盾に陥る

第三は、「戦争する国づくり」の破たんであります。

北朝鮮の「脅威」が「戦争する国づくり」の最大の口実だった

これまで安倍政権は、「戦争する国づくり」を進めるうえで、北朝鮮の「脅威」を最大の口実にしてきました。安倍首相が、安保法制＝戦争法を強行するうえで前面に押し出したのが、「朝鮮有事への対応」でした。辺野古新基地を押し付ける理由にしたのも、朝鮮半島など「潜在的紛争地域」に対して距離的に近いということでした。「陸上イージス」の導入など巨額の税金を投じての大軍拡も、北朝鮮の「脅威」が口実とされました。そして、憲法9条改定も、北朝鮮の「脅威」など「日本をとりまく安全保障環境が厳しさを増している」ことが最大の理由とされました。

情勢の激変のもとで、「戦争する国づくり」は「根拠」を失いつつある

ところがこの間、朝鮮半島をめぐって、対決から対話への歴史的な転換が起こりました。3回におよぶ南北首脳会談、初の米朝首脳会談によって、朝鮮半島の非核化と平和にむけた歴史的合意がかわされました。解決すべき課題は多く残されていますが、首脳間の合意でスタートした平和プロセスは簡単に後戻りするものではありません。何よりも重要なことは、今起こっている歴史的な激動の根本に働いている力は、戦争に反対し、平和を願う世界各国の民衆の力であるということであります。

こうした情勢の大激変のもとで、「戦争する国づくり」はその「根拠」を根底から失いつつあります。「陸上イージス」の導入予定地とされている秋田県と山口県の双方で、「北朝鮮情勢が変わっているのになぜ必要か」という批判が噴出しています。翁長前知事が、辺野古新基地の埋め立て承認の撤回表明を行った7月27日の記者会見で強調したのも、「朝鮮半島の非核化と緊張緩和」への動きが起こるもとで、20年も前に決定された辺野古新基地を強行することは「平和を求める大きな流れからも取り残される」ということでした。重病をおしての最後の記者会見で、翁長前知事が世界に広く目をむけ、理性と道理にたった主張をしたことに、私は、あらためて敬意を申し上げたいと思います。

朝鮮半島で平和の激動が開始されたもとで、安倍政権が進める「戦争する国づくり」は、あらゆる面でいよいよ理屈が通らなくなっています。この道に固執することは、世界史的な平和の流れに、有害な逆流を持ち込むだけであることを、私は、厳しく指摘しておきたいと思うのであります。

経済、外交の総破たん――「アベノミクス」「安倍外交」は少しも「自慢」にならない

第四は、経済、外交の総破たんであります。

安倍首相は、「アベノミクス」と「安倍外交」の二つを自身による大成果として自画自賛していますす。聞く方が恥ずかしくなるような自画自賛ぶりであります。しかし、そのどちらも少しも「自慢」にはなりません。どちらも大失政そのものであります。

「アベノミクス」――暮らしと経済の土台で深刻な危機が累積している

「アベノミクス」がもたらしたものは何か。安倍首相は、自分に都合のよいあれこれの数字をあげて自画自賛を繰り返しています。しかし、そんなにうまくいっているのであれば、なぜ、直近の世論調査でも、国民の8割以上が、「アベノミクスで景気回復の実感はない」と答えているのか。暮らしと経済が、根幹のところで深刻な危機に陥っているからとしか説明がつかないではありませんか。

日本経済の6割を占める家計消費は落ち込んだままです。安倍政権のもとで、家計消費は、2人以上世帯の実質消費支出でみて21万円減りました。この根本には、安倍政権のもとで、労働者全体（パートを含む）の実質賃金が18万円減ったという事実があります。消費と所得という暮らしと経済の土台が悪化しているのであります。

安倍政権のもとで貧困と格差がさらに拡大しました。安倍首相は、「相対的貧困率」の若干の「改

善」をもって貧困が改善されたと宣伝していますが、「貧困ライン」自体が下がり続けており、そういうもとでは相対的貧困率が多少低下しても貧困の実態が改善されたとはいえません。何よりも、所得が最も少ない10％の層の実質所得が下がり続けており、ここにこそ貧困の実態が悪化したことが示されているのであります。貧困と格差の問題は、経済政策の成否を判定する最大のモノサシとなるものであり、それが悪化したことは「アベノミクス」の失敗を象徴しています。

「異次元金融緩和」によって、富裕層と大企業には巨額の富がころがりこみましたが、その一方で、財政と金融のゆがみがいよいよ拡大し、出口の見えない危険が高まっています。日銀が大量の国債を購入し続け赤字財政を下支えしてきた結果、国債残高の4割以上を日銀が保有するという異常事態となっています。年金積立金と日銀の「公的マネー」を株価対策に動員した結果、日本の代表的企業の84％で、この二つの「公的マネー」が筆頭株主になるという異常事態が生じています。

安倍首相があれこれの数字をならべて、どんなにとりつくろっても、暮らしと経済の土台において深刻な危機が累積しているのであります。

「安倍外交」――対米でも対ロでも屈辱外交をウソでとりつくろう

それでは「安倍外交」の実態はどういうものか。「地球儀俯瞰《ふかん》外交」などと自画自賛していますが、日本の国益を損ねる深刻な事態が繰り返されています。

9月12日、ロシア・ウラジオストクで行われた「東方経済フォーラム」で、プーチン大統領が、安倍首相らを前に、「年末までに前提条件なしで（日ロ）平和条約を結ぼう」と呼びかけたのに対して、首相は一言の反論も異論も唱えませんでした。平和条約の締結は両国間の国境の公式の画定という意義をもち、「条件なし」での平和条約は、領土要求の全面放棄となります。ロシア側への全面屈服であり、とんでもない屈辱外交であります。安倍首相は、後になって「反論した」という言い訳をはじめましたが、ロシア側から「そのような事実はない」とただちに否定されました。何よりも「東方経済フォーラム」という多数の聴衆のいる前で一言の反論も異論も言わなかったことに、いかにだらしのない外交をやっているかが端的にあらわれました。

対米外交はどうか。9月26日、ニューヨークで行われた日米首脳会談では、これまでともかくも拒否してきた日米FTA（自由貿易協定）交渉を開始することで合意するという、重大な事態が起こりました。これは食料主権をはじめ日本の経済主権を身ぐるみ米国に売り渡す恥ずべき従属外交にほかなりません。

安倍首相は、合意した日米交渉は、「TAG」（物品貿易協定）交渉であって、「包括的なFTAとは全く異なる」と弁明しています。しかし、首脳会談で合意した日米共同声明の英文の正文を見ると、「TAG」という言葉はどこにもなく、FTA交渉開始の合意そのものであることは明瞭でありますます。安倍首相は、これまでのトランプ政権との交渉を「日米FTAの交渉や予備交渉ではない」と国会で答弁してきました。その発言との矛盾を糊塗《こと》するために、翻訳まで捏造し、ウソで国民を欺《あざむ》く。こんな卑怯《ひきょう》、卑劣なやり方はないではありませんか。

対米でも、対ロでも、外交的失態、屈辱外交を、ウソでごまかそうとする。このような政権に日本外交を担う資格は断じてありません。

安倍政権のもとでの経済、外交の総破たんの根底には、自民党政治の「二つのゆがみ」——異常な対米従属、大企業中心政治の行き詰まりがあります。それに大本からメスを入れる改革こそ、いま日本に強く求められていることを私は訴えたいのであります。

安倍政権を終わらせ、新しい政治をつくろう――三つの呼びかけ

みてきたように安倍政権は「1強」でも何でもありません。あらゆる面で破たんが噴き出し、落日が迫っています。ただし、どんなに破たんがひどくなっても、安倍首相が自ら辞めることはありえません。どんなにボロボロになっても、権力の座にしがみつき、国会での数の力を背景に、あくまでも暴走をやめようとはしないでしょう。それならば国民の力で引導を渡そうではありませんか。私は、そのために三つの点を訴えたいと思います。

第一に、あらゆる分野で、国民の切実な願いを掲げた国民運動を発展させ、安倍政権を包囲し、孤立させましょう。

第二に、市民と野党の共闘を発展させ、来年の参議院選挙で自民・公明とその補完勢力を少数に追い込みましょう。

そして、第三に、この戦後最悪の反動政権と正面から対決し、政治転換の大展望を示すわが日本共産党の躍進をかちとろうではありませんか。

国民運動の力、共闘の力、そして日本共産党の躍進で、戦後最悪のこの内閣を一刻も早く終わらせようではありませんか。

2、当面するたたかいの課題と日本共産党の立場

報告の第二の主題として、来年の統一地方選挙、参議院選挙を展望して、当面するたたかいの課題と日本共産党の立場について報告します。来年の二つの全国選挙に共産党は何を訴えてたたかうかについて、基本的な方向を報告したいと思います。党大会決定、3中総決定を前提に、重点的にのべます。

安倍9条改憲阻止、「平和のための五つの緊急提案」

常軌を逸した9条改憲への暴走——国民運動、共闘の力で断固阻止しよう

たたかいの最大の課題は、安倍首相による改憲策動を許さないことであります。

安倍首相の9条改憲への暴走ぶりは、常軌を逸したものとなっています。

首相は、総裁選をうけて、自分の任期中に改憲を強行する決意を示し、この秋の臨時国会に自民党改憲案を提起すると宣言しました。さらに首相は9月、自衛隊高級幹部会同での訓示で改憲への意欲を示しました。政治的中立を大原則とする実力組織の高級幹部への訓示で、その最高指揮官が憲法改定の持論をのべる。自衛隊を自らの野望のための道具にするつもりか。それがどんなに危険で異常な

ことかは明白です。閣僚に憲法尊重・順守を義務づけた憲法99条を蹂躙《じゅうりん》した言語道断の常軌を逸した暴走が続けられていることは、絶対に許すわけにいきません。

安倍首相は、「9条に自衛隊を明記する」だけであり、「自衛隊の権限・任務は変わらない」といいます。しかし、ひとたび憲法に自衛隊を明記すれば、戦力保持を禁止した9条2項の空文化＝死文化に道を開き、海外での武力行使が無制限になってしまいます。

首相は、「自衛隊の違憲・合憲論争に決着をつける」といいます。しかし、自衛隊は、9条2項との厳しい矛盾、緊張関係に置かれていたからこそ、軍事力行使に強い抑制がかかり、「戦後一人の外国人も殺さず、一人の戦死者も出さない」となったのです。この矛盾、緊張関係を解き放してしまったら、自衛隊の軍事力行使の制約はなくなってしまいます。

首相は、「自衛隊員が誇りをもって任務を全うできるようにする」ためだといいます。しかし、海外の戦地で「殺し、殺される」戦闘にのぞむことに「誇りをもて」というのは、多くの自衛隊員のみなさんの初心にも反することではないでしょうか。

どの世論調査を見ても、自民党改憲案を秋の臨時国会に提起することに対して、国民の多数が反対しています。国民が望んでもいないのに、権力を握る政権・与党が、自らへの制約をとりはらう改憲議論を強引に推し進めることは、それ自体が立憲主義の乱暴な否定であり、絶対にやってはならないことであります。

「３０００万人署名」を集め切り、国民の世論と運動、市民と野党の共闘の力で、このたくらみを断固阻止しようではありませんか。

「平和のための五つの緊急提案」

いま政治に求められているのは、憲法を変えることでなく、憲法を生かした平和日本を築くことであります。

日本共産党として「平和のための五つの緊急提案」を行います。

1、安保法制をはじめ一連の違憲立法を廃止し、立憲主義・民主主義を取り戻す

第一は、安保法制＝戦争法、秘密保護法、共謀罪など、一連の違憲立法を廃止し、立憲主義と民主主義を取り戻すことです。安保法制によって自衛隊の姿が大きく変容しています。南スーダンPKOに派兵されていた自衛隊への「駆け付け警護」など新任務の付与、海上自衛隊による「米艦防護」や「燃料補給」の実施、日米共同演習の質量ともエスカレート、南シナ海やシナイ半島などへの新たな海外派兵の動きなどが相次いでおり、そのどれもが日本に新たな危険をもたらすものであります。安保法制＝戦争法の廃止は、待ったなしの緊急課題となっています。

2、大軍拡計画を中止し、軍縮への転換をはかる

第二は、大軍拡計画の中止と軍縮への転換をはかることです。防衛省の2019年度概算要求は実質総額で5兆5000億円超にふくれあがっています。ステルス戦闘機F35、オスプレイ、新型空中給油機、無人偵察機、長距離巡航ミサイルなど、「専守防衛」の原則すら逸脱した海外派兵のための武器購入は中止すべきです。トランプ大統領いいなりでの米国製兵器の「爆買い」は絶対に許されま

せん。世界でも突出した在日米軍への「思いやり予算」はきっぱり廃止すべきであります。

3、在日米軍に異常な特権を与えている日米地位協定の抜本改定をはかる

第三は、在日米軍に異常な特権を与えている日米地位協定の抜本改定をはかることです。米軍に、全国どこへでも部隊を自由に配備し、国内法も無視して自由に訓練するなどの異常な特権を与えている国は、世界でも日本だけです。沖縄県の翁長前知事の要請をうけ、今年7月、全国知事会は「日米地位協定抜本見直し」を求める「提言」を全会一致で採択しました。画期的なことであります。「提言」は、「日米地位協定を抜本的に見直し、航空法や環境法令などの国内法を原則として米軍にも適用させることや、事件・事故時の自治体職員の迅速かつ円滑な立入の保障などを明記すること」を求めています。独立国としてあまりにも当然の要求ではないでしょうか。

MV22オスプレイの沖縄配備に続いて、この10月、CV22オスプレイが横田基地に配備され、超低空飛行を含む訓練を開始しました。CV22は、敵陣地に低空で侵入する強襲作戦などの特殊作戦を任務としています。その配備によって、横田基地がアジア・太平洋における米軍の特殊作戦の拠点とされたことはきわめて重大であります。事故多発の危険なオスプレイは、沖縄からも、本土からも、ただちに撤去することを強く求めるものであります。

4、「北東アジア平和協力構想」の実現に力をつくす

第四は、北東アジア地域に、平和と安定のための多国間の安全保障のメカニズムをつくることです。すでに日本共産党は、2014年の第26回党大会で「北東アジア平和協力構想」を提唱していま

す。その一番要となる考えは、北東アジア規模でのTAC（友好協力条約）を結び、あらゆる紛争問題を平和的な話し合いで解決することを締約国に義務づけることにあります。これは難しい課題ではありません。すでに、2005年の「6カ国協議の共同声明」、2011年の東アジア首脳会議での「バリ原則」宣言などで、関係国はこうした方向に合意しています。いま進展している朝鮮半島の平和のプロセスが成功をおさめるならば、私たちの「北東アジア平和協力構想」が現実のものとなる可能性は大いにあります。この構想を実現させるために引き続き内外で力をつくす決意を表明するものです。

5、核兵器禁止条約に日本政府が署名、批准することを強く求める

第五は、核兵器禁止条約に署名、批准することです。条約採択から1年余、核保有大国の妨害をはねのけて、署名国は69、批准国は19となり、近い将来の条約発効が見通せる情勢となりました。アメリカの最大の州――人口4千万を擁するカリフォルニアの州議会が核兵器禁止条約を支持する決議を採択するなど、核保有大国でも変化が起こりつつあります。日本でもすでに320以上の自治体で、核兵器禁止条約への調印・批准を日本政府に求める意見書が採択されています。唯一の戦争被爆国・日本の政府が、この流れに背を向ける恥ずべき態度を続けていいのかが厳しく問われています。私たちは、日本政府が、核兵器禁止条約にサインすることを強く求めます。サインを拒否するなら、サインする政府を国民の手でつくろうではありませんか。

消費税10％中止、「暮らし第一で経済を立て直す五つの改革」

来年10月からの消費税10％は中止せよ――この一点での国民的大運動を

いま一つの大争点は消費税の問題であります。

安倍首相は、来年10月から予定通り消費税を10％に増税するとの決意を表明しました。しかし経済の実態はどうか。深刻な消費不況が続き、貧困と格差が拡大しています。わが党は、所得の少ない人に重くのしかかる逆進性を本質とするこの悪税にはもともと反対ですが、いまの経済状況のもとでの消費税増税は論外です。増税を強行すれば、消費不況をいよいよ深刻にし、貧困と格差拡大に追い打ちをかける破局的な影響をもたらすことは必至であります。

くわえて複数税率導入にともなって4年間の経過措置後に導入が予定されている「インボイス」制度にも深刻な問題があります。この制度のために、500万ともいわれる免税事業者が取引から排除されたり、新たに納税義務と煩雑な事務負担を伴う課税業者にならざるをえなくなります。また、雇用契約がない請負労働者や建設職人などにも深刻な影響が生じます。「インボイス」の導入には、消費税増税には賛成の日本商工会議所を含めて、中小企業団体、商工団体がこぞって反対しています。

来年10月からの消費税10％は中止せよ――この一点での国民的大運動を起こすことを、この中央委員会総会の総意として、心から呼びかけたいと思います。

「暮らし第一で経済を立て直す五つの改革」

日本共産党は、「暮らし第一で経済を立て直す五つの改革」を提案します。

1、賃上げと労働時間の短縮で、働く人の生活を良くする

第一は、賃上げと労働時間の短縮で、働く人の生活を良くすることです。大企業の内部留保のごく一部を活用すれば、全労連などが掲げている「2万円のベースアップ」は十分可能です。賃上げそのものは労使交渉で決まるものですが、政治の責任で働く人の所得を増やす政策をとることが重要であります。

長時間労働の規制、「サービス残業」の根絶、「残業代ゼロ」制度の廃止を強く求めます。非正規雇用から正社員への流れをつくる規制強化、ブラック企業への規制強化を求めてたたかいます。中小企業への手厚い支援を行いながら、最低賃金を全国どこでもただちに時給1000円に引き上げ、1500円をめざします。これらの改革は、人間らしい労働を保障するとともに、働く人の所得を引き上げ、日本経済に大きな活力をもたらすでしょう。

2、子育てと教育の重い負担を軽減する

第二は、子育てと教育の重い負担を軽減することです。教育に対する公的支出がGDPに占める割合は、日本は先進国34カ国のなかで最低であり、重い教育費負担が家計を圧迫しています。

安倍政権は、総選挙で「国難」とまで言って、幼児教育や保育の無償化を推進すると言いました。

しかし、いくら保育の無償化を推進しても、認可保育所を増やさなければ待機児がいっそう増え、問題は悪化するだけではありませんか。認可保育所の増設と、それを可能にする保育士確保のため、保育士の待遇の抜本的改善を強く求めます。

憲法で「無償」とされている義務教育でも、制服代や教材費・給食費などの負担は重く、これらを含めた完全無償化を実施すべきです。高等教育の漸進的《ぜんしんてき》無償化という国際公約の実現にむけて、当面、大学授業料を半額にする、給付奨学金を70万人に拡充する、貸与奨学金はすべて無利子にするなどの改革に着手することを強く求めます。

3、社会保障の削減をやめ、充実へと転換する

第三は、社会保障の削減をやめ、充実へと転換することです。安倍政権の社会保障費削減政策のもとで、社会支出――社会保障給付費に施設整備費など一部を含めたもの――の対GDP比は、2013～15年度の3年間にわたって連続して低下しました。こんなことは高度経済成長期、バブル期をのぞいて、どの内閣でもなかった異常事態です。その結果、年金、医療、介護、生活保護、障害者福祉など、社会保障の全分野で連続改悪が押し付けられています。社会保障の削減から拡充への政策転換を強く求めてたたかいます。

高すぎる国民健康保険料は、社会保障政策の矛盾の一つの重大な焦点となっています。国保は加入者の所得が低いにもかかわらず、保険料が一番高く、滞納が全加入世帯の15％に及ぶなど、構造的危機に陥っています。全国知事会は、この構造問題を解決するために、「1兆円の公費負担増」を政府に要望しています。当然の要望です。日本共産党は、国保料をせめて「協会けんぽ並み」に引き下げ

る、そのために国が公費負担を増やすことを求めて、広範な人々との共同を広げ、奮闘するものであります。

4、日米FTA交渉を中止し、経済主権・食料主権を尊重するルールを

第四に、日本の経済主権、食料主権を投げ捨て、地域経済に深刻な打撃をもたらす日米FTA交渉の中止を求めます。9月の日米首脳会談で、日米FTA交渉を開始することで合意したことは、日本の農林水産業をきわめて深刻な危機に立たせています。このまま日米2国間交渉に引き込まれていけば、TPP交渉で譲歩した線が出発点となって、際限のない譲歩が迫られることは火を見るよりも明らかです。

譲歩と言った場合に、一番の犠牲とされるのは農林水産業です。アメリカが要求している農産物の輸入拡大は、安倍政権のもとで低下した食料自給率（38％）をさらに押し下げ、地域経済の柱である農業、それにかかわる加工・輸送業に致命的な打撃を与えることは必至であります。亡国の日米FTA交渉をきっぱり中止し、各国の多様な農業の共存、食料主権を尊重するルールを確立することを、強く求めてたたかおうではありませんか。

5、巨額のもうけがころがりこんでいる富裕層と大企業に応分の負担を

第五に、子育て・教育や社会保障のためには多額の財源が必要となりますが、わが党は、消費税に頼らない財源提案を繰り返し明らかにしてきました。その中心は、富裕層と大企業に応分の負担を求めるということですが、そのことは「アベノミクス」のもとで富裕層と大企業に空前のもうけがころ

がりこんでいる今、いよいよ当然の主張となっています。

保有株式時価総額1000億円以上の超大株主が保有する株式の時価総額は、安倍政権の5年9カ月で3・5兆円から17・6兆円へと5倍にも膨れ上がりました。大企業の純利益は、この5年間で19兆円から45兆円へと2・3倍にも膨れ上がりました。

税金は負担能力に応じて――応能負担の大原則にたつならば、富裕層と大企業に応分の負担を求める税制改革こそ、いま取り組むべき最優先の課題であることは明らかではありませんか。

「原発ゼロ」、分散型・再生可能エネルギーの大規模普及を

北海道大地震が示したもの――原発は「電力の安定供給」という点でも失格

原発問題も、当面するたたかいの一大争点です。

安倍内閣は、今年7月に決定した第5次エネルギー基本計画で、2030年度に電力の20～22%を原発から供給することを目標とすると言い放ちました。これをやろうとすれば、福井県・美浜原発3号機や茨城県・東海第2原発など老朽原発を含む既存のすべての原発、これから本格建設となる青森県・東京電力東通《ひがしどおり》原発を含めて、既存・建設の38基の原発をすべて稼働させることになります。

世論調査では原発の再稼働反対が6割に達しています。深刻な事故の再発に「懸念が残る」とする人が8割を超え、「原発ゼロ」――「即時ゼロ」と「将来ゼロ」をあわせて――を求める人が75%に達しています。未来永劫《えいごう》、原発にしがみつこうという安倍政権の姿勢は、国民世論への重大な挑戦と

いわなければなりません。

9月6日に発生した北海道胆振《いぶり》東部地震では、全道が停電するブラックアウトが起き、電気事業の災害に対する脆弱性《ぜいじゃく》、無責任さが露呈しました。地震発生時の電力需要量の半分を苫東厚真《とまとうあつま》石炭火力発電所の3基が一手に供給しており、その3基が停止したことで全道停電が起こりました。北海道大停電が示した重大な教訓は、電力の安定供給のためには、大規模集中発電から分散型への転換が必要だということでした。

そして、全道停電という事態は、原発頼みのエネルギー政策の新たな危険性を浮き彫りにしました。原発の特徴は、大出力でかつ出力の調整ができないことであり、分散型とはまったく逆方向の大規模集中発電の最たるものであります。原発は、震度5程度の地震で自動停止します。かりに泊原発が稼働していて、その近くの活断層による地震が発生すれば、原発そのものに地震による損傷がなくても、原発が緊急停止し、全道停電が起こるリスクはいっそう大きかったでしょう。原発は、「電力の安定供給」という点でも失格だということが明らかになったのではないでしょうか。

再エネの立ち遅れの最大の原因は、原発と石炭火力への固執にある

世界の流れは、脱炭素、再生可能エネルギーであります。再生可能エネルギーの導入コストも急速に下がっています。再生可能エネルギーは地域密着型であり、地元経済への波及効果も大きい。ところが日本の立ち遅れは著しいものがあります。

米カリフォルニア州は、発電量に占める再生可能エネルギーの割合は2016年実績で40%、2030年目標は50%です。ドイツは、実績で29%、2030年目標は50%です。中国は、実績で

25％、2020年目標は35％です。ところが、日本は、実績で16％、安倍政権の再生可能エネルギー割合の目標は、2030年度までに22～24％にとどまっています。立ち遅れの最大の原因は、原発や石炭火力に固執していることにあります。この障害をとりのぞいてこそ再生可能エネルギーの大規模普及の道が開かれることを強調したいと思います。住民の安全と環境への配慮を行いながら、思い切ったエネルギー転換をはかるべきであります。

この間、国民の運動に後押しされて、「原発廃止・エネルギー転換を実現するための改革基本法案（原発ゼロ基本法案）」を野党4党の共同提案として国会に提出しました。すみやかに本格審議を行うことを強く求めたいと思います。この法案も力にして、「原発ゼロの日本」、再生可能エネルギーの本格導入への転換をかちとろうではありませんか。

災害の危険から国民の命を守る――従来の延長線上でない抜本的対策を

あいつぐ大災害――背景に地震活動の活発化、地球規模での気候変動が

この間、大災害があいついでいます。

地震では、大阪北部地震、北海道胆振東部地震が起き、豪雨・台風災害では、西日本豪雨災害、台風21号などで大きな被害が生じました。災害なみの猛暑も猛威をふるいました。東日本大震災、熊本地震など大地震が相次ぎ、日本列島の地震活動が活発化しているという指摘もあります。風水害の激甚化などの背景に地球規模での気候変動があることは否定できません。

個々の災害における被災者支援に全力をあげるとともに、地震と津波、台風・豪雨災害、火山災害など、自然災害が多発する日本列島において、国民の命と財産を守ることが政治の要であることを明確にし、政治が本腰を入れた対応を行うことが強く求められています。学者・専門家、自治体・医療・福祉関係者をはじめ、国民の英知を結集して、従来の延長線上ではない抜本的対策を行うことを提唱したいと思います。

防災・減災・救援・復興——直面するいくつかの課題について

防災・減災・救援・復興という角度から、いくつかの課題を列挙します。

——公共事業のあり方の抜本的な転換を検討すべきです。「国土強靭《きょうじん》化」を掲げながら、相変わらず大型開発優先で、防災・老朽化対策は事実上後回しでいいのかが問われています。橋やトンネル、学校や病院など、公共施設の多くが建設後50年を経過する時期を迎えます。防災面でも老朽化対策は最重要課題の一つであります。公共事業を大型開発、新規事業優先から、防災と老朽化対策に重点を移すことが必要であります。ダム偏重の治水政策を見直し、堤防の強化などをはかることもこの間の重要な教訓であります。

——気象、地震、火山などの観測体制の抜本的な強化は、防災対策の土台であり、大前提です。また、災害にあたって、住民に正確な情報の提供をどのようにして行うか、避難についての的確な方針をどのようにつくるか、それを実施する体制をどう築くかなど、災害による被害を最小限に食い止めるために、あらゆる英知を結集する必要があります。

——消防や自治体など地域の防災力を高めることも、重要な課題です。消防職員は、政府がつくった不十分な「基準」にてらしても、充足率77・4％で、5万人近く足りません。自治体の広域合併と公務員の削減で、災害対策の最前線が弱体化しています。抜本的対策が強く求められます。

――住民を支える医療・福祉の体制を、災害対策という角度からも見直すことが必要です。災害時に、住民の命を守るうえで、日常からの医療・福祉の体制が重要になることは、これまでの痛切な経験でも明らかです。災害から命を守るという点でも、社会保障の切り捨て政治を続けていいのかが厳しく問われます。

――被災者支援、復旧・復興への公的支援を抜本的に強化することを本格的に検討すべきであります。被災者と被災地への公的支援は、「私有財産の再建は支援しない」などの壁を完全に取り払い、生活と生業《なりわい》の再建に向けて、自力で歩きだせるまで適切な支援を行うことを原則にすべきであります。

「災害の危険から国民の命を守る」――この一点で、中央段階でも、それぞれの地方段階でも、政治的立場の違いを超えて、広く関係者、専門家を招き、シンポジウムなどを行い、ほんとうに〝災害に強い国〟をつくるために知恵と力をあわせることを提唱するものであります。

3、参議院選挙、統一地方選挙をたたかう方針について

報告の第三の主題として、参議院選挙、統一地方選挙をたたかう方針についてのべます。この二つの全国選挙の目標と方針は、すでに党大会決定、3中総決定、4中総決定で明らかにしています。そ

れを前提に、いくつかの重視すべき点を報告します。

参議院選挙、統一地方選挙の歴史的意義――野党連合政権をつくる第一歩に

「共闘勝利プラス共産躍進」で自公とその補完勢力を少数に追い込む

来年の連続する二つの全国選挙――とくに参議院選挙は歴史的意義をもつたたかいとなります。私たちは、3中総決定で「自民・公明とその補完勢力を少数に追い込む」ことを、わが党としての参院選の目標として確認しました。これは、改選議席で彼らを少数に追い込むことにとどまらず、非改選議席を含めた参議院全体で少数に追い込み、与野党逆転をかちとろうという目標であります。

それをやりきるカギは二つです。一つは、市民と野党の「本気の共闘」の成功です。来年改選となる全国32の1人区のうち自民党は31議席を持っています。「本気の共闘」をつくりだすことができれば、大規模な変動が可能となります。いま一つは、日本共産党の躍進であります。その軸となるのは「850万票、15％以上」の比例目標をやりぬき、比例で7人以上の当選をかちとることです。それと一体に、選挙区では現有3議席を絶対に守り抜き、議席増をめざしてたたかいます。

「共闘勝利プラス共産躍進」によって、自公とその補完勢力を参議院で少数に追い込む。そうなれば、衆参の間に「ねじれ」をつくりだし、政局の主導権を野党が握ることができます。野党が主導して、解散・総選挙に追い込み、衆議院でも自公とその補完勢力を少数に転落させ、野党連合政権に道を開く。そのことに本気になって挑戦する選挙にしていくことを、私は、心から呼びかけたいと思い

ます。

自民党政治を終わらせ、政権交代をはかる――この大志をもってたたかおう

安倍政治があらゆる面で大破たんに陥っており、一刻も早く退場させなければならないことは冒頭に訴えた通りであります。同時に、安倍政権を倒しても、自民党の中での「内閣たらいまわし」ですませるわけには断じていきません。強権と堕落の安倍政権を6年も支えてきたという点では、自民党も同罪ではありませんか。

自民党政治そのものを終わらせて、本当の意味での政権交代をはかる――この大志をもってたたかうことが、いまの政治の閉塞《へいそく》打破を願う多くの国民の思いにこたえる道ではないでしょうか。参議院選挙をその第一歩にしていこうではありませんか。

連続選挙にのぞむ基本的構え――二つの構えを一体的に貫く

統一地方選挙と参議院選挙が連続してたたかわれるのは、12年ぶりのことになります。連続選挙にどういう基本的構えでのぞむか。二つの構えを一体的に貫くことを訴えます。

統一地方選で前進・躍進をかちとることを党活動の前面にすえる

第一は、統一地方選挙があと5カ月に迫るもとで、最初の関門となる統一地方選挙で日本共産党の前進・躍進をかちとることを党活動の前面にすえ、勝利にむけてやるべきことをやりぬくことであり

ます。

前回の統一地方選でわが党は、前・後半戦ともに躍進し、都道府県議空白をなくすという党史上初の快挙をなしとげました。この地歩を守り、さらに前進・躍進をかちとることは容易なことではありませんが、この関門を突破するなら大きな展望が開けてきます。

統一地方選で党の躍進をかちとることができれば、それぞれの自治体で福祉と暮らしを守る力を大きくすることはもとより、直後に行われる参院選での党躍進への流れ、勢いをつくりだすことができます。同時にそれは、参院選での市民と野党の共闘を成功させる大きな力となるでしょう。

段階論に陥らず「比例を軸」にすえた参院選での躍進を一貫して追求する

第二は、「参院選は統一地方選が終わってから」という段階論に絶対に陥ることなく、「比例を軸」にすえた参院選での躍進を一貫して追求することであります。

各党は、統一地方選を、参議院選挙の前哨戦と位置づけ、統一地方選と参院選を一体にした取り組みを激しく展開しています。そのときに、わが党が、「参院選は統一地方選が終わってから」という段階論に陥ったら、わが党の活動が狭い受け身のものに陥り、統一地方選での勝利も、参院選での勝利も両方ともにのがすことになってしまいます。

「比例を軸」にすえた参議院選挙での躍進を、統一地方選挙の取り組みと同時並行で、一貫して追求してこそ、連続選挙での勝利の道が開かれます。このことを肝に銘じて奮闘しようではありませんか。

4中総決定では、得票目標について、「統一地方選でも、参院選でも、『850万票、15%以上』に見合う目標に一本化し、これに一貫して挑戦しよう」と提起しました。「二重目標に陥らず得票目標を一本化する」――この点を、名実ともに貫いてたたかうことを重ねて訴えるものです。

参院選での市民と野党の共闘――政党間の真剣な協議を呼びかける

安倍政権の命運は、野党が「本気の共闘」をするかどうかにかかっている

参院選での市民と野党の共闘について報告します。

総選挙後、市民と野党の共闘は重要な前進を記録しています。今年の通常国会では、野党5党1会派による国会共闘が画期的に発展し、政権を追い詰め、多くの成果をかちとりました。原発問題や、沖縄米軍基地問題などで、野党間の政策的合意が広がったことも重要な前進であります。

何よりも沖縄県知事選挙は、野党が、大義のもとに一つにまとまり、心一つにたたかえば、安倍政権を打ち破ることができることを示しました。この流れを、参院選では、全国に広げようではありませんか。安倍政権の命運は、ひとえに野党の対応――野党が「本気の共闘」をするかどうかにかかっている、野党が本気で結束すれば安倍政権の命運を断つことができることを、私は強調したいと思うのであります。

日本共産党は、参議院選挙において、全国32の1人区で、今度こそ「本気の共闘」――①豊かで魅力ある共通公約をつくる、②本格的な相互推薦・相互支援を行う、③政権問題で前向きの合意をめざす――この3点をふまえた「本気の共闘」を実現するために全力をあげます。複数区と比例区では、

わが党は、他の野党と競い合ってたたかい、自公とその補完勢力に打ち勝つという方針でのぞみます。32の1人区で「本気の共闘」が実現すれば、そのうねりは複数区、比例区にも連動し、安倍政権を大敗に追い込むことが必ずできるでしょう。それは野党の国民に対する責任であります。

「共闘」に対する考え方をぶつけ合う政党間の率直で真剣な協議を

参議院選挙にむけて、この間、各野党が、「1人区では候補者の一本化が必要」という点で足並みがそろったことは重要であります。

同時に、単なる「すみわけ」にとどまるのではなく、「本気の共闘」にしていくためには、市民連合のみなさんと緊密に協力しつつ、政党が責任をもって政党間の真剣な協議を行うことがどうしても必要です。

「一本化」に対する考え方、「共闘」に対する考え方は、それぞれの野党で異なる点もあるでしょうが、それをぶつけ合うことも含めて、政党間の率直で真剣な協議をすみやかに開始しようではありませんか。そのことを心から呼びかけたいと思います。

1人区の予定候補者は、自らが「野党統一候補」になる構えで奮闘を

ここで、すべての1人区の日本共産党の予定候補者、それを支える党組織のみなさんに訴えます。野党共闘の協議の「様子見」にならないで、日本共産党公認候補としての誇りをもって、遠慮は決してしないで、自らが「野党統一候補」になる構えで、元気いっぱい躍進の先頭に立っていただきたい。そのことが、日本共産党の躍進にとっても、市民と野党の共闘の前進にとっても大きな力となる

ことを、熱い連帯のエールをこめて訴えたいと思うのであります。

統一地方選——地方政治の現状と、たたかいの基本的な構え

安倍政権の〝地方壊し〟に自治体がどう立ち向かうかが大争点

次に地方政治の現状と、統一地方選挙にのぞむ基本的な構えについて報告します。

安倍自公政権は、地方政治に対して、「国際競争力」の名のもとに、大都市圏環状道路、国際戦略港湾、国際拠点空港の整備などを押し付けています。多くの自治体で、不要不急の大型事業、大規模開発が大問題となっています。また、一連の自治体で、カジノ誘致が大問題になっています。

その一方で、医療や介護など福祉施策の後退が、多くの自治体で深刻な問題となっています。安倍政権が強行した「国保の都道府県化」は、国保料（税）のさらなる大幅引き上げの危険をつくりだしています。中枢中核都市に集中投資して近隣市町村をさびれさせる「広域連携」、都市部での中心市街地への開発と立地の集中、公共施設の統廃合、上下水道の広域化と民間委託の押し付けなども、住民の暮らしへの深刻な打撃となっています。

安倍自公政権がやっていることは、「地方創生」どころか、「住民の福祉のための機関」としての自治体の機能を破壊する〝地方壊し〟の政治にほかなりません。

こうした政治に自治体がどう立ち向かうか——政府の出先機関のような役割を果たすか、それとも「住民の福祉を守る」という自治体本来の役割を果たすかが、統一地方選挙の大きな争点であります。

「自公対日本共産党」を対決構図の基本にすえ、政策・実績・役割を押し出す

こうしたもとで地方政治における政党状況はどうなっているでしょうか。国政課題については、国政野党のみなさんと、地方議員の段階でも、全国各地でさまざまな共同の広がりが生まれていることは重要であります。同時に、地方政治においては、都道府県、政令市、県庁所在地をはじめ地方自治体の大多数で、依然としてわが党をのぞく「オール与党」政治が継続しているというのが実態であります。

そうしたもとで、統一地方選挙では、「自民・公明対日本共産党」を対決構図の基本にすえ、日本共産党地方議員（団）の政策・実績・役割を押し出すことを、政治論戦の基調にして大いにたたかいます。

全国で2770人のわが党議員団は、住民の利益を守る立場から行政をチェックするとともに、住民要求を議会にとどけ、子どもの医療費無料化の拡大、学校給食の無償化、国保料の抑制など、政治を動かす成果を住民運動との共同でかちとっています。前回の統一地方選挙で、すべての都道府県議会で空白を克服したことは、災害救援への対応、住民要求実現、議会の民主的運営などの点で、様変わりの状況をつくっています。そうしたわが党議員団の宝の値打ちを大いに押し出して、激戦を勝ち抜こうではありませんか。

なお、国政における共闘が発展するもとで、自治体レベルでもまだ部分的ですが野党共闘につながるさまざまな動きが起こっています。それぞれの自治体のあり方を「住民が主人公」の方向に転換させる政策的一致が得られた場合には、共闘の実現にむけて積極的に対応するようにします。

選挙戦をどうたたかうか（1）――選挙勝利のための独自の諸課題の推進を

選挙戦をどうたたかうか。二つの角度から訴えをしたいと思います。

一つは、来年の連続選挙勝利のための独自の諸課題を推進することです。選挙勝利のための臨戦態勢をただちに確立し、勝利のためにやるべきことを、やるべき期日までにやりぬく取り組みに、ただちにとりかかることを強く呼びかけるものです。

その大前提として、すべての予定候補者を一刻も早く決めるようにしたいと思います。候補者決定で苦労されているところも少なくないと思いますが、いまいる同志のなかで、移住も含めて、最良の同志に候補者になってもらうよう、みんなでよく話し合う――この立場でいそいで力をつくすことが大切であります。

選挙勝利のための独自の諸課題では次の諸点をやり抜くことを訴えます。

――すべての支部・グループが、生きた政治目標、「850万票、15％以上」にそくした得票目標を決め、それを達成することをあらゆる党活動の軸にすえ、日常的・意識的に追求しましょう。

――草の根の要求実現の運動の先頭に立ち、国民との結びつきを豊かに広げながら、選挙をたたかいましょう。国政の諸課題とともに、日常的な地域、職場、学園の要求実現の運動に参加し、先頭に立って奮闘しましょう。

――全有権者を対象とした大量宣伝を日常化し、強化しましょう。伝えたい相手に敬意をもち、生きた言葉で語りかけ、対等な目線で語り合うという姿勢を大切にしましょう。インターネット・

ＳＮＳでの発信・活用をさらに抜本的に強化しましょう。

――結びつき・つながりを生かして対話・支持拡大運動をすすめる「選挙革命」を大規模に発展させましょう。「マイ名簿」「声の全戸訪問」「折り入って作戦」など、試されずみの活動に大いに取り組みましょう。

――「市民・国民とともにたたかう」壮大な選挙戦に挑戦しましょう。日本共産党後援会の活動を、いまわが党に注目をよせ応援しようという人々が、参加しやすい活動へと改善するとともに、後援会員のみなさんとの温かい結びつきを政治的にも人間的にも強め、抜本的に強化しましょう。

「ＪＣＰサポーター」の取り組みを成功させましょう。

――「綱領を語り、日本の未来を語り合う集い」を選挙活動、党活動全体を発展させる推進軸と位置づけ、日本列島の津々浦々で開きましょう。党創立記念講演（ダイジェスト）ＤＶＤも使い、日本共産党を丸ごと知っていただき、積極的支持者を日常的に増やす活動を、「集い」を軸に大いに進めましょう。

――選挙をたたかう募金を広く訴えてたたかいましょう。財政面でも市民・国民とともにたたかう選挙にしていこうではありませんか。

やるべきことは明瞭です。問題はやることです。ぜひこの中央委員会で〝ギアチェンジ〟をして、「いよいよ選挙態勢だ」というところに切り替えて、やるべきことをやり抜くことを心から訴えたいと思います。

選挙戦をどうたたかうか（2）――「3割増」に挑戦、党勢の上げ潮のなかで勝利を

二つ目に訴えたいのは、選挙戦のなかでこそ党勢拡大をということです。選挙勝利のために全有権者規模の宣伝・対話に取り組み、日本共産党の風を大いに吹かせながら、それと一体に党員拡大を根幹とした党勢拡大を前進・飛躍させ、党勢の大きな上げ潮のなかで連続選挙の勝利をつかむことを訴えます。

「特別月間」の取り組みの結果――連続後退から前進へ転じた

6月11日に開催した第4回中央委員会総会が提起した「参議院選挙・統一地方選挙躍進 党勢拡大特別月間」の取り組みによって、4カ月で、新たな入党承認で4355人、「しんぶん赤旗」読者は、日刊紙で844人増、日曜版で6691人増、電子版（日刊紙）が2000人を超えて新しい層に広がり、あわせて約1万人の読者が増えました。『女性のひろば』は党大会時から21カ月連続の増勢で、5000人強の読者増となりました。

「特別月間」の目標は、全党的には達成できませんでしたが、党勢の連続後退から前進へと転ずることができたことは貴重な成果であります。党創立記念講演などを力に、党綱領を学び、党綱領を語って党勢拡大を前進させる機運が強まったことは重要であります。昨日の幹部会でも、目標を達成できなかったことは今後の課題ですが、今後につながるいろいろな発展の〝芽〟をつくったということが語られました。

全党の同志のみなさんは、記録的な猛暑、災害への救援などの条件のもとで大奮闘されました。沖縄県・翁長前知事の急逝にともなう県知事選挙にさいしては、全党が、沖縄県知事選勝利と「特別月間」成功を「二大課題」としてたたかいました。私は、幹部会を代表して、全党の同志のみなさんの大奮闘に心からの敬意と感謝を申し上げるものです。また、新たに入党された同志のみなさんに、心からの祝福と歓迎のメッセージを送ります。

なぜ「3割増以上」か――この間の全国選挙の最大の教訓

「特別月間」で開始された党勢の前進の流れを、絶対に中断させることなく、来年の連続選挙にむけて、持続的に発展・飛躍させることが強く求められます。党勢拡大の目標については、来年の参議院選挙を「前回参院選時比3割増以上」の党勢でたたかうという4中総で決めた目標を断固堅持して実現をめざして奮闘することを呼びかけます。そのさい、前回参院選時回復・突破をいつまでにやり切るかを、「3割増」に向かう「中間目標」としてそれぞれの党組織ごとに決めるようにしたいと思います。

なぜ「3割増以上」か。この間の選挙戦の教訓に照らしても、その意義は明瞭であります。わが党は、2013年参院選、14年総選挙、15年統一地方選挙などで躍進をかちとりました。これらの一連の躍進は、全国の党員と後援会員の大奮闘のたまものですが、同時に、わが党をとりまく客観的条件が有利に働いたという面もありました。私たちは「この結果は実力以上のもの」と総括しました。2017年総選挙は、突然の逆流から共闘をかろうじて守り発展させることができましたが、党は悔しい後退をきっしました。その最大の教訓は自力の不足にありました。野党共闘の時代という新しい情勢を切り開くためには、またどんな難しい条件のもとでも党の前進・躍進をかちとるためには、党の自力をつけることがどうしても必要であります。そのことを、この間の一連の選挙戦の最大の教訓として肝に銘じ、「3割増以上」に挑戦しようではありませんか。

「3割増以上」をどうやりとげるか――「特別月間」の教訓を全党のものに

党勢の「3割増以上」をいかにしてやりとげるか。これは一部の党組織の先進的奮闘だけでは達成することはできません。法則的な党建設の流れを、全支部、全党員のものにすることが必要です。党中央として、「特別月間」の取り組みから教訓をひきだす作業を重ねてきましたが、そこで浮びあがってきたことは、第27回党大会決定が明らかにした党建設発展の方向にこそ、強く大きな党をつくる大道があるということでした。

――一つは、支部を直接指導・援助する地区委員会活動を強化することです。「特別月間」で先進的役割を果たした地区委員会では、参院選、統一地方選の政治目標、得票目標、党勢の「3割増以上」の目標について、繰り返し本音で、得心がいくまで議論し、地区党全体のものにしています。地区委員会が支部に入り、ともに実践し、「対象者がいない」「迎えても育てられない」「配達・集金ができない」などの悩みを乗り越える援助を行っています。すべての地区役員、地方議員・候補者が力を発揮できるよう、民主的な機関運営の努力を強め、チームワークの力が発揮されています。

――二つは、「楽しく元気の出る支部会議」を広げ定着させることです。こうした努力を払っている支部では、支部活動自体の魅力が、党員を増やす大きな力となっています。また、支部会議で、結びついている友人、知人の願いを語り、出し合うなかで、「対象者がいない」などの悩みが前向きに解決されています。さらに、迎えた新入党員が、新入党員教育を修了し、「党生活確立の3原則」にもとづいて生きいきと活動する保障となっています。「楽しく元気の出る支部会議」に取り組んでいる支部では、短期間に、党員を3人、5人と迎えている支部も少なくありません。こうした支部を全党に広げるために、たゆまず努力しようではありませんか。

——三つは、労働者階級、若い世代のなかでの党づくりという点では、党機関とその長が、いかなるときでもこの課題を握って離さない断固たるイニシアチブを発揮することが決定的に重要であります。東京では、民青同盟拡大がとりわけ学生分野で大きく前進しました。その要因はさまざまですが、党大会後の都党会議で、都委員長を責任者とする学生対策会議を立ち上げ、大学が多いか学生支部のある10地区を対象に、各地区委員長、都青年学生部、民青都委員長が参加し、昨年2月から毎月第2火曜日に会議を続けています。こうした機関の長を先頭にしたイニシアチブが前向きの変化をつくり出しています。職場支部でも、党機関のイニシアチブで、「2018年職場問題学習・交流講座」の内容を力に、労働者のなかでの党づくりで新たな前進をつくっている経験が生まれています。先進的経験に大いに学びたいと思います。

統一地方選挙、参議院選挙を、党勢拡大の大きな高揚のなかでたたかい、今度こそ「党を強く大きくして選挙に勝った」という総括ができるよう、お互いにあらゆる知恵と力をつくそうではありませんか。

「しんぶん赤旗」の安定的な発行のために協力を訴える

最後に一つ、訴えをします。「しんぶん赤旗」は、この間の部数減による赤字の拡大、編集体制の弱まりの両面から、安定的に発行を続けることに困難が生まれています。今日の情勢のもとで「しんぶん赤旗」が果たしているかけがえのない役割にてらしても、その安定的な発行を全党の力で保障することが必要です。この面からも、「赤旗」読者の拡大を位置づけるとともに、各都道府県から「赤旗」記者に応募する同志を送っていただくことを心から訴えるものであります。

4、選挙必勝への臨戦態勢をただちに確立し、打って出よう

報告の最後に、党支部も党機関も、選挙勝利をめざして、特別の臨戦態勢をただちに確立し、国民のなかに打って出ることを、強く訴えるものです。

党支部にとって臨戦態勢をつくるとは、週1回の「楽しく元気の出る支部会議」の開催を軸に、すべての党員が活動に参加できるように、温かい人間的連帯で結ばれた連絡・連帯網をつくることであります。

党機関にとって臨戦態勢を確立するとは、県・地区機関の指導体制を維持しながら、統一選対と候補者ごとの個別選対の体制確立をはかり、すべての支部に援助の手がとどくように、非常勤の役員、ベテラン党員、選挙ボランティアなど、党のもつあらゆる潜在的な力を総結集することであります。そういう全党決起のための特別の臨戦態勢をただちに確立することを心から訴えます。

今年から来年にかけてのたたかいは、憲法9条改憲を許すかどうかを最大の焦点として、日本の命運がかかった歴史的たたかいとなります。

全国すべての同志のみなさんが、後援会員のみなさんと手を携えて立ち上がり、統一地方選挙と参議院選挙で必ず連続勝利をつかもうではありませんか。大破たんした安倍政治を終わらせて、希望ある新しい政治をつくるために、一人ひとりの持てる力を発揮して元気いっぱいたたかいぬくことを熱く訴えて、報告といたします。

（「しんぶん赤旗」２０１８年10月15日付）

志位委員長の結語

討論でも、全国からの感想でも、幹部会報告はきわめて積極的に受けとめられた

みなさん、2日間の会議、お疲れさまでした。私は、幹部会を代表して、討論の結語を行います。

2日間で、56人の同志が発言しました。たいへん明るく、充実した討論となったと思います。全国ではリアルタイムの視聴が1万8045人、730人から感想文が寄せられています。「沖縄県知事選の勝利、感動がまるで地響きのように伝わってきた」、「ギアチェンジ！『統一地方選と参院選を沖縄のようにたたかおう！』を合言葉に勇躍したい！」など、心強い反応がたくさん返ってきています。討論でも、全国からの感想でも、幹部会報告はきわめて積極的に受けとめられています。

討論では、参院選の比例、選挙区予定候補のそれぞれから、先頭に立って奮闘する素晴らしい決意表明が行われました。参院選1人区で自らが「野党統一候補」になる構えでたたかうという堂々たる発言も行われました。

討論では、県・府議会議員の同志10人から発言がありました。これだけ地方議員の中央役員からまとまって発言があったのは、これまでにないことです。どれも意気高いものでした。ある県議の同志は、「定数が3から2に減らされたが、これをピンチととらえるか、チャンスととらえるか。沖縄の勝利にあらわれた情勢の変化をよくつかみ、2人区になったことで新たに生まれる条件と可能性をくみつくすならば、議席を守ることは十分可能だ」と、〝定数減なにするものぞ〟という気概ある発言をしました。地方議員のみなさんの発言は、全体として、住民の願いによりそって活動し、政治を動かす日本共産党地方議員団の値打ちを討論を通じて生き生きと示したと思います。

沖縄への断固たる連帯――日本共産党の歴史と綱領を土台にしたもの

沖縄県知事選挙での歴史的勝利に、討論の全体を通じて喜びと確信がはじけました。多くの同志が、沖縄の勝利によって、「安倍政権はなぜ倒せないか」というモヤモヤが一掃され、「沖縄のようにたたかえば勝てる」という確信に変わったと発言しました。

沖縄の勝利は、一地方自治体の勝利にとどまらず、日本の政治情勢全体の潮目の変化となる歴史的勝利であります。この勝利があったからこそ、私たちは「安倍政治の大破たん」という告発を、この総会でもできたのであります。

沖縄・鶴渕《つるぶち》県委員長代理は、全国の党組織による沖縄への支援活動に、感謝をのべるとともに、その根本には綱領の立場があると語りましたが、私もその通りだと思います。

日本共産党の全国の党組織は、沖縄のたたかいを、文字通り自らのたたかいとして、党をあげて心一つにたたかいました。討論では、「自分たちの選挙以上にテレデータでの支持拡大を必死になって行った」という経験も語られましたが、まさに自らの選挙としてこの歴史的政治戦をたたかったのであります。

私が、強調したいのは、日本共産党の沖縄のたたかいへの断固たる連帯の立場は、わが党の歴史、綱領を土台にしたものだということです。

歴史という点では、戦後、沖縄では島ぐるみの基地闘争が連綿と続いてきましたが、日本共産党は一貫して連帯の闘争を続けてきました。1950年代の島ぐるみの土地闘争、60年代の祖国復帰闘争、95年の少女暴行事件をきっかけにした「基地のない沖縄」をめざす島ぐるみの闘争、この間の「建白書」実現をめざす「オール沖縄」のたたかい、そのすべてにおいて、日本共産党は、沖縄の党組織が沖縄人民党だった時代から、戦後一貫して、沖縄の問題を日本全体の問題として、断固たる連帯のたたかいを行ってきました。

さらに綱領という点では、わが党は、綱領で、沖縄問題について次のように明記しています。

「わが国には、戦争直後の全面占領の時期につくられたアメリカ軍事基地の大きな部分が、半世紀を経ていまだに全国に配備され続けている。なかでも、敗戦直後に日本本土から切り離されて米軍の占領下におかれ、サンフランシスコ平和条約でも占領支配の継続が規定された沖縄は、アジア最大の軍事基地とされている。沖縄県民を先頭にした国民的なたたかいのなかで、一九七二年、施政権返還がかちとられたが、米軍基地の実態は基本的に変わらず、沖縄県民は、米軍基地のただなかでの生活を余儀なくされている」

このように沖縄問題を、対米従属の根本問題として位置づけ、これを打破する改革を、わが党は綱領的課題としているのであります。

こういう歴史と綱領をもつ党だからこそ、「オール沖縄」の勝利のために、党をあげて連帯するたたかいを展開することができたし、その勝利に貢献することができた。そのことを全党の誇りにして、引き続き沖縄のたたかいへの連帯と支援を強める決意を固めあおうではありませんか。

「ギアチェンジ」――統一地方選まで5カ月、参院選まで8カ月にふさわしい活動に

討論では、「ギアチェンジ」が一つの合言葉となりました。

統一地方選挙まで5カ月、参議院選挙まで8カ月という時点にたって、この二つの全国選挙の連続勝利にむけて、私たちの活動の「ギアチェンジ」を行おうということが、この総会の最大の主題であります。

「ギアチェンジ」という場合、それは二重に求められています。

第一の「ギアチェンジ」は、党勢拡大に力を集中する「特別月間」から、選挙勝利に向けて全有権者規模の宣伝・対話をはじめ独自の諸課題をやりぬく、そのために特別の臨戦態勢をとる、そうした本格的な選挙態勢に移行するということです。党勢拡大は、全有権者規模での働きかけを行い、日本共産党の元気いっぱいの勢いをしめし、風を大いに吹かせるなかで、それと一体に前進・飛躍させる。いわば「選挙型の党勢拡大」をやろうということが、幹部会報告の提起であります。

第二の「ギアチェンジ」は、連続選挙にのぞむ基本的構えにかかわる問題です。3月の都道府県委

員長会議では、「参院選、とくに比例代表での躍進を前面に、統一地方選挙勝利に必要な課題をやりぬく」と提起しました。これは適切な提起だったと考えますが、統一地方選まで5カ月、参院選まで8カ月という時点にたって、ここでも「ギアチェンジ」が必要だというのが、幹部会報告の提起であります。

報告でのべたように、第一に、「最初の関門となる統一地方選挙で日本共産党の前進・躍進をかちとることを党活動の前面にすえ、勝利にむけてやるべきことをやりぬく」ことが必要です。統一地方選まであと5カ月。文字通り間近に迫りました。統一地方選勝利のためには、やるべき独自の課題がありますその到達点をみるならば、率直にいってこれからというものが多いわけです。予定候補者をすべて決めきるということも、いま力を込めて突破しなければならない重大な課題であります。こういう理由から、いま統一地方選を前面にすえた活動への「チェンジ」が必要と判断しました。

同時に、第二に、報告では、『参院選は統一地方選が終わってから』という段階論に絶対に陥ることなく、『比例を軸』にすえた参院選での躍進を一貫して追求する」ことを強調しました。また得票目標についても、「二重目標に陥らず、『850万票、15%以上』に見合う目標に一本化」することを重ねて強調しました。比例代表選挙は「軸」――すべての活動の中心であるということ、「段階論」に陥らないこと、「得票目標を一本化する」ことは、いささかも変わりはありません。

実は一昨日の幹部会の討論で、「そうはいっても段階論に陥ってしまうことが心配だ。どうしたらいいか」という率直な意見も出されました。

こうした心配に対しては、「段階論」に陥らず、「比例が軸」にすわっているかどうかは、ただ言葉のうえで「比例を軸」ということを繰り返すだけではなく、実際の活動で試されるということを強調したいと思います。たとえば――すべての支部・グループ、党機関で、得票目標を「850万票、15%以上」で一本化し、それを達成することをあらゆる党活動の軸にすえ、日常的・意識的な追求がなされているか。

――宣伝、対話・支持拡大、「集い」などの活動の中身が、日本共産党の綱領・歴史・理念などを丸ごと知っていただき、積極的支持者――「日本共産党だから支持する」という支持者を増やす活動になっているか。

――参議院選挙を「前回時比3割増以上」の党勢でたたかうという目標を、本気の目標にすえて、正面から挑戦しているか。

――選挙活動が、狭く統一地方選挙をたたかう党組織を中心とした活動でなく――統一地方選挙をたたかう党組織は全体の半分程度だと思います――、すべての党組織の活動になっているか。

つねにこれらの点で、自らの活動の自己点検を行おうではありませんか。統一地方選挙を「前面」にすえつつ、「比例を軸に」した参院選躍進をめざす活動を一貫して追求し、二つの全国選挙での連続勝利を必ずかちとろうではありませんか。

統一地方選挙での論戦――「自民・公明対日本共産党」を対決構図の基本にすえる

次に連続選挙をたたかう政治的訴えについてのべます。

統一地方選挙でどういう論戦をやるか。

幹部会報告では、「統一地方選挙では、『自民・公明対日本共産党』を対決構図の基本にすえ、日本共産党地方議員（団）の政策・実績・役割を押し出すことを、政治論戦の基調にして大いにたたかいます」とのべました。討論では、こうした訴えの重要性について、いろいろな角度から深められました。

なぜ「自民・公明対日本共産党」という対決構図を押し出すか。

地方政治では多くの自治体でわが党をのぞく「オール与党」となっています。同時に、国政では、わが党は、自治体では「オール与党」のなかにある国政野党とも共闘を追求しています。そういう状況のなかで、自公と同列において国政野党を批判したら、共闘を真剣に追求するわが党の立場が誤解されることにもなりかねません。

有権者は、統一地方選挙で、地方政治だけでなく、国政を含めて政党選択を行うでしょう。わが党の訴えも、国政での安倍・自公政権批判と一体に、自治体のあり方を転換しよう、そのために日本共産党を伸ばしてほしいというものになると思います。この点からも自民・公明と国政野党とを同列において批判するのは適切ではないと思います。国政でも、地方政治でも、自公とその補完勢力に批判を集中し、日本共産党の値打ちを押し出すことを基本にたたかうことが、すっきりした、説得力のある訴えになると思います。またそういう訴えは、直後にたたかわれる参院選での訴えにも無理なく発展させていくことができると思います。

ただし、「オール与党」の実態について、情報提供のような適切な形で、有権者に伝えることは必要なことであります。それから、選挙戦が激烈になってきますと、わが党に対する攻撃がやられるということも起こり得る。そういう場合には、節度をもって反論することは当然のことであります。

この点では、昨年の都議選の教訓を生かしていただきたいと思います。わが党は、都議選の対決構図をズバリ「自公対日本共産党」と押し出し、党の値打ちを語り、都議選で共産党を躍進させることは国政での市民と野党の共闘の前進の力になるということも訴えました。幅広い市民団体のみなさんの支援もえて、躍進をかちとりました。この論戦上の教訓を統一地方選挙に生かすことが大切であります。

市民と野党の共闘——日本共産党躍進への流れをつくることが共闘の力に

次に市民と野党の共闘についてのべます。

幹部会報告では、1人区の共闘について、政党間で真剣な協議を行うことを呼びかけました。討論では、地方段階での共闘にむけた話し合いがさまざまな形で行われていることが報告されました。地方段階での話し合いは積極的にやってほしいと思います。

ただ、候補者を決めるには、あくまでも中央段階での政党間の協議が必要です。そうでなければ相互推薦・相互支援の共闘はできません。みなさんにお願いしたいのは、中央段階でそういう協議を大いに進めてほしいという声を、全国から各野党に寄せていただきたいということであります。

そして、今何よりも大切なのは、日本共産党自身が、比例でも、選挙区でも、元気いっぱい打って出て、躍進への流れをつくっていくことです。そのことが共闘を進めるうえでも一番の力になってくるということを強調したいと思います。

選挙戦のなかでの党勢拡大――「特別月間」でつかんだ発展の「芽」を生かして

次に選挙戦のなかでの党勢拡大についてのべます。

討論では「特別月間」の取り組みによって、今後につながる多くの「芽」、多くの「財産」をつくったということが、たいへん豊かに語られました。

福岡・内田書記長は、「特別月間」の最終盤に行われた鞍手《くらて》町議補欠選挙で定数2の壁を突破して勝利をかちとったこと、突然の選挙で勝利した根本に、前回の選挙時比120％に党員を増やして選挙をたたかったことがあることを報告しました。そして、これは鞍手町だけでなく、直鞍《ちょくあん》地区委員会全体で、前回参院選時比121％に党員を増やしていることを報告しました。直鞍地区委員長は、『130％の陣地でたたかえば勝利できる』という中央委員会の提起は本当にその通りだ」と語っていることも報告されました。この経験は、「3割増」の重要性、可能性を示したものとして、たいへんに重要であります。

長野・鮎沢委員長は、上小更埴《じょうしょうこうしょく》地区の経験を語りました。日刊紙で前回時を回復し、「月間」で32人の入党者を迎え、今月11人を迎え、目標達成にあと2人まで来たとのことでした。「変化したのは地区委員会のチームワークが発揮されているからです。地区委員長は地方議員ですが、前地区委員長が副委員長として専従として残り、専従の体制も厚くなりました。毎日のように日刊紙ルートでドラマを書いたニュースを発行し、7割の党員にニュースが届いています。機関が支部に足を運ぶ中での変化です」との報告でした。地区委員会の活動強化が変化をつくったという点で、たいへん教訓に富んだものでした。

東京の関口青年学生部長は、都委員会がイニシアチブをとって、青年学生党員と民青同盟員拡大の「特別期間」に取り組み、全都学生対策会議という地区委員長にも参加してもらう新しい機構を立ち上げ、交流と知恵だしを中心に毎月会議を系統的に開催してきている経験を語りました。地区委員長からは、学生にどう接していいか参考になる、いろいろな刺激を受けるなど歓迎されているとのことでした。そして、地区委員長が民青の学習会の講師をやる、進路をはじめ学生党員、同盟員の相談にのるなど、学生分野の前進に責任をもつようになっているとのことでした。こういう努力のなかで、大学単位の民青班、党支部がつぎつぎに結成されているとの報告でした。東京のこの経験、教訓は、ぜひとも全国に広げたいと考えるものです。

なお、民青同盟は、11月下旬に大会を開きます。民青同盟は倍加という目標を決めて、意気高い取り組みを開始しています。民青同盟の小山委員長も大会成功への決意を語りましたが、どうか各都道府県の民青同盟の組織が、自ら決めた目標をやり切って大会を迎えられるよう、親身な援助を行っていただくことを訴えるものです。

この総会で報告された「特別月間」の教訓は、非常に豊かなものでした。結語でその全体を再現することはできません。中央として、「しんぶん赤旗」に教訓を生き生きとまとめて紹介し、全党の財産にするようにしたいと思います。

この4カ月、全党が努力を重ねた「特別月間」を通じて、全党に素晴らしい発展の「芽」が生まれています。これらを今後に必ず生かし、「3割増」に本気で挑戦し、党勢拡大の高揚のなかで連続選挙の勝利を必ずつかもうではありませんか。

5中総決定を一刻も早く全支部、全党員のものに

決定されるであろう5中総決定の全党員への徹底についてのべます。

情勢の潮目の歴史的変化が起こるもとで、党の躍進への方針を示したこの決定を一刻も早く全党のものにすることを強く訴えます。

指導的同志――都道府県・地区役員のみなさん、支部長・支部委員のみなさん、地方議員のみなさんは、2週間以内に5中総決定を読み、その中身を大いに語る先頭に立ちましょう。決定を全党員に届け、全党員が読了するためにあらゆる手だてをとりましょう。そして1カ月以内には、すべての支部で討議・具体化しようではありませんか。

首相が改憲・増税宣言――激しいたたかいが本格的にはじまる

最後に、今日、二つのニュースが入ってきました。

安倍首相は、今日、14日、行われた陸上自衛隊の観閲式で、自衛隊を憲法に書き込む改憲への決意を表明しました。常軌を逸した異常な暴走が止まりません。

それから明日（15日）、首相が、消費税率を2019年10月から予定通り10％に引き上げる方針を表明することが明らかになったと報道されています。

幹部会報告では、改憲と増税を許さないという断固たる決意を表明しましたが、まさに5中総で明

らかにした問題が国政の大争点となって、激しいたたかいが本格的に始まってきます。改憲も増税も絶対に許さない。国民運動の力、共闘の力、そして日本共産党の躍進によって、破たんした安倍政治を終わらせ、希望ある新しい政治をつくる決意をかためあって、結語とします。

（「しんぶん赤旗」２０１８年10月16日付）

第27回党大会

第6回中央委員会総会

2019年5月12日

第6回中央委員会総会について

２０１９年５月12日　日本共産党中央委員会書記局

日本共産党第６回中央委員会総会は５月12日、党本部で開かれた。中央委員１５８人、准中央委員49人が参加した。

一、総会では志位和夫幹部会委員長が幹部会報告を行った。報告は、統一地方選挙をふまえ、参議院選挙にどういう構えでのぞむのかを明らかにするとともに、政治論戦の「二つの力点」と選挙戦をたたかう宣伝・組織方針、「参議院選挙必勝作戦」を提起した。

一、総会では26人が討論に立ち、報告の内容を深め、具体化・実践する決意を表明した。

一、志位和夫委員長が、幹部会を代表して討論の結語を行った。

一、総会は、報告・結語を全員一致で採択し、参院選勝利へ奮闘する決意を固めあって閉会した。

（「しんぶん赤旗」２０１９年５月13日付）

志位委員長の幹部会報告

中央役員のみなさん、インターネット中継をご覧の全国のみなさん、おはようございます。

私は、幹部会を代表して、第6回中央委員会総会への報告を行います。

まず冒頭に、4月の統一地方選挙で、日本共産党に支持を寄せていただいた有権者のみなさんに心からのお礼を申し上げるとともに、党躍進のために日夜奮闘された支持者、後援会員、党員のみなさんに感謝と連帯のあいさつを送ります。

日本の政治の命運を左右する参議院選挙は、想定される公示日・7月4日まで2カ月を切り、すでに各党がしのぎを削る大激戦となっています。

6中総の任務は、歴史的な参議院選挙での勝利にむけた全党の意思統一をはかることにあります。

1、統一地方選挙をふまえ、参議院選挙にどういう構えでのぞむか

報告の第一の主題は、統一地方選挙をふまえ、参議院選挙にどういう構えでのぞむかであります。

統一地方選の結果と参院選に生かすべき教訓

統一地方選挙のたたかいからどういう教訓を引き出すか。私は、「ただちに参議院選挙のたたかいに生かす」という角度から三つの点を強調したいと思います。

政治論戦の力に確信をもち、参院選にふさわしくさらに発展させる

第一は、政治論戦の力に確信をもって、さらに発展させることであります。

わが党は、昨年10月の第5回中央委員会総会、今年1月の全国都道府県・地区委員長会議の方針にもとづいて、統一地方選挙で、安倍政治への審判と地方政治の転換を掲げ、「消費税10％への増税を中止し、消費税に頼らない別の道にきりかえる」、「国保料（税）の値上げでなく値下げを」、「『住民福祉の増進』という自治体本来の姿を取り戻す」、「安倍9条改憲を許さず9条を生かした平和外交」など、政治を変える希望と展望を語りました。わが党の訴えは、論戦全体をリードし、有権者の願いや関心にかみあい、共感を広げました。

選挙後、都道府県委員長のみなさんから感想を寄せていただきましたが、それを読んでも、例外なくわが党が行った政治論戦についての確信が語られています。

参議院選挙は、政党の値打ちが丸ごと問われる比例代表選挙を軸にたたかうことになります。わが党の政治論戦の基本に深い確信をもちつつ、参院選、とくに比例代表選挙にふさわしい形でさらに発展させる努力をはかりたいと思います。

「議席の後退」と「前進・躍進への足がかり」の両面をリアルにとらえる

第二は、統一地方選挙の結果を、「議席の後退」という面と、「今後の前進・躍進にむけた足がかりをつくった」という面の両面でリアルにとらえ、参院選のたたかいにのぞむことであります。

統一地方選挙での日本共産党の獲得議席は、前回比でみると、道府県議選で111議席から99議席に、政令市議選で136議席から115議席に、区市町村議選で1088議席から998議席に、それぞれ減らす結果となりました。

同時に、1月の全国都道府県・地区委員長会議の報告では、統一地方選挙について、選挙戦の厳しさを強調しつつ、「17年10月の総選挙で獲得した440万票をベースにして850万票の目標に向けてどれだけ伸ばせるかのたたかいとなる」とのべました。この尺度で選挙戦の結果を見ることが重要であります。

総選挙比例票との比較で見ると、道府県議選では得票数で125%、得票率で154%、政令市議選では得票数で110%、得票率で132%、区市町村議選では得票数で92%、得票率で110%となりました。この全体をとらえるならば、「今後の前進・躍進にむけた足がかりをつくった」という

ことがいえます。この結果は、全国の支部と党員のみなさんの献身的な大奮闘のたまものでありま
す。

各党の獲得議席数で比較しますと、統一地方選の前半戦・後半戦の合計で、自民党が２４６３議席、公明党が１５５９議席、日本共産党が１２１２議席、立憲民主党が５０７議席、維新の会が２７１議席、国民民主党が２２９議席、社民党が94議席と、わが党は国政野党では第１党の地歩をしめました。これは地方政治と国政の民主的改革にとっても、今後の市民と野党の共闘の発展にとっても、重要な意義をもつものです。

議席の後退という事実は、参議院選挙で現有議席を確保して前進することが容易な仕事ではないことを示しています。この点をリアルに直視するとともに、全国の支部と党員のみなさんの大奮闘によって「今後の前進・躍進への足がかり」をつくったことに自信をもって参議院選挙にのぞむことを訴えたいと思います。

いまの自力で勝利をこじあける道――選挙の「担い手」を広げることに徹する

第三に、いまの党がもつ自力で勝利をこじあける道はどこにあるか。すべての支部と党員の決起をはかることを中心に、選挙の「担い手」を広げることに徹する。都道府県委員長のみなさんからの報告を見ても、ここに大きなカギがあることがのべられていることは重要であります。

統一地方選の前・後半戦を通じて議席を維持・前進させた埼玉県の荻原初男県委員長は、次のような感想を寄せています。「党の自力の問題を痛感した選挙だった。そのもとでどうしたら『担い手』を思い切って広げて、『支持者がみな立ち上がる選挙』にできるかとの努力を行ってきた。一つの支

部で800人の『担い手』をつくりだしたなど貴重な経験がたくさんつくられた。読者・後援会員が『担い手』としてみな立ち上がる選挙にすること以外に打開の道はないと思っている。支持者・読者・後援会員は支持拡大の対象ではなく、『担い手』の対象として早くから必要な働きかけを行う作戦を考えていきたい」

前・後半戦を通じて議席を増やした高知県の春名直章県委員長は、次のような報告を寄せています。「選挙戦のなかで後援会員、支持者の方々に『折り入って』のお願いをすることは、党の力量の弱さをカバーし、『担い手』を広げ、末広がりに支持を広げるたしかな力となった。今日的な選挙戦の軸に据えねばならないと痛感する」

これらは学ぶべき重要な教訓を語っていると思います。参議院選挙にむけて、党の自力そのものを強くする仕事にとりくみつつ、私たちのもつあらゆる可能性を生かし、選挙をともにたたかう「担い手」を広げに広げて勝利をつかむ――ここに勝利への活路を見いだして奮闘しようではありませんか。

参議院選挙の目標と構えについて

つぎに参議院選挙の目標と構えについて報告します。

情勢を大局でどうとらえるか――日本の命運がかかった歴史的な政治戦

まずのべたいのは、情勢の大局的なとらえ方と参議院選挙の歴史的意義についてであります。

参議院選挙にむかう今の情勢をどうとらえるか。

私は、情勢を大局でとらえるならば、国民のたたかいによって、安倍政権があらゆる面で追い詰められており、政治を変える希望は大いにあることを強調したいと思います。消費税10％への増税について、景気の悪化と国民の批判を受けて、政権・与党の中からも実施見送り論が出されるなど動揺が始まっています。憲法9条改定についても、安倍首相の思惑通りに事が運んでいません。原発にしがみつく政治は、原発輸出が惨めに大破綻し、コスト高騰でも行き詰まっています。沖縄の新基地建設に対して、衆院沖縄3区補選で〝トドメの審判〟がくだされました。「ウソと忖度《そんたく》の政治」がさまざまな形で噴き出し、国民の強い批判を招いています。そして、これらの国政の主要争点のどの問題でも、あらゆる世論調査で、安倍政治への反対が多数となっています。国民の世論と運動が、安倍政権を追い詰めてきた。ここに深い確信をもとうではありませんか。

同時に、情勢の反動的打開の危険を直視することが必要であります。安倍首相は、5月3日、憲法記念日に、日本会議系の改憲集会へのビデオメッセージで、「2020年を新しい憲法が施行される年にしたい」とのべました。首相側近の萩生田自民党幹事長代行は、9条改憲について、「（首相が）発信してもダメ、静かにしてもダメだったら、もうやるしかない」「新しい時代になったら、少しワイルドな憲法審査をすすめていかなければならない」と言い放ちました。安倍政権が国会での絶対多数を背景に、官僚組織やメディアにも強い支配力をもっていることを、直視しなければなりません。

行き詰まった安倍政権に退場の審判をくだし情勢を前向きに打開するか、反動的打開を許すか。参議院選挙は、まさに日本の命運がかかった歴史的な政治戦となります。参議院選挙を、市民と野党の共闘の勝利、日本共産党の躍進で、「安倍政治サヨナラ」の審判をくだし、希望ある新しい政治の扉を開く選挙にしていこうではありませんか。

参議院選挙にむかう市民と野党の共闘の現状と方針について

参議院選挙にむかう市民と野党の共闘の現状と方針について報告します。

私たちは、3中総決定で、「自民・公明とその補完勢力を少数に追い込む」ことを、わが党としての参院選の目標として確認しています。この目標を一貫して堅持して参議院選挙をたたかいぬきます。それをやりきる大きなカギの一つが、市民と野党の「本気の共闘」の成功であります。わが党は、昨年来、安倍政権打倒をめざし、全国32の1人区のすべてで野党統一候補を実現し、勝利をかちとる態勢をつくるために力をつくしてきました。

野党候補の一本化にあたって、わが党は、「一本化にあたっては、お互いに譲るべきは譲り、一方的対応を求めることはしない」、「単なる一本化にとどまらず、みんなで応援して、勝利をめざす」、「政党間で政策協議を加速させ、共通政策をつくる」、「政権問題での前向きの合意をめざす」——四つの原則的立場を表明していますが、この立場で最後まで力をつくします。「5月の連休明けの早い時期に決着をめざす」ことが野党間での合意であり、早期に32の1人区のすべてで野党統一候補を実現するために全力をつくします。

野党候補の一本化の合意が実現した場合、わが党が擁立した候補者で一本化が実現した選挙区では、共闘の輪を広げ、必勝のために責任をもってたたかいぬくことは当然であります。他の野党が擁立した候補者で一本化が実現した選挙区、無所属候補で一本化が実現した選挙区では、それぞれの選挙区の実情をふまえて、「みんなで応援して勝利をめざす」という立場で全力をあげます。

市民と野党の共闘にこそ政治を変える希望があります。安倍政権の暴走を支えている国会での絶対多数を打ち破るには、野党が力を合わせる以外に道はありません。

この共闘は、もともと安保法制＝戦争法に反対する国民・市民のたたかいのなかから生まれたものでした。それを前進させ、成功させる原動力は、国民・市民のたたかいにこそあります。参議院選挙にむけ、消費税10％中止を求める運動、安倍9条改憲反対の3000万人署名、原発ゼロをめざす運動、辺野古新基地を許さないたたかい、安保法制＝戦争法廃止の運動など、あらゆる分野での国民運動を発展させることが重要であります。

安倍政権を打倒し、希望ある新しい政治をつくるという大義に立って、市民と野党の「本気の共闘」を成功させるために、知恵と力をつくそうではありませんか。

厳しさを直視しつつ、前進・躍進の条件に確信をもって必ず勝利を

政治を変えるもう一つの、そして決定的なカギは日本共産党の躍進であります。

私たちは、5中総決定で、「比例を軸に」を貫き、「850万票、15％以上」の目標をやりぬき、比例で7人以上の当選をかちとること、それと一体に、選挙区では東京、京都、大阪の現有3議席を絶対に守りぬき、議席増をめざすことを、参院選の目標として確認しています。この目標を堅持し、正面から挑戦する決意を、第6回中央委員会総会の総意としてあらためて固めあいたいと思います。

私は、そのさい二つの点を強調したいと思います。

第一は、今回の参議院選挙で改選となる現有議席の確保――比例代表で5議席、選挙区で3議席を確保すること自体が、どちらも容易ではないことを肝に銘じてたたかいぬくことであります。今回改

選となる6年前の参議院選挙は、直前に行われた東京都議会議員選挙で、日本共産党が8議席から17議席への大躍進をとげるもと、躍進の流れのなかでたたかった選挙でした。今回の参院選は、統一地方選挙の結果にてらしても、これまでのとりくみの延長線上にとどまるならば、比例でも、選挙区でも、現有議席を後退させる危険があることを、私たちはリアルに直視しなければなりません。

第二は、前進・躍進の条件はあるということです。先ほど情勢の大局のとらえ方として、「安倍政権があらゆる面で追い詰められており、政治を変える希望は大いにある」とのべました。論戦においても、運動においても、安倍政治の矛盾の焦点をつき、打開の展望・希望を示し、追い詰めるたたかいの先頭に立ってきたのは日本共産党であります。安倍政治の矛盾が深まるなかで、政治への不安、政治を変えたいという願いが、国民のなかに抑えがたく広がっていることは間違いありません。この気持ちにこたえることができる政党は、日本共産党であります。

日本共産党は、3年8カ月前に、共闘の力で政治を変える新しい道に踏み出し、それ以降、市民と野党の共闘の成功のために、一貫して、誠実に力をつくしてきました。4月に行われた衆院補選では、沖縄3区の勝利に貢献するとともに、及ばなかった大阪12区のたたかいも、今後に生きる大きな財産をつくりました。共闘を通じて多くの新しい友人をつくり、新しい期待を広げていることは、6年前の参院選にはなかった新しい条件であります。

統一地方選挙で、「比例代表で850万票」の水準を達成、またはその水準に接近する得票を得た選挙区は、道府県議選で42選挙区、政令市議選で7選挙区、区市町村議選で26選挙区、合計で75選挙区生まれました。これらの先駆的奮闘は、「850万票、15％以上」という目標が、決して手の届かない目標ではないことを示しています。

厳しさを直視しつつ、前進・躍進の条件に確信をもって、「850万票、15％以上」に正面から挑戦し、参議院選挙での勝利を必ずかちとろうではありませんか。

複数選挙区でも1人区でも「比例を軸に」を揺るがず貫く

選挙戦をたたかううえで、「比例を軸に」を文字通り貫くことを訴えます。今回の参院選では、選挙区選挙では、複数定数区で日本共産党候補の勝利のためにたたかうとともに、1人区では野党統一候補の勝利のためにたたかうことになります。複数定数区でも1人区でも、「比例を軸に」を揺るがずに貫くことが重要であります。

比例代表で、日本共産党の前進・躍進の流れをつくり出してこそ、3現職区をはじめとする複数定数区での日本共産党候補の勝利、1人区での野党統一候補の勝利の道も開かれます。「比例を軸に」、「850万票、15％以上」に正面から挑戦することこそ、「安倍政治サヨナラ」の審判をくだし、希望ある新しい政治の扉を開く最大の力になることを強調したいと思います。

早期の解散の可能性――総選挙にのぞむ方針について

総選挙にのぞむ方針について報告します。

安倍政権が、追い詰められて早期の解散・総選挙に打って出る可能性が生まれています。そうなった場合には、正面から受けて立ち、衆議院でも自民・公明とその補完勢力を少数に追い込み、野党連合政権に道を開く選挙にするために全力をあげます。

衆議院選挙の予定候補者の擁立を進めます。中央として比例代表予定候補者の第1次分を発表しました。小選挙区では、与野党が競り合っているところを中心に、相互主義の立場で、野党候補一本化の協議を開始していきますが、現在の選挙制度のもとでわが党が比例代表で伸びるうえでも、小選挙区に一定数の候補者を擁立することは絶対に必要となります。中央と相談しつつ予定候補者の擁立を進めていただきたいと思います。

東日本大震災の被災3県の地方選挙について

6月から11月にかけて行われる東日本大震災の被災3県——岩手県、宮城県、福島県の地方選挙は、被災者の生活と生業《なりわい》を再建し、被災地の復興を進めるうえでも、被災地から安倍政治転換を求める声をあげていくうえでも、きわめて重要な選挙となります。日本共産党候補者の全員当選をかちとるために、全国からの支援を呼びかけます。

2、政治論戦の二つの力点(1)
——批判とともに希望を語ろう

報告の第二の主題は、政治論戦についてであります。

参議院選挙をたたかう政治論戦の基本は、昨年10月の5中総決定、今年1月の全国都道府県・地区委員長会議の報告で、すでに明らかにしています。6中総では、それらを前提にしつつ、政治論戦の「二つの力点」を提起したいと思います。

政治を変える本当に現実的な道はどこにあるか――明日への希望を語る選挙に

第一の力点は、「批判とともに希望を語ろう」ということであります。

国民のなかには、保守の人たちを含め、安倍政治に対する深い不安や不信が広範に存在しています。同時に、「それではどうしたらいいのか」という展望、希望が見えないという状況、閉塞感《へいそく》があることも事実だと思います。

そうしたもと、安倍政治に対する本質を突く批判はもとより大切であります。そのさい、「安倍政権だから悪い」といった〝結論先にありき〟ではなく、どこが問題かを事実と論理にもとづいて、また国民の要求とのかかわりで、明らかにしていく冷静な批判を心がけたいと思います。

同時に、安倍政治を終わらせて、どういう政治をつくるのか。日本の社会をどうしていくのか。この政治と社会を変える本当に現実的な道はどこにあるのか。国民の切実な願いにこたえて、日本共産党の対案を語り、希望を語ることが大切であります。国民の心に響く、わかりやすい言葉で、明日への希望を語る選挙にしていこうではありませんか。

参議院選挙政策は、しかるべき時期に発表できるように準備をしていますが、報告では重視すべき政治論戦の五つの争点についてのべたいと思います。

消費税10％増税中止、暮らしの明日に希望のもてる政治への切り替えを

第一は、消費税10％への大増税を中止し、暮らしの明日に希望のもてる政治へと切り替えることであります。

「景気悪化」のもとでの増税――前例のない無謀きわまる政策

「こんな経済情勢で増税を強行していいのか」という危惧、批判が広がっています。２０１４年の消費税８％への増税を契機に、家計消費は世帯あたり年25万円も落ち込み、働く人の実質賃金は年平均10万円も落ち込み、世界経済の減速も加わって、政府自身が景気悪化の可能性を否定できなくなっています。

これまで自民党政府は、消費税増税を3回行っていますが、どれも政府の景気判断としては「好景気」「回復期」の時期に実施されました。89年の消費税3％は「バブル経済」のさなかであり、97年の5％、14年の8％への増税も、政府の景気判断は「回復」というもとでのものでした。それでも5％、8％への増税は、どちらも消費不況の引き金を引く結果となりました。今回の10％への増税は、政府自身が景気悪化の可能性を認めるなかでのものであり、それを強行するならば、歴史的にも前例のない無謀きわまる政策となることを厳しく指摘しなければなりません。

米中貿易戦争が深刻化しています。世界経済の減速が進むなかで、米国、中国などは景気対策のための大型減税を実施しています。こうした中で5兆円もの大増税で家計の購買力を奪おうとしている

安倍政権の姿勢は、世界の流れにてらしても逆流であり、自滅行為というほかありません。

政権・与党の中からも動揺が始まりました。萩生田自民党幹事長代行は、7月1日に発表される6月の日銀短観が示す景況感次第で、増税実施の延期もあり得ると発言しました。萩生田氏は「まだ間に合う」とも発言しています。7月以降でも増税実施の見送りは可能だということを認めたのであります。

10％への増税は、今からでも止められます。「10月からの10％は中止せよ」の一点で大同団結し、参議院選挙で「増税ストップ」の審判をくだし、消費税10％を必ず止めようではありませんか。

「暮らしに希望を——三つの提案」を訴えてたたかう

いま求められているのは、家計を応援し、格差と貧困をただし、国民が暮らしの明日に希望のもてる政治への切り替えであります。日本共産党は、緊急の課題として、「暮らしに希望を——三つの提案」を訴えて参議院選挙をたたかいます。

第一の提案は、8時間働けばふつうに暮らせる社会をつくることです。中小企業への支援を抜本的に強めつつ、最低賃金をただちに全国一律1000円に引き上げ、1500円をめざします。残業代ゼロ制度を廃止し、「残業は週15時間、月45時間まで」と法律で規制します。労働者派遣法の抜本改正をはじめ非正規雇用労働者の正社員化をすすめます。政府の責任で介護や保育の労働者の月5万円の賃上げをはかります。

第二の提案は、暮らしを支える社会保障を築くことです。国民の暮らしを支えるべき社会保障が、暮らしを押しつぶすという現状を改革します。高すぎる国民健康保険料（税）のこれ以上の値上げを許さず、公費1兆円を投入して「均等割」「平等割」を廃止し、抜本的引き下げをはかります。国の制度として子どもの医療費の就学前までの無料化を実現します。マクロ経済スライドをやめて「減らない年金」を実現するとともに、低年金者全員に月5000円、年間6万円を給付する「底上げ」をはかります。低所得者の介護保険料を軽減します。安倍政権が行った生活保護削減を中止し、支給水準を回復します。障害者（児）福祉・医療の無料化をすすめます。

第三の提案は、**お金の心配なく学び、子育てができる社会**をつくることです。大学・専門学校の授業料をすみやかに半減し、段階的に無償化をはかります。低所得者に限定した政府案を見直し、70万人に月額3万円以上を支給する給付奨学金制度をつくるとともに、すべての奨学金を無利子化します。学校給食の無償化をはじめ憲法で定められている義務教育の完全無償化を実現します。「幼児教育・保育の無償化」を消費税に頼らずに実施するとともに、認可保育所の増設で待機児童を解消します。

以上が日本共産党の「暮らしに希望を――三つの提案」であります。「三つの提案」を実行することは、最も効果的な景気対策ともなり、日本経済の持続可能な成長をうながす本道ともなることを、強調したいと思います。

財源は「消費税に頼らない別の道」でまかなう

消費税10％を中止し、「三つの提案」をパッケージで実行するのに必要な財源は7・5兆円であります。

財源は、「消費税に頼らない別の道」でまかないます。大企業への優遇税制をあらため、中小企業なみの負担を求めます（4兆円）。富裕層優遇の証券税制をあらため、最高税率の引き上げをはかります（3・1兆円）。米軍への「思いやり予算」などを廃止します（0・4兆円）。以上の改革で7・5兆円の確保は十分に可能であります。

トランプ米大統領言いなりの高額の米国製武器の「爆買い」が大問題となっています。F35戦闘機を1機116億円やめただけで、保育所なら4000人分、特養ホームなら900人分、学校のエアコン設置なら4000教室が可能になります。「F35の『爆買い』をやめて、保育園、特養ホームの建設、学校の冷房化を」と訴えようではありませんか。

日米FTA交渉を中止し、農林水産業を地域経済の柱にすえる

4月26日に行われた日米首脳会談は、日米の新しい貿易交渉の加速を確認しましたが、そこでトランプ大統領は、農産物関税の撤廃を要求しました。「FTA（自由貿易協定）交渉でなく、TAG（日米物品貿易協定）交渉だ」などと国民をあざむき、経済主権、食料主権を売り渡す亡国の道を許してはなりません。

日本農業と食料に壊滅的打撃をもたらす日米FTA交渉の中止、食料主権を保障する貿易ルールの確立を強く求めます。農林水産業を地域経済の柱に位置づけ、国連が呼びかけた「家族農業の10年」を推進し、将来にむけて安心して農業に励める価格保障と所得補償を行うことを要求してたたかいます。

日本共産党の躍進で「暮らしに希望を」の訴えを広げに広げ、国民とともに希望ある新しい政治をつくる選挙にしていこうではありませんか。

安倍9条改憲を断念に追い込み、9条を生かした平和外交への切り替えをはかる

第二は、安倍政権による憲法9条改定を断念に追い込み、9条を生かした平和外交への切り替えをはかることであります。

自民党の9条改憲条文案の二つの大問題

安倍首相・自民党は、「2020年を新しい憲法が施行される年に」と公言し、参議院選挙で改憲問題を正面から掲げる姿勢を示しています。新天皇即位と改元で「新時代」到来のブームをあおり、それに乗せて改憲を進めるという、天皇の制度の最悪の政治利用を行っています。これを正面から迎え撃ち、打ち破る論戦とたたかいをすすめようではありませんか。

安倍9条改憲のどこが問題か。自民党がまとめた9条改憲の条文案は、その危険性を自ら告白するものとなっています。二つの大問題を指摘したいと思います。

第一に、自民党の条文案は、9条2項の後に、「前条の規定は、……自衛の措置をとることを妨げない」として自衛隊の保持を明記しています。「前条の規定は……妨げない」となると、9条、とくに2項の制約が、自衛隊に及ばなくなります。9条2項が残っていても、立ち枯れとなり、死文化してしまいます。海外での無制限の武力行使が可能になってしまいます。

第二に、自民党の条文案では、「自衛隊の行動」は「法律で定める」と書いています。これまで政府は、「自衛隊の行動」を憲法との関係で説明してきました。憲法との関係で、武力行使を目的にし

た海外派兵、集団的自衛権の行使、攻撃型空母や戦略爆撃機やＩＣＢＭなど相手国の壊滅的破壊のための武器の保有、徴兵制などは、「できない」と説明してきました。たとえ国会で多数を占めていても、「合憲性」を説明できないことは行えなかったのです。ところが、ひとたび自衛隊を憲法に明記し、あとは「法律で定める」とすれば、ときの多数党と政府が、法律さえ通せば、自衛隊の行動を無制限に拡大できるようになってしまいます。

安倍首相は「違憲論争に終止符を打つ」といいますが、自衛隊は違憲という批判があったからこそ、政府には、自衛隊が憲法に「適合」することを説明する責任が負わされ、それが海外派兵の一定の歯止めとなってきました。憲法によって自衛隊が「合憲化」されたとたんに、政府はそうした説明責任から解放され、海外派兵の歯止めは失われます。

これが自民党改憲案の本質であります。「戦争する国」への歯止めなき暴走を、絶対に許してはなりません。

安倍首相の改憲への執念はいささかも軽く見ることはできませんが、致命的弱点があります。それは、憲法で縛られるべき首相が、自ら改憲の旗振りをすること自体が、憲法違反であり、立憲主義の否定であるということであります。

「安倍政権による９条改憲を許さない」――この一点での共同を広げに広げ、参議院選挙で「安倍改憲サヨナラ」の審判をくだそうではありませんか。

９条を生かした平和外交で、北東アジアに平和の地域共同体を

いま求められているのは、憲法９条を生かした平和外交によって、地域と世界の平和に貢献する日

本をつくることであります。

昨年来、対話と交渉によって、朝鮮半島の非核化と平和体制の構築をめざす動きが起こっています。

2月のハノイでの第2回米朝首脳会談は、合意に至らなかったものの、米朝双方が会談は「建設的」と評価し、「協議を続ける」と表明しました。問題解決の道は、対話と交渉の継続しかありません。これに逆行し、国連安保理決議に違反する軍事的挑発は、厳につつしむべきであります。

わが党は、米朝双方に、昨年6月のシンガポール共同声明を具体化・履行するための真剣な協議を続けることを強く求めます。現在のこう着状態の打開のためには、米朝双方が、非核化と平和体制構築の目標を明確にした包括的合意をかわし、段階的に履行することが、最も合理的で現実的な道であります。

日本政府は、憲法9条の精神に立ち、2002年の日朝平壌宣言を基礎にすえて、この平和プロセスが前進するよう積極的にコミットすることこそ必要であります。

朝鮮半島の情勢の前向きの変化のもと、日本共産党が第26回党大会で提唱した「北東アジア平和協力構想」が現実性と重要性をましています。あらゆる紛争問題を、平和的な話し合いで解決することを参加国に義務づけるルールを土台に、ASEANのような平和の地域共同体をつくる――ここにこそ、北東アジアの平和と安定を保障する希望があることを、大いに語り広げようではありませんか。

原発ゼロの日本、再生可能エネルギーへの大転換を

第三は、原発ゼロの日本、再生可能エネルギーへの大転換をはかることであります。

安倍政権の原発にしがみつく政治は、いよいよ現実性を失い、未来はない

安倍政権の原発再稼働を推進し、原発にしがみつく政治は、いよいよ現実性を失い、未来がないことがいまや明らかとなっています。

原発輸出政策の惨めな破綻につづいて、「原発低コスト」論が破綻に陥っています。政府の資源エネルギー庁が3月に提出した資料では、「世界では……太陽光発電・陸上風力発電ともに、1キロワット時あたり10円未満での事業実施が可能になっている」と明記しました。政府のきわめて低い見積もりである原発の発電コスト1キロワット時あたり10・1円を下回りました。「原発の発電コストは安い」という主張を、政府自らが否定したのであります。

福島第1原発の事故処理のための費用は、すでに10兆円をこえ、この先どこまで膨らむかまったく見当もつきません。再稼働のための既存原発の「安全対策費」は電力会社11社で4・6兆円にもなり、電気料金・税金などを通じて国民の負担になります。10万年もの管理が必要な「核のゴミ」の処理費用は誰も算定できません。原発は産業としてもまったく未来はありません。これにしがみついて利益を得るのは、原発利益共同体に属するひとにぎりの巨大企業だけであります。参議院選挙で「原発サヨナラ」の審判をくだそうではありませんか。

世界の流れは、再生可能エネルギー・脱炭素にかじを切っている

すでに世界の流れは、再生可能エネルギー・脱炭素にかじを切っています。

原発が巨大企業中心のシステムであるのに対して、再生可能エネルギーは、その地域に根差したエ

ネルギーであり、その担い手の主役は中小企業です。

その雇用効果は、原発をはるかに上回ります。福島第1原発事故の前、使用されていた原発が全国で54基だったときでさえ日本の原子力関係従業員数は約4万6千人（2010年度）だったのに対し、ドイツで再生可能エネルギーに携わる従業員数は33万2千人（2017年）と、桁違いに多いのであります。

原発ゼロ、再生可能エネルギー・脱炭素への大転換こそ、未来があり、希望があることを、大いに語っていこうではありませんか。

沖縄の米軍新基地建設を許さず、米軍基地の特権をただし、あたりまえの主権国家を

第四は、沖縄の米軍新基地建設を許さず、在日米軍基地の異常な特権をただし、あたりまえの主権国家をつくることであります。

安倍政権を倒し、「沖縄建白書」を実行する新しい政権をつくろう

4月21日に行われた衆院沖縄3区補選で、「オール沖縄」の屋良朝博《やらともひろ》候補が、「辺野古《へのこ》推進」を公然と掲げた自民党候補を大差で打ち破って勝利をかちとったことは、「新基地ノー」の〝トドメの審判〟となりました。

沖縄県民による繰り返しの審判を無視して、安倍政権は、辺野古埋め立て工事を続けていますが、

先の展望はまったくありません。超軟弱地盤の問題はきわめて深刻で、政府はいまだに地盤改良・基地建設のための費用も期間も明示できないでいます。地盤改良のための設計変更には玉城《たまき》知事の承認が必要ですが、知事は絶対に新基地を造らせないと明言しており、やみくもに土砂を投入しても新基地をつくることは絶対にできません。政治的にも、技術的にも、新基地建設強行の道に未来はありません。

沖縄の基地問題の解決の方法は明瞭です。安倍政権を倒すことです。本土と沖縄の連帯、市民と野党の共闘で、安倍政権を倒し、辺野古新基地断念、普天間《ふてんま》基地閉鎖・撤去を掲げた「沖縄建白書」を実行する新しい政権をつくることです。参議院選挙でそれにむけた第一歩の審判をくだそうではありませんか。

欧州諸国との比較でも異常な特権――日米地位協定の抜本改正を強く求める

全国各地で米軍基地による被害が深刻になっています。沖縄に配備された米海兵隊のMV22オスプレイは、くりかえし本土に飛来し、傍若無人《ぼうじゃくぶじん》な飛行・訓練を続けています。米空軍のCV22オスプレイが横田基地に配備され、超低空飛行を含む訓練を各地で実施しています。岩国基地は、米海兵隊のF35B戦闘機が米国外で初めて配備され、空母艦載機が移駐され、東アジア最大の航空基地に変貌しました。爆音被害だけでなく、墜落事故など重大事故が相次いでいます。日本の米軍基地の実態は、欧州諸国と比較しても、まともな主権国家とはいえない屈辱的なものであります。

わが党は、危険なオスプレイは、沖縄からも本土からもただちに撤去することを要求します。住民の安全と暮らしに深刻な被害をもたらす低空飛行やNLP（夜間離着陸訓練）の中止を求めます。海兵隊の撤退、空母打撃群の母港を返上することを求めます。

日米地位協定の問題は、全国知事会もその改定を求めるなど、国政の熱い焦点となっています。この間、沖縄県は、米軍が駐留する欧州諸国を調査し、日本と比較した結果を発表しました。その結果、米軍に国内法が適用されない、米軍基地への立ち入り権がない、訓練・演習の規制ができない、航空機事故のさいの捜索権を行使しないなどの日本の実態は、どれも欧州諸国には見られない異常なものであることが明らかになりました。横田空域のような外国軍が管理する広大な空域も、欧州諸国には存在しません。このような植民地的特権を保障した日米地位協定が、1960年の締結いらい一度も改正されていないことは、まともな主権国家とは到底いえない異常なことではありませんか。日米地位協定の抜本改正を強く求めてたたかおうではありませんか。

異常な対米従属の根源には、日米安保条約があります。国民多数の合意を得て、日米安保条約をアメリカ政府への通告（条約第10条）によって廃棄し、米軍とその基地を撤退させ、対等・平等の立場にもとづく日米友好条約を結ぶ――党綱領の日本改革の方針を高く掲げてたたかいます。米軍基地の異常な特権をただし、あたりまえの主権国家をつくろう――このことを参議院選挙で、大いに訴えようではありませんか。

差別や分断をなくし、誰もが尊厳をもって自分らしく生きることのできる社会を

第五は、差別や分断をなくし、誰もが尊厳をもって自分らしく生きることのできる社会をつくることであります。

尊厳をもち自分らしく生きることを求める運動の広がり――五つの政策を掲げて

今回の参議院選挙は、各党に候補者を男女同数とする努力義務が課された「政治分野における男女共同参画法」が施行されて初めての国政選挙となります。#ＭｅＴｏｏ（ミートゥー）運動など性暴力やハラスメントを許さない運動、性的マイノリティへの差別をなくし尊厳をもって生きることを求める運動などが広がっていることは、日本社会にとっての大きな希望です。

私たちは次の五つの政策を掲げて参議院選挙をたたかいます。

第一に、ジェンダー平等社会（性差による差別のない社会）を推進します。男女平等のレベルを示す世界経済フォーラムのジェンダーギャップ指数が、日本は１４９カ国中１１０位と低迷を続けています。この後進性を打ち破り、男女賃金格差の是正など働く場での男女平等の確立、あらゆる分野の意思決定への女性登用の促進、選択的夫婦別姓の実現、民法・戸籍法などに残る差別一掃をすすめます。

第二に、性暴力を許さない社会をつくります。被害にあった人がいつでも相談でき、心身のケア、証拠保全、包括的な支援を行うワンストップ支援センターを抜本的に充実させます。２０１７年の改正刑法の「３年後の見直し」にむけ、強制性交等罪の「暴行・脅迫要件」の撤廃と同意要件の新設をはじめ、性暴力の根絶につながる抜本的改正を行います。

第三に、社会のあらゆる場面でハラスメントに苦しむ人をなくします。日本はハラスメント対策後進国となっています。女性活躍推進法等改定案が参議院で審議入りとなりましたが、ハラスメント禁止規定がない、顧客・取引先など第三者からのハラスメントを対象としない、独立した救済機関がないなど、きわめて不十分なものにとどまっています。このままでは今年6月に採択される予定のＩＬＯ（国際労働機関）のハラスメント禁止条約を日本は批准できません。ＩＬＯ条約を批准できる水準のハラスメント禁止法をつくります。

第四に、**ＬＧＢＴ／ＳＯＧＩ（性的指向・性自認）に関する差別のない社会をつくります。**多様な性のあり方を認めあう社会ほど、社会のすべての構成員が個人の尊厳を大事にされ、暮らしやすい社会になります。野党共同提出の「ＬＧＢＴ差別解消法案」の成立に力をつくします。パートナーシップ条例の推進をはじめ同性カップルの権利を保障し、同性婚を認める民法改正をめざします。

第五に、**在日外国人の権利を守り、ヘイトスピーチを根絶します。**入管法改定により、外国人労働者の増加が予想されます。技能実習制度は廃止し、外国人の人権、労働者としての権利が守られる体制を早急に確立します。ヘイトスピーチを根絶することは、日本国憲法の精神が求めるところであり、日本も批准している人種差別撤廃条約の要請でもあります。ヘイトスピーチ解消法（16年成立）も力に、ヘイトスピーチを社会から根絶していくために、政府、自治体、国民があげてとりくみます。

ジェンダー平等に背を向ける安倍政権の姿勢の根底には時代逆行の思想が

これらは、日本国憲法や国際的人権保障の到達点にてらして、あたりまえの内容であります。ところが、安倍政権は、口先では「女性の活躍」と言いながら、差別の実態には目をふさぎ、ジェンダー平等に背を向け続けています。政権内部から、公然と女性を差別し、セクハラ加害者を擁護する発言が繰り返されています。「生産性がない」などＬＧＢＴの人たちへの公然たる差別発言を行った議員を擁護し、発言を容認しています。ヘイトスピーチを野放しにする政治姿勢も露骨です。これらの根底には、侵略戦争と植民地支配の美化、男尊女卑、個人の尊厳の否定、個人の国家への従属という時代逆行の思想があることを厳しく指摘しなければなりません。

差別や分断をなくし、誰もが尊厳をもって自分らしく生きられる社会をつくるうえでも、安倍政権を退場させることは急務となっていることを強調したいのであります。

3、政治論戦の二つの力点(2)
――日本共産党の魅力を語り、積極的支持者を増やそう

総選挙の教訓――「共産党だから支持する」という積極的支持者を増やす

政治論戦の第二の力点として強調したいのは、「日本共産党そのものの魅力を語り、積極的な党支持者を増やそう」ということです。

2017年12月に開いた第3回中央委員会総会では、総選挙のたたかいをふりかえって、「共闘を前進させながら、いかにして日本共産党の躍進をかちとるか」という角度から教訓を引き出しました。そこで私たちの努力方向として強調したのは、「共産党だから支持する」という積極的な党支持者を増やすとりくみを強めようということでした。この教訓を、参議院選挙のたたかいに生かすこと

を呼びかけたいと思います。

積極的な党支持者といった場合、すでにのべた参院選で訴えるわが党の政策への支持と共感を広げること自体が、積極的な党支持者を広げる重要な活動になります。報告では、「批判とともに希望を語ろう」と強調し、参院選の政策論戦の基本についてのべました。その内容の一定部分は野党共通のものですが、「消費税に頼らない別の道」、「北東アジア平和協力構想」、「米軍基地の異常な特権をただし、あたりまえの主権国家をつくる」など、わが党ならではの独自の内容もあります。積極的な党支持者を増やす大きな力にしていきたいと思います。

同時に、わが党の政策的立場の根本には、党の綱領、理念、歴史があり、ここにこそ日本共産党の大きな魅力があります。国民の関心、疑問にかみあわせて、また党員一人ひとりが持っている党に対する思い、党への誇りを大切にして、党の政策の魅力とともに、党そのものの魅力を自由闊達《かったつ》に語り、「共産党だから支持する」という積極的な党支持者を大いに増やす選挙にしていこうではありませんか。

国民の関心、疑問にかみ合わせ、一人ひとりの思いを大切にして、党の魅力を語ろう

順不同で、いくつかのポイントをのべます。参議院選挙の宣伝や対話の参考にしていただければと思います。

二つのゆがみをただす立場に立ってこそ、政治を変える希望を語れる

安倍政権の暴走政治のどんな問題でも、根っこには「財界中心」、「アメリカ言いなり」という二つのゆがみがあり、このゆがみをただす改革にとりくむ立場に立ってこそ、安倍政権の暴走政治と正面からたたかえるし、政治を変える希望を語ることができます。

国民には消費税増税を押し付けながら、大企業には減税をばらまく政治に正面から立ち向かい、増税反対で断固たたかえるし、「消費税に頼らない別の道」を示すことができます。アメリカ言いなりに、辺野古新基地を押し付ける政治に正面から対決することができるし、普天間基地の無条件撤去を求めてアメリカと交渉せよという打開の方策を示すことができます。日米地位協定の抜本改定という緊急の課題を断固として掲げることができるし、国民多数の合意で日米安保条約を廃棄し、独立・平和の日本をつくるという日本改革の大展望を示すことができます。

自民党政治の二つのゆがみをただす民主的改革をすすめる綱領を持つ党、ほんとうの改革者の党が日本共産党であることを、大いに語ろうではありませんか。

私たちのめざす未来社会は、いまのたたかいと「地つづき」でつながっている

私たちは、資本主義社会が、人類が到達した最後の社会であるとは考えません。人類はこの矛盾と苦難に満ちた社会をのりこえて、未来社会――社会主義・共産主義社会にすすむ力をもっているというのが、私たちの確信であります。

私たちがめざす未来社会の最大の特質は、「人間の自由な全面的な発展」というところにありま

す。そして、その最大の保障は、労働時間の抜本的短縮です。生産手段の社会化によって、人間による人間の搾取を廃絶することで、労働時間が抜本的に短縮され、すべての人間が自由な時間をつかって、その潜在的能力を自由に全面的に発展させることのできる社会。ここに私たちのめざす未来社会の最大の魅力があります。

社会主義・共産主義の日本では、民主主義と自由の成果をはじめ、資本主義時代の価値ある成果のすべてが、受けつがれ、豊かに発展させられます。「ルールある経済社会」への改革によって達成された成果の多く――労働時間の短縮、両性の平等と同権、人間らしい暮らしを支える社会保障などは、さらに豊かな形で未来社会に引き継がれ、発展させられます。私たちのめざす未来社会は、いまのたたかいと「地つづき」でつながっています。

旧ソ連、中国などをどう見るか、なぜ日本共産党という名前を掲げるかなどともかみあわせて、日本共産党のめざす未来社会の魅力を大いに語ろうではありませんか。

「本気の共闘」のために頑張る根本には綱領の立場がある

私たちはいま、市民と野党の共闘で政治を変えることに大きな力をそそいでいますが、その根本には、綱領の立場があります。

社会は、一歩一歩、階段をのぼるように、その時々の国民の切実な願いを実現しながら、段階的に発展していく。その階段のどの一歩も、選挙で示された国民多数の意思にもとづいてあがっていく。そして、社会発展のあらゆる段階で、思想・信条の違いをこえた統一戦線の力で社会変革をすすめていく。

段階的発展、多数者革命、統一戦線——これが社会変革をすすめる私たちの基本的姿勢であります。日本共産党が、「本気の共闘」のために、一貫して、誠実に頑張っている根本には、綱領のこの立場があります。

草の根で国民と結びつき、苦難軽減のために献身する党

日本共産党が、全国に約30万人の党員、約2万の党支部、約2700人の地方議員をもち、国民と結びつき、国民の苦難軽減のために日々頑張っている、草の根の力に支えられた党であることは、私たちが一番の誇りとするところであります。

草の根で女性が大きな役割を果たしていることも、私たちの誇りです。統一地方選挙での当選者に占める女性の割合は、日本共産党は、道府県議で52％、政令市議で52％、区市町村議で40％となりました。ここには戦前・戦後、一貫して女性差別撤廃、男女同権のためにたたかってきた党の姿が示されているということを強調したいと思うのであります。

財政の面で、日本共産党は、企業・団体献金も政党助成金も受け取らない唯一の党であります。草の根の力にのみ依拠して財政を支えていることが、国民の立場でスジを通す力の源泉となっています。

「ブレない党」の根本にあるもの——97年の不屈の歴史

日本共産党は、党をつくって97年の歴史をもちますが、この歴史は、日本国民の利益を擁護し、平和と民主主義、社会進歩をめざして、その障害になるものに対しては、相手がどんなに強力で巨大な

権力であろうと、正面から立ち向かってきた歴史であります。

日本共産党第27回党大会決定は、この角度から「歴史が決着をつけた三つのたたかい」について描き出しています。第一は、戦前の天皇制の専制政治・暗黒政治とのたたかい。第二は、戦後の旧ソ連などによる覇権主義とのたたかい。第三は、「日本共産党を除く」という「オール与党」体制とのたたかいです。どの問題でも、日本共産党のたたかいにこそ未来があったことは、歴史によって証明されました。

いまわが党に対して、立場の違いをこえて、「ブレない党」という評価があることはうれしいことです。その根本には、綱領とともに、97年の不屈の歴史があります。この歴史への誇りを、一人ひとりの党への思いに重ねて、大いに語ろうではありませんか。

すべての支部が「集い」を開き、党の魅力を語り、積極的支持者を増やそう

この問題とのかかわりで強調したいのは、すべての支部・グループが、参議院選挙にむけ、「綱領を語り、日本の未来を語り合う集い」をもとうということです。

私たちは、5中総決定で、「集い」を、「選挙活動、党活動全体を発展させる推進軸」と位置づけ、支部を基礎に全国で網の目のように開いていくことを大方針としてきました。「集い」は、積極的支持者を増やすうえでも、選挙の「担い手」を増やすうえでも、党員を増やすうえでも、大きな力を発揮しています。

統一地方選挙で定数2の県議選で議席を奪回した和歌山県・西牟婁《にしむろ》郡区では、昨年春から「集い」

を60回開催し、600人以上が参加しています。「話を聞いてほしい、聞かせてほしい」という姿勢で集落まで出向き、ご近所の人を集めてもらって小規模の「集い」を開くことを重視してきました。「集い」では、国政、地方政治、身近な要求から、党の綱領、理念、党名の問題まで、関心にこたえて縦横な対話になっているとのことです。勝利をかちとった高田由一県議は、「このとりくみが、支持拡大にとりくんでくれる人の幅を広げ、支持拡大の爆発を生み、勝ち抜く力となった」と語っています。

参議院選挙にむけ、すべての支部・グループが「集い」を気軽に繰り返し開き、国民の関心・疑問にかみあって党の魅力を大いに語り、積極的な党支持者を大いに増やし、激戦をかちぬくことを、心から呼びかけるものです。

維新の会とのたたかいについて

論戦問題の最後に、維新の会とのたたかいについてふれておきたいと思います。

維新の会は、大阪知事選・市長選、衆院大阪12区補選の結果をテコに、「改革者」としてのポーズをとって、再び国政で影響力を強めようとしています。しかし、党大会の中央委員会報告でのべたように、「維新の会が、国会でやっていることは、安倍政権に媚《こ》びへつらうことと、野党共闘を攻撃すること――この二つだけ」であります。

この勢力は、一貫して、安倍首相の改憲策動のお先棒をかついできました。維新の会は、「維新は改憲に必要な3分の2の勢力の中に入る」、「衆参両院の憲法審査会の議論をリードし、国民投票を実現する」、「自衛隊についても不毛な議論に終止符を打つべく党としての結論を得る」などと公然とのべ、安倍改憲の「突撃隊」の役割をはたしています。吉村大阪府知事は、「憲法改正一生懸命にやらないのが自民党。情けない。ダイナマイトみたいにボカンと国会でやりたい」などと改憲をけしかける発言を行っています。

カジノの解禁・導入は、維新の会の存在なくしてありえませんでした。松井前大阪府知事、橋下元大阪市長は、安倍首相、菅官房長官と幾度となく会談し、大阪でのカジノ誘致をめざし、カジノ解禁・導入を要請し、協力を誓いあっています。大阪と兵庫の小選挙区への対応で公明党を脅しつけて、強行採決へのシナリオをつくったのも維新でした。

全国で大問題になっている国民健康保険料（税）の連続・大幅値上げを先取りして進めたのも、大阪維新です。早くも2010年～11年に、大阪の維新府政は、国保を府に「統一」し、府が「保険料率」を決め、市町村の「法定外繰入」をやめさせて、保険料（税）値上げを押し付ける方針を打ち出しています。安倍政権が今やっていることは、当時、維新府政が導入した手法を全国に押し広げたものにほかなりません。

このどこが「改革者」か。安倍政権の「別動隊」「突撃隊」として動き、安倍政権の悪政を先取りする「先兵」として働く。これが維新の会の正体にほかなりません。こうした勢力に日本の未来を託すことは決してできません。参議院選挙では、安倍政権、自民・公明とともに、その補完勢力――維新の会にも厳しい審判をくだそうではありませんか。

4、選挙戦をいかにたたかうか——宣伝・組織方針

報告の第三の主題は、参議院選挙の宣伝・組織方針についてであります。

「比例を軸に」を絶対に言葉だけにせず、文字通りつらぬく

比例こそ選挙戦の主舞台——これまでにない割り切り方で、文字通り中心にすえる

まず強調したいのは、全党が「比例代表選挙を軸にする」ということを、絶対に言葉だけにせずに、文字通り貫くということです。

すなわち、政党選択を争う比例代表選挙で、日本共産党に投票する支持者をどれだけ広げるか。これが全国的にはこの選挙戦の主舞台だという構えをしっかりと確立する。この主舞台でたたかいぬき、日本共産党の支持票を広げれば広げるほど、三つの現職区をはじめ複数選挙区での勝利も、野党共闘でたたかう1人区での勝利の道も開かれる。そういう位置づけを、過去のどの参議院選挙でもなかったような割り切り方で、文字通り中心にすえることが何よりも大切であることを、まず強調したいと思います。

比例代表選挙は、最もたたかいやすく、たたかいがいがある選挙

そのうえで強調したいのは、比例代表選挙は、日本共産党員にとって、最もたたかいやすく、最もたたかいがいがある選挙だということです。

――比例代表選挙は、全国がどこでも必勝区であり、すべての都道府県、地区委員会、支部が必勝区であり、どの1票も議席に結びつく選挙です。

――「全国は一つ」のたたかいが最もダイナミックに展開できる選挙です。結びつき・マイ名簿を生かし、全国のあらゆるつながりを生かして対話・支持拡大を広げに広げましょう。職場支部の力、各戦線・各分野の力を縦横に発揮して選挙をたたかいましょう。

――候補者は知名度抜群の日本共産党であり、〝一人ひとりの党員が候補者〟の選挙です。「共産党のここが好き」を自分の言葉で語り、入党の初心を語ることは、日本共産党員であれば誰でもできる活動です。選挙をともにたたかう後援会員、読者、支持者にも、「共産党のここが好き」を大いに広げてもらうように訴えましょう。

――国政の争点は、消費税の問題でも、雇用・社会保障・教育の問題でも、憲法の問題でも、原発の問題でも、米軍基地の問題でも、どれも身近でわかりやすく、誰にでも語れるものです。

――参議院選挙で、有権者は2票もっていることを強調したいと思います。たとえ選挙区では支持が得られなくても、あるいは野党統一の候補者への支持を訴える場合でも、「比例は共産党へ」という訴えを広げに広げようではありませんか。

――「比例代表選挙では日本共産党と書いてください」と訴えて選挙をたたかいます。このなかで

7人の比例候補が魅力と実力にあふれるベストチームであることを広く知らせていきます。7人の比例候補の当選の最大の保障は、全国が力を一つに集めて「850万票、15%以上」をやりきることにあります。そのとりくみのなかで、党員は、比例代表の担当地域の候補者名で投票を行うこととします。

すべての支部、地区、都道府県が、比例代表選挙を「自らの選挙」として

さらに訴えたいのは、すべての支部、地区、都道府県が、比例代表選挙を「自らの選挙」としてたたかいぬこうということであります。

統一地方選挙は、地区委員会や支部の奮闘が、候補者の当落と直接むすびつくたたかいであり、いやおうなく「自らの選挙」となったと思います。統一地方選挙は、そういう立場での大奮闘が全国で展開されました。全国一区の比例代表選挙で、この精神を発展させることができるかどうか。そこには特別の意識性・党派性が必要になります。それは綱領路線の実現をめざす日本共産党員の根本姿勢が問われる問題であります。

すべての支部、地区委員会、都道府県委員会が、「850万票、15%以上」にみあう得票目標を決め、参議院選挙、とりわけ比例代表選挙を、文字通り「自らの選挙」として、統一地方選挙で発揮した以上の力と情熱を傾けてとりくむことを、心から訴えるものです。

すべての地方議員、統一地方選挙をたたかった候補者のみなさんが、「担い手」を広げることをはじめ、比例代表選挙を自分自身の選挙以上の力を発揮してとりくみ、日本共産党躍進の先頭に立つことを、心から呼びかけるものです。

選挙をたたかう態勢についても、私たちは、統一地方選挙の前・後半戦を通じて約1600人の候補者を支える選挙態勢をつくってたたかいました。そのすべてを今度は参議院選挙をたたかう態勢へとさらに発展させることを訴えます。

「担い手」を広げることに徹してたたかいぬこう

選挙戦をいかにたたかうかについて、いま一つ強調したいのは、党の自力そのものを強くする仕事にとりくみながら、私たちのもつあらゆる可能性を生かし、選挙をともにたたかう「担い手」を広げることです。いかにして「担い手」を広げるか四つの点を強調したいと思います。

「担い手」を広げる中心は、すべての支部と党員の総決起にある

第一に、「担い手」といった場合に、その中心は、すべての支部と党員の総決起にあるということです。

統一地方選挙でも、この点でのすぐれた経験が全国に生まれました。

栃木県宇都宮市の党組織は、前半戦で野村節子県議の連続当選を実現し、後半戦の市議選でも2人から3人に前進しました。県議の連続勝利、市議の3人当選は、ともに20年ぶりの快挙であります。選挙に向けて、地区委員会は、全支部・全党員決起に一貫して努力し、33支部のうち31支部が立ち上がりました。毎週、支部長を含む個別選対の会議を行い、「党員は、報告がなくても必ず周囲に声をかけている。その中身をつかもう」と励まし合い、結集したすべての支部が対話に立ち上がりまし

た。地区委員長の横山明同志は、次のように語っています。「『愚痴と言いわけは言わない。党は力を持っている。なにがなんでもやりぬく』とがんばってきました。なによりうれしいのは、党支部が次々立ち上がりそのことを証明できたことです」「愚痴と言いわけは言わない。党は力を持っている」——地区委員長として素晴らしい姿勢だと思います。

こういう姿勢、活動にも学んで、全支部・全党員の総決起のための努力を、全国すべての都道府県、地区委員会、支部でやりぬこうではありませんか。

読者、後援会員、支持者のすべてを対象に「折り入って大作戦」を行おう

第二に、読者、後援会員、支持者のすべてを対象に、「担い手」になっていただく「折り入って大作戦」にとりくむことを呼びかけます。

報告の冒頭で紹介した埼玉県の荻原県委員長がのべているように、「支持者・読者・後援会員は支持拡大の対象ではなく、『担い手』の対象として働きかける」という立場で、協力をお願いしましょう。

統一地方選挙で、日本共産党の候補者への支持を約束してくれた人は、全国で約400万人います。そのすべての方々に、お礼もかねて働きかけ、「今度は支持を広げてください」と率直に訴えましょう。

わが党は、338万人の後援会員、100万人を超える「しんぶん赤旗」読者をもっています。そのすべての方々に、党への要望も聞きながら働きかけ、選挙の「担い手」になってもらうために力をつくしましょう。

「担い手」といった場合、対話・支持拡大の協力とともに、ポスティングやスタンディングなど宣伝での協力、募金での協力など、あらゆる形で協力の輪を広げましょう。

「折り入って大作戦」で勝利への道をこじあけようではありませんか。

ネット・SNSを積極的に活用し、市民やサポーターとともにたたかう選挙に

第三は、市民とともにたたかう選挙にしていくことです。

私たちは、市民と野党の共闘にとりくむなかで、新しい友人をさまざまな形で広げています。統一地方選挙では、保守の方々を含む市民との共同で勝利をかちとった経験が全国各地に生まれました。定数1で、県議を8期つとめた自民党の現職県議を相手に勝利をかちとった和歌山県御坊市区のたたかいでは、自民党の派閥領袖の圧力と支配、利益誘導がまかり通っている政治を変えようと立ち上がった保守の人々との共同が勝利の大きな力となりました。こうしたとりくみを、参議院選挙に向けて、大いに発展させましょう。

昨年2月に発足したJCPサポーターは、登録者が1万人を超え、統一地方選でも各地の事務所に「手伝いたい」と連絡が入り、さまざまな協力が広がりました。ある県では、JCPサポーターに登録していた学生が、党演説会に参加したことをきっかけに地元の党組織とつながり、県議候補のプロモーションビデオの作成に協力してくれ、DVDにして街頭でも渡すなど3000枚が活用され、選挙勝利の力となりました。東京・府中市では、34歳の市民が市議候補の事務所を「応援したい」と訪ねてくれ、候補者の「動画ブログ」を連日SNS（ソーシャル・ネットワーキング・サービス）に

アップして反響を呼びました。ネット・SNSを積極的に活用し、市民やサポーターとともにたたかう選挙にしていこうではありませんか。

民青同盟と力をあわせてたたかい、民青同盟を大きくする選挙に

第四は、民青同盟のみなさんと協力して、選挙をたたかうことです。

民青同盟は、統一地方選のなかでも学生新歓運動に積極的にとりくみ、全国84学園で400人以上の同盟員を増やしています。班活動への参加の努力が強まり、新入生同盟員の「やりたいことを出発点」とした魅力ある班活動や、『日本共産党綱領セミナー』『マルクスと友達になろう』などの学習の努力が強められています。

学生新歓の対話では、「学費が高すぎる」、「奨学金の借金が心配」などの切実な要求とともに、格差と貧困の拡大、女性差別とジェンダー平等の問題など、日本社会のあり方や社会のゆがみ、さらに資本主義の限界などに対して、「なぜ」「どうしたら」という模索が広がっており、そうした模索にこたえる対話にとりくむなかで、民青同盟への加盟が広がっています。

都道府県、地区委員会ごとに、民青同盟のみなさんとよく相談し、歴史的選挙を力をあわせてたたかい、民青同盟を大きくする選挙にしていこうではありませんか。

「参議院選挙必勝作戦」を呼びかける

参議院選挙は、すでに本番さながらの大激戦となっています。私たちは、統一地方選挙にむけ、1

月から3月にかけて「必勝作戦」にとりくみましたが、これが力になったとの報告が全国各地から寄せられています。

そうした経験もふまえ、第6回中央委員会総会として、想定される参議院選挙の公示日・7月4日までに、次の二つの課題をやりとげる「参議院選挙必勝作戦」にとりくむことを、呼びかけます。

勝利に必要な草の根での宣伝・組織活動を「担い手」を広げながらやりぬく

第一は、選挙勝利に必要な草の根での宣伝・組織活動を、全党の底力を発揮し、「担い手」を広げに広げながらやりぬくことであります。

すべての支部・グループが会議を開き、得票目標を決め、その実現をめざし、要求にこたえた活動、声の宣伝やポスターなど大量宣伝、「集い」に大いにとりくみながら、支持拡大目標をやりきりましょう。すべての支部で単位後援会を確立し、後援会員を拡大し、ともにたたかう態勢をつくりましょう。党費納入の向上をかなめにしつつ、選挙勝利をめざす財政づくりのための募金運動にとりくみましょう。5～6月に予定されている全国遊説を、躍進の流れをつくる跳躍台として大成功させましょう。

公示日までに勝利に必要なとりくみをやりぬき、選挙戦本番では、期日前投票に積極的にとりくみながら、日本共産党への支持を青天井に広げる。そうした選挙戦を、今度こそやりぬこうではありませんか。

新鮮な力を党に迎え入れ、読者を増やし、党勢の上げ潮のなかで選挙をたたかおう

第二は、党の自力をつけながら、選挙をたたかうことであります。

公示日までに、すべての支部・グループが新しい党員を増やし、新鮮な活力を迎え入れて、ともに選挙をたたかいましょう。すべての支部・グループが1人以上の党員を迎えるならば、全党的には前回参院選時を上回って選挙をたたかうことができます。

「しんぶん赤旗」読者で、日刊紙でも日曜版でも、毎月前進をかちとり、すべての都道府県・地区委員会、支部が、参議院選挙を、少なくとも前回参院選時を上回る読者でたたかいましょう。全党的には、日刊紙読者を2万4千人以上、日曜版読者を12万人以上増やす必要がありますが、1支部あたりにすれば、日刊紙読者で1人以上、日曜版読者で7人以上増やせば、前回参院選時を上回って選挙をたたかうことができます。『女性のひろば』の読者を増やすことも、あわせて訴えたいと思います。

日々、新鮮な力を党に迎え入れ、読者を増やし、党勢の上げ潮のなかで選挙をたたかい、党の自力をつけながら勝利をつかもうではありませんか。

今日を新たなスタートに、党機関から党支部まで、選挙をたたかう臨戦態勢をただちに確立し、「参議院選挙必勝作戦」をやりぬき、全国のみんなの力を一つに集めて、日本共産党の前進・躍進を必ずかちとろうではありませんか。

報告の最後に一言のべます。幹部会報告を受けての討論では、「参議院選挙でいかに勝つか」――ここにズバリ焦点をあてた討論をすすめたいと考えます。勝利への道筋をみんなでつかむ充実した討

論を呼びかけて、報告を終わります。

（「しんぶん赤旗」2019年5月13日付）

志位委員長の結語

幹部会報告が、緊張感をもって、新鮮に明るく受け止められた

みなさん、お疲れさまでした。私は、幹部会を代表して、討論の結語を行います。

この総会はたいへんに重要な総会になったと思います。討論では、26人の同志が発言しました。全国ではリアルタイムでの視聴が3万4408人、724人から感想が寄せられています。幹部会報告と討論をつうじて、この総会は、参議院選挙の勝利にむけて意気高い意思統一ができた総会になったと思います。

総会での討論と、全国からの感想には、特徴が二つあります。一つは、幹部会報告の内容を、たいへん新鮮に受け止めていただいているということです。「新鮮な方針が出た。よしやってみよう」。こういう受け止めがたくさん寄せられました。もう一つは、たいへんに明るい受け止めが多く寄せられているということです。「報告を聞いて希望、展望がもてた。大いに語りたい」。こういう感想がたく

さん寄せられています。

幹部会報告の内容が、緊張感をもって、同時に、新鮮に明るく受け止められ、躍進への決意、機運が、この総会を通じて全党に広がりつつあると思います。

この総会の真価は、実践でためされます。そして結果でためされます。結果を出そうではありませんか。6中総の方針を力に、参議院選挙での躍進を必ずかちとろうではありませんか。この決意を重ねて固め合いたいと思います。

連続選挙のゴールは参議院選挙――ここで立派な結果を出そう

討論をふまえていくつかの点をのべたいと思います。

まず、「統一地方選挙をふまえ、参議院選挙にどういう構えでのぞむか」という問題についてであります。

討論の中でも出されましたが、統一地方選挙をたたかって、党内の一部には、率直に言って「がっかり感」も残されています。その気分を、この総会を契機にふっきって、全党の気持ちを参院選躍進に切り替える。これが私たち中央役員の大きな責任であります。

そのさいに、私が強調したいのは、私たちはいま連続選挙のただなかにいるということです。もともと、私たちは、統一地方選挙と参議院選挙を、連続選挙をたたかおうという位置づけでこれにのぞんでいるわけです。昨年10月の5中総決定でも、今年1月の全国都道府県・地区委員長会議でも、連続選挙をたたかう方針を打ち出し、それにもとづいてたたかっている最中なのです。まだたたかいの途中なのです。マラソンで言えば、折り返しをすぎて、いよいよこれからゴールに向かう、勝負はこれからのたたかいにかかっているという段階なのです。

統一地方選挙では、前進したところもあるし、残念ながら後退したところもある。しかし、前進したところも後退したところも、ゴールは参議院選挙だということを強調したいと思います。前進したところはそのことを確信にして、参議院選挙ではもっと良い結果を出す。目標を文字通り達成する。後退したところは、その悔しさをバネにして、参議院選挙では立派な結果を出す。そこで、立派な成果をおさめれば、次にむけて意気高い総括、教訓を引き出し、新しい発展方向を打ち出すことができるわけであります。

そういう連続選挙のただなかにいるわけですから、統一地方選挙の教訓は、それにふさわしい姿勢で引き出す必要があります。

もちろん必要最小限の総括は必要です。とくに議席を大きく後退させたところは、機関とその長の率直で端的な反省を含めて、必要最小限の総括がいります。

同時に、何よりも大切なことは、統一地方選挙からの教訓を、幹部会報告でのべたように、「ただちに参議院選挙のたたかいに生かす」という角度で引き出すことです。そういう姿勢で教訓を引き出し、全党の気持ちを前向きに一致させ、参議院選挙での躍進にむけた決意を固めることです。

幹部会報告では、そういう立場から「三つの教訓」をのべました。①政治論戦の力に確信をもち、参院選にふさわしくさらに発展させる。②「議席の後退」と「前進・躍進への足がかり」の両面をリアルにとらえる。③いまの自力で勝利をこじあける道――選挙の「担い手」を広げることに徹する。

この「三つの教訓」が、討論でも、全国からの感想でも、納得のいく教訓として、そして深い確信となって受け止められていることは、きわめて重要であります。

統一地方選挙との関係では、そういう姿勢で政治的な意思統一をただちに行い、参議院選挙での躍進に挑戦する、燃えるような決意を、6中総の方針を力にして全党にみなぎらせ、ただちに足を踏み出して、勝利にむかってダッシュしよう。そのことを心から訴えたいと思います。

政治論戦——「二つの力点」が積極的に受け止められ、深められた

つぎに政治論戦についてであります。

幹部会報告では、政治論戦の「二つの力点」を提起しました。「批判とともに希望を語ろう」、「日本共産党の魅力を語り、積極的支持者を増やそう」。この二つの提起でありますが、総会の討論でも、全国からの感想でも、この提起が、非常に積極的に受け止められ、深められたと思います。

統一地方選挙の政治論戦の基本をふまえ、新しい発展方向を提起した

これは、統一地方選挙を私たちがたたかって、政治論戦に大いにとりくんだ、そのかかわりでも、実感をもって受け止めていただいているのではないでしょうか。

幹部会報告では、統一地方選挙での政治論戦の基本に確信をもちつつ、参院選、とくに比例代表選挙にふさわしい形で、「さらに発展させる努力をはかりたい」と表明し、「二つの力点」という発展方向を提起しました。

私たちは、統一地方選挙の政治論戦に深い確信をもつことが必要ですが、それでよしとしない、参

議院選挙にむけての新しい発展方向を提起したのが、「二つの力点」であります。これが統一地方選挙をたたかった実感からしても、その通りだと受け止めていただいているのではないかと思います。「二つの力点」をしっかり握って、この方向でお互いに努力をしたいと思います。

「批判とともに希望を語ろう」——若者の心にも響く訴えを

「二つの力点」の提起とそれを具体化した幹部会報告の内容は、討論でいろいろな角度から深められましたが、北海道の青山道委員長は、「批判とともに希望を語ろう」という提起について、「若い世代のなかに党の支持を広げる非常に大きな重要な提起だと思う」と発言しました。東京都の田川青年学生部長代理は、「今回幹部会報告が打ち出した政治論戦の発展が学生の中に支持を広げる最大の力になると思った」と発言しました。こうした受け止めは、とても心強いことであり、またたいへんに重要だと思います。

私たちが、国政選挙で若者の心に響く訴えをどうやるか。これは私たちにとっての大きな課題であります。6中総の方針を力に、これに大いに挑戦したいと思います。若いみなさんの心に響く訴えが成功するならば、それは国民のすべての世代の心に響く訴えにもなるだろうと思います。

東京都の田川同志は、学生の新歓運動にとりくんだ経験を報告しました。「新入生のなかで共産党は知られていない。政治は変わらないという気持ちが強い。野党はだらしがないという意見が多い。しかしそういう状況のなかでも、ジェンダー平等やLGBT、格差と貧困、地球温暖化の問題などには強い関心がある。高すぎる学費、奨学金の問題にも強い関心がある。民青同盟への加盟のよびかけで反応が強かったのが、ブラック企業の実名公表や、給付制奨学金の実現など、共産党と民青が運動をして変えてきたという実績だった。加盟した新入生のなかで学費値下げ運動に参加する人が各地で生まれている」。田川同志は、こういう状況を報告して、「学生に政治は変えられるという希望を広げ、党の支持を訴えるうえで、幹部会報告で打ち出された大学と専門学校の授業料をすみやかに半減し、段階的に無償化をはかることが決定的になると思う」と発言しました。

若いみなさんにどう働きかけるかについて、重要な発言だったと思います。

そうした訴えも含めて、明日への希望を語る選挙にしていきたい。安倍政治に対する本質を突く批判はもちろん必要です。ただ、〝結論先にありき〟ではなく、事実と論理にもとづいて、国民の要求とのかかわりで、丁寧で冷静な批判を心がけていきたいと思います。

同時に、国民の心に響く分かりやすい言葉で対案を語り、希望を語る。幹部会報告では、政治を変える本当に「現実的」な道はどこにあるかを語ろうと強調しました。「現実的」ということも大切な点です。安倍政治が、消費税でも、憲法でも、原発でも、米軍基地でも、どれも「現実」にあわなくなっている。対照的に、日本共産党の対案こそ、この現実を本当に改革する最も「現実的」な道を示しているのです。

「批判とともに希望を」――この立場で政治論戦を発展させることに挑戦し、若い人の心にも響くし、どの世代の心にも響く訴えを、お互いに心がけて、この選挙をたたかいぬこうではありませんか。

「党の魅力を語り、積極的支持者を増やす」――「集い」は最良の場に

「二つの力点」のもう一つ、「日本共産党の魅力を語り、積極的支持者を増やそう」という提起も、

たいへんに積極的に受け止められました。

幹部会報告でのべたように、積極的支持者を増やすうえでは、わが党の政策的立場への共感と支持を広げる活動が大切ですが、それにとどまらずに、その根本にある党の綱領、理念、歴史など党そのものの魅力を、国民の関心、疑問にかみあわせて、縦横に語り、広げていくことが大切になってきます。それをどのようにやりぬくか。

全国からの感想にこういうものがありました。「短い演説や1回のチラシでは難しい。やっぱり『集い』が大事だ」。討論でも、多くの同志から「集い」の重要性が、生きた実践例をつうじて強調されました。

富山県の火爪県議は、「集い」がどういう力を発揮しているかについて発言しました。火爪同志は、「集い」で、地方政治、国政を語るとともに、「日本共産党だからこういう仕事ができる」と、必ず党の値打ちを語ることを心がけたと語りました。「元自民党員の方が『集い』に参加し、疑問を出し、それに答える中で変わっていく様子は、党支部と党員にとって何よりの喜びだ」と語って、次のようにのべました。「『集い』の中で佳境に入ると、名前を変えたらいいのではないか、ソ連や中国のイメージがある、天皇制や自衛隊をどうするなど、いろいろと語ることになり、時間が足りなくなり、その都度不十分さを感じて終わったが、選挙が終わったあと、党員が、『元自民党の人が、さすがに筋を通す日本共産党だねと言ってくれた。とてもうれしい』と発言した。そういう喜びを感じながら選挙をたたかった」という発言でした。

「集い」のなかで、いろいろな疑問に答えて、日本共産党への誇りを語っていくことで、「筋を通す日本共産党」ということが伝わったわけですね。元自民党の方の心にも伝わったわけであります。

「日本共産党の魅力を語り、積極的支持者を増やす」──このとりくみをやりきるうえでは、「集い」がとても大事であります。私たちが、たとえば短い街頭演説で、党の綱領、理念、歴史まで語るのは、なかなか難しいでしょう。1枚のチラシで伝えるのもなかなか難しいかもしれない。いろいろな工夫はしてみたいと思いますが。やはり「集い」が大きな力になる。「集い」は、国民の関心や疑問にかみあわせて、党そのものの魅力を伝える最良の場になります。「集い」を、気軽に、繰り返し、すべての支部・グループを基礎にとりくんでいきたいと思います。

それからインターネットとＳＮＳの活用をいっそう強化することを、この問題とのかかわりでも重視し、開拓していきたいと思います。

「核兵器のない世界」の実現を──平和への希望を語るなかに位置づける

政治論戦にかかわって、文書発言で、川田平和運動局長から、「核兵器禁止条約の署名、批准をはじめ『核兵器のない世界』の実現に力をつくす、それをすすめる政府をつくる」という課題を、平和への希望を語るというなかに位置づけてほしいという提起がありました。これは大切な提起だと思います。

国内の運動としては、ヒバクシャ国際署名が９４１万を超えています。核兵器禁止条約の署名、批准を求める自治体の決議は、全国の自治体の２割あまりの３７７自治体に達しています。「核兵器のない世界」をめざす大きな流れがつくられつつあるわけですが、この流れを進める先頭に日本共産党は立っていきたい。

国際舞台では、現時点で核兵器禁止条約に署名した国は70カ国、批准した国は23カ国となっています。この画期的条約を一刻も早く発効させるという大きな仕事があります。それから、5年に1度のNPT（核不拡散条約）再検討会議が来年の4月から行われます。過去の再検討会議の到達点もふまえ、NPTという枠組みを使って「核兵器のない世界」にすすむという課題が、今年から来年にかけて国際政治の大きな焦点となってきます。

日本共産党は、国内においても、国際舞台においても、被爆者の方々と手を携え、「核兵器のない世界」の実現の先頭に立ってきた政党です。そういう党にふさわしく、選挙戦の論戦の中にもこの問題をしかるべく位置づけて訴え、党の値打ちを大いに語っていきたいと思います。

「比例を軸に」をすえる――全国的躍進のためにも、選挙区での勝利のためにも

つぎに「比例を軸に」についてであります。

幹部会報告では、比例代表選挙を、「過去のどの参議院選挙でもなかったような割り切り方で、文字通り中心にすえよう」と呼びかけました。この提起は、非常に強く、積極的に受け止められたと思います。

討論では、比例代表選挙という「主舞台」でどれだけ躍進の流れをつくれるか、これが全国で比例代表で「850万票、15％以上」――7人以上の当選という目標を達成するうえでも、さらに、複数定数の選挙区の勝利、1人区の選挙区の勝利にとっても、決定的だということがこもごも語られました。

現職区、複数定数区のたたかい――勝利の土台は比例での躍進にある

討論のなかで、東京、京都、大阪、三つの現職区でいかに勝利するかということが、それぞれの責任者の同志から語られました。3現職区のそれぞれの候補者は、どの同志も素晴らしい実績を持ち、魅力を持った、わが党の誇る候補者であります。それを有権者に広く伝えることはもちろん大切ですが、勝利の土台は比例代表の躍進にこそあります。比例代表で躍進をつくる、そのうえに候補者の魅力をのせる、これをやりきってこそはじめて、難しい、激しい、厳しい選挙で競り勝って、勝利する道が開かれるということが、三つの現職区の責任者から語られました。その通りだと思います。お互いにこのことを肝に銘じて、勝利をつかみたいと思います。

複数定数の選挙区のたたかいについて、神奈川県の田母神県委員長からも発言がありました。田母神同志は、「率直に言って『比例を軸に』という点での意識性が弱かった」とのべ、「神奈川県は、3年前に選挙区で惜敗したことから、今回は何としてもあさかさんを押し上げなければという気持ちが強く、その検討はやってきた。しかし選挙区での議席獲得は、比例で80万票、18％以上を獲得し、そのうえに候補者の魅力を上乗せできるかどうかにかかっている。土台は、比例の80万票、そのうえに候補者の魅力を上乗せできるかどうかが勝負だ」と発言しました。

これもその通りだと思います。三つの現職区、さらに複数定数区でのたたかいで、「比例を軸に」、得票目標をやりぬくことは、これらの都道府県が抱える有権者の全国に占める比重を考えるならば、全国的な党躍進――比例代表で7人以上の当選への決定的貢献になるとともに、選挙区の勝利のうえでも、比例での躍進が土台となる。そこに勝利の決定的なカギがある。二重の意味で「比例を軸に」

が重要になる。ここを握って離さず、がんばりぬきたいと思います。

1人区——比例躍進の特別な条件を存分に生かそう

全国32の1人区についても「比例を軸に」をつらぬきたい。

1人区の場合は、選挙区は、野党統一候補でたたかうことになります。野党統一候補の勝利のためにも、日本共産党が比例で躍進の流れをつくってこそ勝利に道が開かれます。草の根で国民と結びついた組織を持っているのは日本共産党ですから、日本共産党が比例で躍進の流れをつくれなくて、どうして1人区での勝利ができるかということになります。

高知県の春名県委員長は、「選挙区で勝つには、3年前の参院選で獲得した比例票は4万票あまりだったが、目標の8万7千票、25%と、比例票を倍増する、そうすれば選挙区でも1人区で突破できる」という展望を語りました。まさにそういう立場で1人区でもがんばりぬきたいと思うのです。

同時に、もう一つの側面として強調したいのは、1人区は比例躍進の特別の条件があるということであります。つまり1人区は野党統一候補でたたかうわけですから、有権者の半数以上の支持を獲得する必要があるわけです。それをやろうと思ったら、従来わが党の訴えを届けることができなかった人々にも訴えを届けなければならないし、またそういうとりくみにしていくことができるわけです。しかも共闘の成功のために、誠実に、一貫してがんばっているのが日本共産党です。ですから、「選挙区では野党統一候補の○○さん、比例は共産党に」——この訴えがたいへんにやりやすい。大きく広げられる。これが1人区のたたかいだと思います。この特別な条件を存分に生かして、1人区でも日本共産党の躍進の波を大いにつくろうではありませんか。

複数定数区も、1人区も、全国すべてで「比例を軸に」をつらぬいて勝利をつかもう、この決意をみんなで固め合いたいと思います。

「担い手」を広げに広げて勝利を——「折り入って大作戦」を成功させよう

幹部会報告では、「いまの党がもつ自力で勝利をこじあける道はどこにあるか」と問いかけ、「党の自力そのものを強くする仕事にとりくみつつ、選挙をともにたたかう『担い手』を広げに広げて勝利をつかもう」と提起し、「折り入って大作戦」にとりくむことを呼びかけました。

党の現状にも、選挙戦の実情にもそくした法則的な方針

この提起に対して、討論でも、全国からの感想でも、強い歓迎が寄せられ、「よし、とりくもう」との決意が寄せられています。

なぜ歓迎していただいたかと思って、討論を聞き、感想を読みますと、一つは、この方針が、党の現状にそくした方針だということです。いま党がもつ自力のもとでどう勝つか。もちろん自力はつけなければならない。自力をつけつつ選挙をたたかうけれども、同時に、いまの自力のもとでも勝利をこじあける道はある。それが「担い手」を広げに広げることだ。党の現状にそくした方針だからこそ、強い歓迎をもって受け止められているのだろうと思います。

もう一つは、選挙戦の実情にもそくした方針となっているということです。たとえば固定電話で話せる人はかなり限られてくるという実情が報告されました。そういう実情にそくして、選挙戦の組み

立てを考えますと、「担い手」を広げに広げていく、あらゆる方法で広げていく、これが法則的な勝利への道だと思います。

党の現状にも、選挙戦の実情にもそくした法則的な方針が、「『担い手』を広げることに徹する」という方針だと思います。ぜひこれをやりきって勝利への道をこじあけたいと思います。

いまからすぐに「折り入って大作戦」にとりくもう

発言のなかで、多くの同志が、「いまからすぐにとりくみたい」という決意をのべました。ある同志は、「一緒にたたかってください、力を貸してくださいということを、1回だけではなく2回、3回、4回とお願いしていくことが大切だ。いまからすぐにとりくんでこそ、本当に多くの方々といっしょにたたかう選挙にできる」ということが言われました。ここがとても大事だと思います。

率直に言ってこれまでは、対話・支持拡大にとりくみ、選挙の最終盤になってなかなか進まなくなる。そこでようやく、「折り入って作戦」にとりくんだというケースも少なくありませんでした。しかし、それではこの方針のすばらしさを生かしきれない。この総会を契機に、いまからすぐに「折り入って大作戦」にとりくむことを、みんなの決意として固めようではありませんか。

それから、「担い手」といった場合に、感想文のなかにもありましたが、対話・支持拡大の協力だけではなくて、ポスティングやスタンディングなど宣伝の協力、募金の協力など、どんな形でもよい、あらゆる形で、選挙に協力していただく人の輪をどれだけ広げられるか、これが大事でありますす。「折り入って大作戦」をそういう立場でとりくむ。気軽に、率直に、多くの方々に協力をお願いしていく。「折り入って大作戦」で勝利の道をこじあけようではありませんか。

6中総決定を一刻を争って全党のものにし、「参議院選挙必勝作戦」をやりぬこう

まずは「参議院選挙必勝作戦」を一気に軌道にのせ、やりきることが必要です。想定される公示日・7月4日までに、勝利に必要な草の根での宣伝・組織活動をやりぬく。党員を増やし、読者を増やし、党の自力をつけながら選挙をたたかう。この二つの課題をやりきって公示日を迎え、そして必ず選挙の勝利・躍進をつかみ取りたいと思います。

そのためにも採択されるであろう6中総決定を、一刻を争って全党のものにする先頭に中央役員がたつことを呼びかけたいと思います。

全国の力を一つに集め、必ず躍進をかちとろうではありませんか。

以上をもって討論の結語といたします。がんばりましょう。

（「しんぶん赤旗」2019年5月14日付）

第27回党大会

第7回中央委員会総会

2019年9月15日

第7回中央委員会総会について

2019年9月15日　日本共産党中央委員会書記局

日本共産党第7回中央委員会総会は9月15日、党本部で開かれた。中央委員160人、准中央委員49人が参加した。

一、総会では、志位和夫幹部会委員長があいさつに立ち、第28回党大会の招集と、党大会にむけた当面の党活動の指針となる決議の採択という総会の任務を提起した。

一、小池晃書記局長が7中総決議案「第28回党大会成功へ、共闘の時代の歴史的可能性をくみつくし、強く大きな党を」の提案報告を行った。

一、総会では37人が討論に立ち、決議案の内容を深め、具体化・実践する決意を表明した。

一、小池書記局長が討論の結語を行った。

一、総会は、党規約にもとづく第28回党大会招集についての提案を全会一致で承認した。大会は2020年1月14日（火）から18日（土）まで、党綱領の一部改定、大会決議と中央委員会報告、新中央委員会の選出、その他を議題として、党伊豆学習会館で開催される。

一、総会は、委員長あいさつと7中総決議案、書記局長結語を全会一致で採択し、第28回党大会にむけて「大運動」の成功をめざして奮闘することを誓い合って閉会した。

（「しんぶん赤旗」２０１９年９月16日付）

志位委員長のあいさつ

中央役員のみなさん、インターネット中継をご覧の全国のみなさん、おはようございます。私は、幹部会を代表してあいさつを行います。

冒頭、台風・豪雨被害にあわれた方々に心からのお見舞いを申し上げます。党として対策本部をたちあげ、現地にうかがい、一刻も早い停電復旧をはじめ、被災者の方々が安心した生活を取り戻せるようあらゆる措置をとることを、政府や自治体に求めています。党自身としても可能な支援を行ってきましたが、引き続き全力をつくす決意であります。

第7回中央委員会総会の任務は、第28回党大会を招集すること、および7中総として当面の党活動の指針となる決議を決定することにあります。

提案されている7中総の決議案は、三つの重要な内容を提起しています。第一は、「参議院選挙で確信にすべきことと、打開すべきこと」、第二は、「来たるべき総選挙に、どういう目標と構えでのぞむのか」、第三は、「『第28回党大会成功をめざす党勢拡大大運動』のよびかけ」であります。小池書記局長が提案報告を行います。

私は、若干の問題について発言しておきたいと思います。

野党連合政権について

一つは、野党連合政権についてであります。

私は、8月8日に行った日本共産党創立97周年記念講演で、市民と野党の共闘の4年間の成果を概括し、野党各党に対して、野党連合政権にむけた話し合いを開始することを呼びかけました。

こうした呼びかけを行ったのは、4年間の共闘の到達を踏まえ、ここで野党としての力づよい政権構想を打ち出すことが、今後の共闘の発展・飛躍をかちとるためにどうしても必要であり、またそれは、日本国民と日本社会が求めていることだと考えたからであります。それは直面する選挙が政権を争う総選挙であるという点からも待ったなしの課題となっています。

記念講演を踏まえ、この間、日本共産党として、参議院選挙をともにたたかった5野党・会派に、この問題での党首会談の開催を申し入れてきました。

9月12日、れいわ新選組の山本太郎代表との党首会談が実現しました。次の三つの点で、重要な合意を確認しました。

第一は、両党が、野党連合政権をつくるために協力するということです。そのさい、野党と「市民連合」との13項目の政策合意を土台にすることを確認しました。

第二は、安倍政権が進めようとしている9条改憲に反対することです。

第三は、消費税については以下の点で協力していくことを合意しました。

一つは、消費税10％増税の中止を最後まで求める。

二つは、消費税廃止を目標とする。

三つは、廃止にむかう道筋、財源などについて協議していく。

四つは、消費税問題での野党共闘の発展のために努力する。

以上が、党首会談での合意内容であります。

党首会談で、私が野党連合政権について提案をしたのに対し、山本代表は、「有権者のみなさんに、政権交代すればどのような世の中になるのかということをイメージしてもらうために、こういった話し合いは一刻も早く進めるべき」とのべ、両党で協力していくことが合意されたことは、野党連合政権に向けた最初の一歩を踏み出したものとして、たいへんにうれしいことであります。

他の野党のみなさんとも、今後、話し合いがすすんでいくことを心から期待しております。

私は、政権問題での協議では、三つの点が大切になると考えています。

一つは、政権をともにする政治的合意です。その意志を確認することです。

二つ目は、「市民連合」とかわした13項目の政策合意を土台に、連合政権が実行する共通の政策を練り上げることです。そのさい、連合政権として各党の不一致点にどう対応するかの合意も必要になるでしょう。

三つ目は、小選挙区における選挙協力の合意です。

この三つの点を一体に話し合っていきたいと思います。そのさい、一つ目の点――政治的合意、二つ目の点――共通政策でどれだけの合意が達成できるかは、三つ目の選挙協力の度合いを左右することになると考えています。

そもそも国政選挙での選挙協力は、協力するからには国会での多数を獲得することを目指すわけであり、多数を獲得すれば当然、政権を担う責任が生まれるわけですから、連合政権をつくる――政権をともにするという覚悟を決めてやることが本来のあり方であります。そうしてこそ選挙協力でも最大の力を発揮することができるということを、私は強調したいと思うのであります。

私たちは、野党としての政権構想をとりまとめるための話し合いを実らせるために、知恵と力をつくす決意であります。全国の都道府県・地区・支部でも、記念講演も活用していただいて、ともにたたかった市民や野党のみなさんと語り合い、全国各地から、野党連合政権をつくろうという機運をつくりだしていただくことを訴えるものです。

安倍政治の破綻はいよいよ目を覆うばかりです。無謀きわまる消費税10％増税への暴走、日韓関係の悪化をはじめ八方ふさがりの外交、選挙の審判を無視した9条改憲への暴走など、内政も外交も行き詰まりはいよいよ深刻であります。戦後最悪の反動政権を一刻も早く終わりにしなければなりません。

全党のみなさん、来たるべき総選挙を、市民と野党の共闘の勝利、日本共産党の躍進で、安倍政権と自民党政治を終わらせ、野党連合政権に道を開く選挙にしていくために全力をあげようではありませんか。

第28回党大会の招集と議題について

次に、第28回党大会の招集と議題について提案します。

党規約第19条は、党大会は、「二年または三年のあいだに一回ひらく」としています。党規約にもとづき、招集の提案を行います。

招集日は2020年1月14日（火）、会期は18日（土）までの5日間とします。議題は、①党綱領の一部改定、②大会決議と中央委員会報告、③新中央委員会の選出、④その他――とします。

党綱領の一部改定についてのべますと、2004年に改定された現綱領は、15年の内外情勢の大激動のなかで、全体として豊かな生命力を発揮しています。いよいよ綱領で掲げた民主的改革の課題を実行に移す時代がやってきたと思います。今回の改定は、綱領第三章――世界情勢論を中心に行い、それとの関係で第五章――未来社会論の一部の改定を行うという限定的な改定を考えています。

大会決議と中央委員会報告は、二つの大きな課題について前途を明らかにするものとしたいと思います。

第一は、野党連合政権の実現を大目標にすえ、内外情勢と党の任務を解明し、共闘の発展方向、日本共産党躍進の方針を太く明らかにすることです。

第二は、この任務を支える強く大きな党をいかにしてつくり、世代的継承をいかにしてはかるかについて、全国のとりくみから教訓を引き出し、今後の方針を明らかにすることであります。

以上が提案であります。

第28回党大会は、日本共産党にとっても、日本の政治にとっても、歴史的意義をもつ大会となります。全党の力で来たるべき党大会を必ず成功させることを、心から訴えるものであります。

「第28回党大会成功をめざす党勢拡大大運動」について

最後にのべたいのは、「第28回党大会成功をめざす党勢拡大大運動」についてです。くわしくは決議案と提案報告で明らかにしていきますが、私は、一点だけ強調したいと思います。

それは決議案が、「大運動」の目標として、党員拡大でも「しんぶん赤旗」読者拡大でも、「大会時の回復・突破」を目標にすることを提案していることについてであります。この目標は、端的にいえば、「この大会期を、党勢の面でも後退から前進に転換する大会期にしよう」という目標です。

私が、強調したいのは、この目標が、この間の党勢の歴史的推移にてらしても、きわめて重要な死活的意義をもつ、そして大志ある目標だということであります。

ここで、党建設の現状を歴史的視野で見てみたいと思います。党員でも、読者でも、わが党の党勢は、1980年ごろをピークにして、残念ながら長期にわたって後退傾向が続いてきました。党員は、50万人近くから、現時点は約28万人です。「しんぶん赤旗」読者は、1980年のピークは355万人でしたが、現時点は100万人を割っています。

その原因はどこにあるでしょうか。「努力が足らなかったから」と単純には言えません。この間、全党のみなさんは、党建設・党勢拡大に、最大の力、最大のエネルギーを注ぎ、努力されてきました。私は、困難のなかでコツコツと党をつくり、日々、支えてこられた全国の同志のみなさんに、心からの敬意と感謝を申し上げたいと思います。

しかし、残念ながら前進をつくれていません。主体的な活動の問題点もありました。その都度自己分析と方針の発展も行ってきました。同時に、わが党をとりまく客観的条件の問題がありました。そのなかでも最大の問題は、1980年の「社公合意」によって「日本共産党を除く」という「壁」がつくられたことであります。

わが党は、1961年の綱領路線確定後、1960年代、70年代に、「安保共闘」や全国に広がった革新自治体など、統一戦線の発展に力をつくし、それと一体に職場、地域、学園に党をつくっていきました。そうした統一戦線の流れが「社公合意」で断ち切られました。その否定的な影響はきわめて大きいものがありました。職場や若い世代のなかでの党づくりは、とくに厳しい困難にさらされました。

しかし、いま情勢の大きな変化が起こっているではありませんか。

この4年間で何より大切なのは、「日本共産党を除く」という「壁」が崩壊したということにあります。新しい共闘の時代が始まりました。私たちは、3度にわたる国政選挙での全国的規模での選挙協力という、党史でもかつてない新しい事業にとりくんできました。共闘を通じて、新しい友人、新しい絆、新しい信頼が間違いなく広がっています。党と国民との関係も大きく変化しています。かつては日本共産党といいますと、「孤立している」「独善的」「力がない」などの声もありました。しかし、いまでは、わが党への見方も、大きく変わってきているのではないでしょうか。

「決議案」がのべているように、党勢という面でも、世代的継承という面でも、現状は率直にいって危機的であります。それは全国の同志のみなさんが痛いほど感じておられることだと思います。同時に、それを前向きに打開するかつてない歴史的可能性も間違いなく存在する。危機と可能性の両方があるのであります。

可能性という点で、別の角度から、もう一つ数字を紹介したいと思います。党勢がピークだった1980年の衆参ダブル選挙での、わが党の参院全国区での得票は407万票、得票率は7・3%でした。今年の参院比例区での得票は448万票、得票率は8・95%です。党勢は後退させましたが、得票率は伸ばしているのであります。日曜版読者1人当たりの得票は、1980年の参院選は1・65票だったのが、今年の参院選は5・49票になっています。

すなわち党勢と比較しての党の政治的影響力は、はるかに大きくなっているのであります。言い換えれば党勢拡大の巨大な客観的条件が存在している。これは全党のみなさんの努力のたまものであり、ここに大いに確信をもとうではありませんか。このチャンスを生かそうではありませんか。この歴史的可能性に最大限働きかけて、何としても党勢拡大で後退から前進に転じようではありませんか。

「そうはいっても簡単にいかない」という声もあると思います。「大運動」の目標達成が容易でない大仕事であることは事実であります。どうやってこれを成功させるかは探求・開拓の課題です。実践を通じて一つひとつ打開していきたい。

ただ、たしかな手がかりはあります。それは、第27回大会決定が打ち出した党建設の法則的発展の方針――「地区委員会活動の四つの教訓」「楽しく元気の出る支部会議の定着」などであります。全党の経験と知恵でつくりだされたこれらの方針をしっかりとすえ、ともに探求・開拓していきたいと思います。

そのさい、私たち中央の姿勢として、決議案も提案しているように、すべての中央役員が、県、地区、支部に足を運び、ともに議論し、ともに行動し、中央と地方が一体になって前進の道を開いていく――そういう姿勢と決意でこの運動にのぞもうではありませんか。

3年前の第27回党大会決議は、開始された市民と野党の共闘について、「日本の政治の新しい時代が始まった」と特徴づけました。全党のみなさん、あと4カ月半の奮闘で、この大会期を、党建設・党勢拡大の面でも「新しい時代が始まった」と締めくくれる大会期にしようではありませんか。「第28回党大会成功をめざす党勢拡大大運動」をみんなの力で必ず成功させることを心から訴えて、あいさつといたします。

(「しんぶん赤旗」2019年9月16日付)

第7回中央委員会総会　決議

第28回党大会成功へ共闘の時代の歴史的可能性をくみつくし、強く大きな党を

1、参議院選挙で確信にすべきことと打開すべきこと

(1)参院選の結果について——共闘の成長・発展と日本共産党の結果

参議院選挙の政治的総括は、7月22日の常任幹部会声明と8月8日の党創立97周年記念講演が明らかにしている。その基本点は次のとおりである。

――自民・公明・維新などの改憲勢力が、改憲発議に必要な3分の2を下回った。これは「期限ありきの性急な改憲の動きには賛成できない」という国民の明確な審判である。自民党が参議院で単独過半数を大きく割り込んだことも重要である。

この結果をつくるうえで、市民と野党の共闘は決定的役割を果たした。全国32の1人区すべてで野党統一候補が実現し、10選挙区で自民党との一騎打ちを制した。5野党・会派が市民連合との間で13項目の「共通政策」を合意し、政策的一致点が大きく広がるとともに、各地で相互に支援しあう共闘に前進した。

――日本共産党は、選挙区では東京、京都で現職議席を守りぬき、埼玉で21年ぶりに新たな議席を獲得した。大阪で現職議席を失ったのは悔しい結果だが、選挙区で全体として現有の3議席を確保したことは重要な成果だった。

比例代表では、日本共産党が改選5議席から4議席に後退したことは残念だが、2017年総選挙の比例代表での「440万票、7・90％」から、「448万票、8・95％」まで押し返すことができた。これは次の総選挙で躍進をかちとるうえで、重要な足がかりをつくるものとなった。

――参議院選挙の結果は、市民と野党の共闘の勝利と日本共産党の躍進という、わが党が掲げた二つの目標にてらして、共闘の力、全党の力で、全体として大健闘と言える結果をつくることができた。

――参議院選挙では、多くの成果とともに悔しい結果もあった。党の自力を強めることの切実な意義を痛いほど感じている。成果を確信に、悔しさをバネに、強く大きな党をつくる仕事にただちにとりかかろう。

この基本点を、第7回中央委員会総会としても確認し、今後のたたかいにのぞむ。

（2）参院選の政治論戦について――選挙後の情勢の中で、重要性を増している

参議院選挙では、6中総決定で提起した「批判とともに希望を語ろう」「日本共産党の魅力を語り、積極的支持者を増やそう」という「二つの力点」にもとづく政治論戦が、大きな力を発揮した。

わが党が提起した多くの問題が選挙戦の中心争点となるとともに、国民に「政治は変えられる」という希望を伝え、安倍自公政権を追いつめた。今後も、「二つの力点」にもとづく政治論戦と一連の政策的提起をさらに発展させていく。

選挙戦で行った論戦は、その後の情勢のもとで、いよいよ重要性を増している。

消費税10％への増税は、その矛盾と問題点がいっそう鮮明になっている。選挙後も、くらしと景気の悪化はすすみ、実質賃金は7カ月連続で前年同月を下回り、家計消費は冷え込み続けている。国民の増税に対する批判と怒りは根強い。最後まで、増税中止の一点での世論と運動を広げることが、国民の願いに応えるとともに、その後のたたかいのうえでも重要になっている。

わが党は選挙戦で「年金マクロ経済スライド」が基礎年金を7兆円も削減するという大問題を正面から追及し、「減らない年金」への改革を財源も示して論戦にとりくんだ。選挙後に年金の新しい「財政検証」が発表され、基礎年金を3割削減する問題点が改めて浮き彫りになった。「マクロ経済スライド」をやめ、〝減らない年金〟にする世論と運動を広げるために、ひきつづき力をつくす。

参院選では、改憲勢力が3分の2を割ったが、安倍首相は国民の審判を真摯《しんし》に受け止めず、内閣改造にあたって〝党一丸となった改憲〟の号令をかけるなど、改憲発議への暴走をやめようとしていな

い。安倍9条改憲の本質をつき、正面から対決の論陣を張った参院選の論戦を生かし、安倍改憲を断念に追い込んでいく。

「安倍外交」も八方ふさがりになっている。トランプ大統領言いなりに、日米貿易交渉では日本側が一方的に譲歩した合意がかわされようとしている。日本農業の破滅のみならず、経済主権を侵害することは断じて許されない。日ロ領土交渉は、戦後処理の不公正をただすどころか、歴代政府の立場すら投げ捨てた屈従外交の結果、無惨な傷痕だけが残る大破綻となった。

日韓関係の悪化はいよいよ深刻になっている。直接の原因は、安倍政権が「徴用工」問題で被害者の名誉と尊厳を回復する責任を放棄したうえ、この問題での政治的対立の「解決」の手段として対韓貿易規制の拡大——韓国の「ホワイト国」からの除外という、「政経分離」の原則に反する「禁じ手」を使ったことにある。これは選挙中の党首討論から、志位委員長が厳しく批判してきたことだった。

さらに根本原因としては、安倍首相が、95年の「村山談話」、小渕首相と金大中《キムデジュン》大統領が発表した98年の「日韓パートナーシップ宣言」で明記された「植民地支配への反省」の立場を投げ捨てる態度を取り続けていることがある。過去の植民地支配への真摯な反省の立場を土台にしてこそ、日韓両国間の諸懸案の解決の道が開かれるという、わが党の主張がいよいよ重要になっている。

(3) 宣伝・組織活動の教訓——打開し、総選挙に生かすべき二つの点

参議院選挙の結果をうけて、全国の都道府県委員長と候補者から感想と特別報告を寄せていただ

き、そのほかにも、全国から多くの意見をいただいた。

宣伝・組織活動は、全体としては、第27回党大会決定と6中総決定の方針にもとづいて積極的なとりくみが行われた。同時に、寄せられた報告から、今後に生かすべき二つの中心的な教訓も明らかになった。

「比例を軸に」「自らの選挙」としてたたかいぬいたか

6中総決定は、「『比例を軸に』を絶対に言葉だけにせず、文字通りつらぬく」ことを訴え、「比例代表選挙は、全国がどこでも必勝区であり、どの一票も議席に結びつく」「『全国は一つ』のたたかいが最もダイナミックに展開できる」「有権者は2票もっている」など、6点にわたって、比例代表選挙が最もたたかいやすく、最もたたかいがいがある選挙であることを強調した。

今度の参院選で、17年総選挙の比例代表の得票数・得票率から前進し、「448万票、8・95％」を獲得したことは、多くの党組織が、野党共闘と日本共産党躍進の一体的追求を行った過去2回の国政選挙の教訓をふまえ、6中総決定にもとづいて「比例を軸に」した活動への意識的努力を行った成果である。

同時に、各県からの報告では、「比例代表選挙が『自らの選挙』にならず、地方選挙よりも活動が弱まった」「地方選挙が終わったあと、地区や自治体・行政区の臨戦態勢が事実上解除された」「比例の得票目標を本気でやりぬく構えをつくりきれなかった」などの反省点も寄せられている。

中央のとりくみでは、節々で、比例代表選挙が「自らの選挙」になっていないことに警鐘を鳴らすとともに、比例代表選挙の情勢判断と打開の方策を呼びかけたことは、全体として的確であり、全党の決起と奮闘を広げる力になったと考える。

一方で、比例候補の宣伝物などが、6中総決定にもとづいて7人全員の魅力を丸ごと押し出すものになっていなかったことや、7人の魅力を一体に押し出すキャンペーンが十分行われなかったなど、「全国は一つ」の選挙にしていくうえで弱点もあった。中央としての教訓としたい。

今度の参院選では、比例であと17万票を伸ばしていれば、現有5議席は確保できた。これは決して一部地域の問題ではなく、全党の責任としてとらえなければならない。今回の参院選の教訓として、総選挙にむけて生かしていく。

最大の弱点は、党の自力の問題

全国からの報告では「担い手」を広げるという方針、「折り入って大作戦」が力を発揮したことがのべられている。参院選では、統一地方選のたたかいから教訓を導き、選挙をともにたたかう「担い手」を広げにひろげることを、選挙方針の柱にすえてたたかった。読者や後援会員、支持者への「折り入って大作戦」にとりくみ、ネット・SNSを使った「市民やサポーターとともにたたかう選挙」や、民青同盟との協力という点でも、すぐれた経験が生まれたことは、今後に発展させるべき重要な活動である。

同時に、参院選での支持拡大の到達は、支持拡大目標比53％にとどまった。これは、選挙の「担い手」を広げる中心である党の自力の問題にほかならない。参院選をたたかった党勢は、前回参院選時比で党員93・9％、日刊紙88・9％、日曜版86・7％であった。「持てる力の総発揮」という点でも、6中総決定の討議・具体化支部は83・6％、読了党員は3割強にとどまった。

今回の結果は、党の自力を抜本的に強めることなしには、「850万票、15％以上」の目標をやりきることができないということを示した。党の自力をつける課題は、この参院選の最大の教訓である。

全国からの報告でも、比例得票率が相対的に高い党組織は、共通して分厚い党勢を築いていることが語られている。すぐれた党組織の経験と教訓に学び、党の自力をつけるとりくみにのぞもう。参院選の成果を確信に、悔しさをバネに、新たな意気込みで党づくりに挑戦し、総選挙勝利へ向かおう。

2、来たるべき総選挙にどういう目標と構えでのぞむのか

次の国政選挙は総選挙となる。総選挙では、国政の進路とともに政権が直接争われる。日本共産党は、総選挙を、次の二つの目標を掲げ、その達成のために全力をあげてたたかう。

（1）市民と野党の共闘――野党連合政権に道をひらく選挙に

第一は、市民と野党の共闘をさらに大きく発展・飛躍させ、衆議院で、自民・公明とその補完勢力を少数に追い込み、野党連合政権への道をひらくことである。

そのために、野党間で政権問題での前向きの合意をつくるために力をつくす。わが党は、4年前に

「国民連合政府」を提唱して以来、野党が政権問題で前向きの合意をつくることを主張しつづけてきた。同時に、これまで政権合意がないもとでも、この問題を横においても選挙協力をすすめてきた。しかし、市民と野党の共闘を本当に力のあるものにするためには、この課題を避けて通ることはいよいよできなくなっている。

野党連合政権にむけた話し合いでは、①政権をともにつくるという政治的合意、②連合政権がとりくむ政策的合意、政権として不一致点にどう対応するかの合意、③総選挙での小選挙区における選挙協力――三つの合意が大切になる。

何より中央として、党本部間でこれらの合意がかちとれるように全力をあげる。同時に、都道府県・地区・支部でも、市民と野党のみなさんに党創立記念講演を届け、懇談し、野党連合政権の合意への機運をつくりだそう。

(2)「850万票、15%以上」を目標に、日本共産党の躍進を

第二は、日本共産党の躍進を必ずかちとることである。

比例代表では、「850万票、15%以上」を目標にたたかい、全国11の比例ブロックのすべてで議席獲得、議席増をめざす。政治目標に見合う比例代表予定候補を早期に決定する。

小選挙区での選挙協力を成功させ、議席の大幅増をめざす。党本部間での野党連合政権への三つの合意をつくる努力と一体に、候補者の擁立をすすめる。候補者擁立は、中央と都道府県委員会がよく相談してすすめる。

すべての支部が、「850万票、15％以上」に対応する総選挙比例代表の得票目標、支持拡大目標を決め、それをやりきる「政策と計画」をたて、日常的に党の支持を増やし、固める活動にとりくむ。参院選の教訓を生かし、要求活動、宣伝活動、選挙活動、党勢拡大など党のあらゆる活動を、比例代表の目標を達成することに焦点をあて、その達成のために必要な計画をたて、日常的・意識的に追求する。

この活動が、総選挙にむけた共闘の発展、野党連合政権の合意をつくる力にもなる。野党連合政権を支える強力な日本共産党国会議員団をつくるため、全党が勇躍して総選挙勝利をめざす日常的なとりくみをただちに開始しよう。

3、「第28回党大会成功をめざす党勢拡大大運動」を呼びかける

第28回党大会は、党綱領の一部改定とともに、野党連合政権の実現を大目標として政治任務を明らかにし、その任務を支える強く大きな党をつくるための方針を打ち立てることを主題として開かれる。日本共産党にとっても、日本の政治にとっても、歴史的意義をもつ大会となる。

第7回中央委員会総会として、第28回党大会の成功をめざして、党勢拡大に思いきって集中して、あらゆる力をそそぐ大運動――「第28回党大会成功をめざす党勢拡大大運動」にとりくむことを呼びかける。

期間は、党大会を開く1月末までの4カ月半とする。

（1）「党勢拡大大運動」の目標

①党員拡大では、すべての都道府県・地区委員会が、第27回党大会時の党員現勢を回復・突破することを目標とする。そのために、すべての支部・グループが新しい党員を1人以上迎えよう。

要求活動、選挙活動、機関紙活動など、党のあらゆる活動を担う根本の力は、党に自覚的に結集した党員であり、党員拡大は党建設の根幹である。党員拡大での前進は、党活動の発展を支える最大の保障であり、わが党にとって死活的課題である。

第27回党大会以降、新しい党員を迎えた支部は34・0％にとどまっている。今大会期、すべての支部・グループが必ず新たな仲間を迎えよう。すでに迎えた支部・グループも、この「大運動」期間中にさらに新しい仲間を迎えて、党大会を成功させよう。

②「しんぶん赤旗」読者拡大では、すべての都道府県・地区委員会、支部・グループが、毎月、日刊紙、日曜版とも増勢し、第27回党大会時を回復・突破することを目標とする。全党的には日刊紙で2万3千人以上、日曜版で12万人以上の増勢に挑戦する。「しんぶん赤旗」電子版も大いに普及する。

この目標は大きいように見えるが、4カ月半の間に、1支部当たり日刊紙読者を2人以上、日曜版読者を7人以上、前進させることができれば達成が可能になる。

読者との結びつき、その要求にこたえる活動を強め、配達・集金活動の改善をはかり、「しんぶん赤旗」中心の党活動を定着させる努力と一体に読者拡大の飛躍をかちとろう。

第27回党大会決定では、『女性のひろば』の読者倍加をはじめ、定期雑誌の普及も党勢拡大の課題に位置づけた。大会に向け、独自の努力を強化しよう。

③　全党が一丸となり、青年・学生と労働者の中での党建設をとりわけ重視してとりくむ。すべての都道府県・地区委員会が、毎月必ず、若い世代と労働者を党に迎えよう。民青同盟の全国大会（11月）に向けて、民青同盟が決めた年間2000人の同盟員拡大目標の実現へ、各県の民青同盟が目標を決め、決めた目標を達成するよう協力・援助を強めよう。すべての職場支部が党員を迎えるとともに、全党の共同の事業として労働者を党に迎え、職場支部の継承・発展、空白の職場に党支部をつくることに挑戦する。

これらの目標をやり遂げ、この「大運動」を通じて党勢を着実な前進の軌道にのせ、持続的な前進をはかれる党をつくろう。

（2）「大運動」の歴史的意義と可能性

「大運動」を成功させる歴史的意義と可能性を三つの角度からつかみ、全党がたちあがろう。

第27回党大会期を、党勢の後退から前進へと転換する大会期に

第一は、第27回党大会期を、党勢の後退から前進へと転換する大会期とし、「日本の政治の新しい時代」（第27回党大会決議）にふさわしく、党づくりでも新しい時代をひらく大会期とすることである。

党づくりの切実性・緊急性は、全党が痛感していることである。わが党はいま、党員数と「しんぶん赤旗」読者数の現勢でも、党の世代的継承の面でも、「赤旗」の発行の存続や中央と地方の党機関の財政という点でも、現状のまま推移するならば、いま日本社会で果たしている党の役割が果たせなくなる危機に直面している。いま党づくりで後退から前進に転ずることは、国民に対するわが党の責任である。

同時に、いま党づくりで後退から前進に転じるこれまでにない大きな歴史的可能性が間違いなく存在している。

わが党は、1980年ごろを境に、党勢の後退を余儀なくされてきた。その最大の客観的要因は、1980年の「社公合意」によって「日本共産党を除く」という「壁」が築かれたことにあった。長期にわたって、わが党を、日本の政界の中で存在しないものであるかのように扱う反共作戦が行われた。とりわけ職場の党組織、若い世代のなかでの党建設は、大きな否定的影響をこうむった。

しかしこの4年来、「日本共産党を除く」という「壁」は崩壊し、市民と野党の共闘で政治を変える「日本の政治の新しい時代」が始まった。「自公と補完勢力」対「市民と野党の共闘」という新しい対決構図の一方の極で、わが党は重要な役割を果たしている。第27回党大会以降も、市民と野党の共闘は一歩一歩発展し、成果を積み重ね、共闘の前進に貢献するわが党に新たな信頼と期待が寄せられている。

参院選後も、市民と野党の共闘で結びついた新たな友人が各地で入党している。共闘の時代に、タブーなく真実を伝える国民共同の新聞としての「しんぶん赤旗」の役割も際立ち、野党の役員と国会議員がこぞって「赤旗」読者になる県も生まれている。

わが党は、党づくりをめぐって、いま大きな岐路にある。危機もあるが、これまでにない歴史的可能性もある。いま後退から前進に転じなくて、いつ転じるのか。これがいま私たちに問われていることである。

市民と野党の共闘で生まれた新たな結びつきに一人残らず働きかけよう。共闘の時代の新たな可能性をくみつくし、長年続いた後退にピリオドを打ち、前進・飛躍へと転じる第27回党大会期にしよう。

総選挙で勝利し、野党連合政権への道をひらく強大な党を

第二に、総選挙で勝利し、野党連合政権への道をひらくうえでも、「大運動」の成功が強く求められている。

わが党は、市民と野党の共闘と日本共産党の躍進という二つの大仕事を一体的に追求する国政選挙を、16年参院選、17年総選挙、19年参院選と3回にわたってたたかってきた。そのいずれの選挙についても、最大の教訓として銘記したのは、〝二つの仕事を同時にとりくむためには、今の党勢はあまりにも小さい〟ということだった。

来たるべき総選挙は、野党連合政権への道を本格的に追求するという、かつてない挑戦をする政治戦となる。わが党にかせられた政治任務はいよいよ大きなものとなり、党の自力との大きなギャップを残したまま総選挙を迎えるわけにはいかない。野党連合政権の実現と、それを支える日本共産党の躍進という、二重の任務をやりぬける党をつくることが、どうしても必要である。

日本共産党の政治的・組織的な躍進は、野党連合政権をつくる最大の力となる。

若い世代のなかに党をつくり、日本の希望ある未来をひらく一歩を

第三に、「大運動」で、若い世代のなかに党をつくり、若い世代と力をあわせて野党連合政権の実現、日本共産党の躍進をきりひらくことである。

いま若い世代は、高学費や劣悪な労働、減らされ続ける年金などの解決、ジェンダー平等社会の実現を願い、日本の進路を真剣に考えている。参院選では少なくない若者が投票を棄権したが、「政治は変えられる」「政治はあなたのためにある」という希望が伝わるならば、野党連合政権の実現は若者にとっての旗印となり、日本の情勢は一変する。

党と若い世代の間に、これほど「壁」のない時代はない。今度の参院選では、自発的に党事務所を訪問する高校生、学生や、JCPサポーターとして選挙に協力する若者の姿が全国で広がった。大企業職場も含め、党の政策に労働者から共感が寄せられた。民青同盟が、党綱領と科学的社会主義を学び、行動する魅力を輝かせ、学生新歓で前進している。

いまの政治を変えるカギを握っているのは、未来を担う若い世代である。若い世代のなかに党をつくり、若者とともに日本の希望ある未来をきりひらく新たな一歩を踏み出す「大運動」にしよう。

(3)「大運動」にどうとりくむか

「大運動」の目標達成が、容易でない大仕事であることは、私たち中央委員会も痛感している。党づくりのかつてない条件と可能性をくみつくし、いかにして党勢を前進の軌道に乗せるか――こ

れは、支部・グループ、地区、都道府県、中央が、共通して直面し、苦闘している課題である。どうすれば打開できるか、全党が一つになって探求し、実践を通じて一つひとつ打開していこう。中央委員会は、すべての中央役員が県、地区、支部にでかけ、ともに議論し、ともに行動し、前進の方向を探求していく決意である。

そのさい、手掛かりになるのは、「地区委員会活動の四つの教訓」や「楽しく元気の出る支部会議」の定着など、全国のすぐれた経験に学んで第27回党大会決定が打ち出した党建設の法則的発展の方針である。今年の1月の全国都道府県・地区委員長会議では、全国の地区委員長のアンケートから、困難を打開するカギがどこにあるのか、常任幹部会として学んだ7点を紹介した。全党の経験と知恵でつくりだされたこれらの法則的発展の方針を、「大運動」推進の方針としてしっかりすえ、手掛かりにして実践に足をふみだそう。

中央と全国の党組織が心一つに奮闘し、歴史的条件をくみつくし、党勢拡大をともに探求・開拓して、「大運動」を成功させよう。

「支部が主役」で、全支部・全党員が参加する「大運動」に

すべての支部・グループと党員が7中総決議、党創立記念講演を読了・討議し、「大運動」の目標と計画をもち、わが支部・グループの「大運動」として、党勢拡大にふみだそう。

すべての党員が参加する「大運動」にすることが、目標達成のカギを握る。「楽しく元気の出る支部会議」を全党に定着させる努力のなかで、「対象者を紹介するぐらいなら」「一緒に行動についていくぐらいなら」など、一人ひとりの条件、みんなの知恵も出し合い、「すべての党員が参加する『大運動』」、「ともに増やし、ともに喜び、ともに成長する『大運動』」へ、みんなの知恵と力を集めよう。

新しい仲間を迎えたら、必ず歓迎会を開き、新入党員教育の全員の修了を党大会までにやりきろう。ある地区では、11人の学習・教育部を確立し、昨年の「特別月間」以降に迎えた新入党員のほぼ全員の教育を修了、新入党員がさらに党員を増やして職場支部を結成した。こうした経験にも学び、新しい党員の成長を支え、党勢拡大の飛躍をつくりだそう。

国民の中に「集い」や「街角トーク」で打って出よう

すべての都道府県・地区委員会、支部・グループが、大中小の多彩な「集い」、街頭に出て双方向で語りあう「街角トーク」などを全国津々浦々で開こう。

市民運動や他党、業界団体や労働組合など、共闘で生まれた新たな結びつき、信頼関係を生かし、記念講演ダイジェストＤＶＤ（26分）や記念講演パンフレットを活用して、「集い」や懇談会にとりくもう。青年・学生の「集い」、職場や分野別の「集い」を大いに開催しよう。

「集い」をあらゆる党活動の推進軸として位置づけ、〝党と「赤旗」のここが好き〟を語り合い、入党を訴えるとともに、「しんぶん赤旗」見本紙を活用して気軽に購読を呼びかけ、党勢拡大の場として成功させよう。

「大運動」期間中に、すべての中央役員が「集い」に参加し、全国で日本共産党の風を起こす先頭に立って奮闘する。

消費税、憲法などのたたかいを発展させる中で推進しよう

10月から始まる臨時国会での論戦、消費税10％増税ストップ、改憲阻止から身近な要求まで、国民の切実な要求にもとづくたたかいを広げることと一体に、「車の両輪」の活動で党勢拡大を推進しよう。

党員と「赤旗」読者を増やすことは、あらゆるたたかいを広げ、共闘と運動を発展させる原動力である。たたかいを通じて、新たな友人たちとの信頼関係をさらに発展させることと一体に、党勢拡大の独自追求をすすめよう。

すべての地方議員が「大運動」の先頭に

地方議員は、地域の党の「顔」であり、住民の利益を守る活動に奮闘し、信頼を広げている。統一地方選挙、参議院選挙のなかでも、さまざまな結びつきが広がっている。

議員団会議を開き、すべての地方議員が目標をもって、支部とともに「大運動」にとりくもう。党機関は、新人議員や若い世代の議員をはじめ、地方議員への援助を強めよう。

党機関、支部・グループは、「大運動」成功へ臨戦態勢を

党機関は、困難な支部への援助に最優先でとりくむため、非常勤の役員やベテラン党員、職場支部のOB・OGも結集し、全支部・グループに指導・援助の手が届く臨戦態勢を確立・強化しよう。支部・グループの経験交流会やニュースの発行など、互いに経験と教訓を学び合う「大運動」にして、

成功させよう。医療、福祉、教育などの分野ごとのとりくみをおおいにすすめよう。

市民と野党の共闘で国政を変えるという、「日本の政治の新しい時代」が始まっている。第28回党大会まで4カ月半、〝党建設の上でも新しい時代が始まった〟といえるようにするために、「党勢拡大大運動」のとりくみをただちに開始し、目標をみんなの力で必ずやりぬこう。党勢の上げ潮の中で第28回党大会を迎え、来たるべき総選挙で、野党連合政権への道をきりひらこうではないか。

（「しんぶん赤旗」2019年9月16日付）

小池書記局長の結語

みなさんお疲れさまでした。討論の結語をおこないます。

この総会はたいへん重要な総会になったと思います。討論では37人の同志が発言をされました。全国ではリアルタイムでの視聴が1万7700人、800通を超える感想文が寄せられています。全体として、志位委員長のあいさつと、そして中央委員会総会の決議案について、「第28回党大会成功をめざす党勢拡大大運動」の提起もふくめて、正面から受け止めていただきました。

7中総決定と記念講演の読了・討議を一刻も早くやりぬこう

討論のなかでは、先月の志位委員長の党創立97周年記念講演が、市民と野党の共闘の到達点と展望を示し、そのなかでの日本共産党の役割を全面的、包括的に解明したものとして、大きな力を発揮していることが何人もの方から語られました。

大阪の地区委員長は、「参院選で選挙区の宝の議席を失い、大健闘だと言われても大阪は別という雰囲気があった。しかし、記念講演がおこなわれてからは、共闘の4年間を自分たちの活動にひきつけるなかで、視野が広がり自分たちのたたかいへの確信と構えがつくられつつある」と語りました。滋賀県では、野党統一候補として見事に勝利をした嘉田由紀子さんが、志位委員長の講演が掲載された「しんぶん赤旗」にびっしりと線を引き、会議ではそこを読み上げて、「こういう総括が大事です」と語ったそうです。

党内でも、そして党外にたいしても、市民と野党の共闘の前進の意義を広げるうえで、決定的な推進力をもつのがこの記念講演です。しかし、その読了はまだ19・2％にとどまっています。読了しないままではモヤモヤ感をそのままにしてしまうことになりかねません。

7中総の決定と合わせて記念講演の読了と討議を一刻を争って広げることを呼びかけます。この記念講演のエッセンスをまとめたダイジェストＤＶＤを大量活用することもあらためて強調したいと思います。

7中総決定が採択されれば、すべての指導的同志――都道府県、地区役員、支部長、地方議員が、志位委員長のあいさつと、第7回中央委員会総会決議と結語と、この三つの文書を1週間以内に読了して、その中身を語りぬきましょう。

「野党は共闘」から「野党は連合政権を」へ、取り組みをすすめよう

総選挙に向けて、連合政権問題での野党間の前向きの合意をつくるために、都道府県、地区、支部で、草の根から、野党連合政権の合意をつくろうという機運をつくり出しましょう。このことを都道

府県や地区や支部の大事な仕事として呼びかけましたが、これも大いに歓迎をされています。市民と野党のみなさんに、記念講演を届け、懇談することは、「わが支部、わが地区、わが県」でできる野党連合政権実現に向けた取り組みであり、綱領実現にむけた大仕事です。このことに取り組みたい。「野党は共闘」という段階から、「野党は連合政権を」という段階へ。この合言葉で、取り組みをすすめようではありませんか。

「大運動」目標をどうやりぬくのか、侃々諤々、率直に議論しみんなの力でやり遂げよう

「第28回党大会成功をめざす党勢拡大大運動」について、成功させる決意がこもごも語られました。全国から寄せられた感想文では、常任幹部会での侃々諤々《かんかんがくがく》の議論のうえにたった提案であるということに共感が寄せられています。侃々諤々という言葉が多くの感想文に出てきます。「『大運動』の目標は大きい。本当にできるんだろうか。率直に言って簡単ではない。自信がない」、そういう思いもあるでしょう。いかにして党づくりで前進を切り開くか、これはまさに全国の党員と組織が直面し、苦闘している課題です。だからこそ常任幹部会としても、本当にこの目標ができるのかと、率直に時間をかけて議論をしたわけです。

しかし議論して、「やはりこの目標でいこう」となった。それはいったいなぜか。三つあげたいと思います。

一つは、情勢の歴史的な変化が起こり、「日本共産党を除く」という「壁」が崩れて、若い世代の

なかでも大きな変化がうまれ、広大な可能性が広がっているからです。議論のなかで福岡の県委員長が、「覚悟を持たなければいけない」という発言をされた。まさに40年ぶりの情勢の変化にふさわしい、40年ぶりの大仕事をやらなければいけない、そういう覚悟を持ってこの「大運動」にのぞもうではないかということであります。

いま一つは、野党連合政権を本格的に追求するという、今の政治任務をやり遂げようという時に、大会現勢を回復するというのは、少なくともやり抜かなければならない最低限の目標ではないかということからです。

そして三つ目に、どうやるのかについてすべての答えを中央が持っているわけではないということを率直に述べました。決議案では、中央、都道府県、地区、支部が一緒に探求しようと呼びかけました。もちろんこれは、決して暗闇の中の手探りの探求ではありません。探求の指針は、党大会決定や今年1月の都道府県・地区委員長会議の法則的発展の方針に示されています。ここを手掛かりにして、すべての中央役員が都道府県、地区、支部に出かけ、一緒に行動しよう。この提起にも全国から歓迎の声が上がっています。

都道府県と地区の役員は、全国で1万508人おられます。この1万人をこえる役員が中央役員とともに、みんなで支部に入ろうではありませんか。ひとりで二つの支部・グループを変化させることができれば、すべての支部・グループが立ち上がる状況をつくりだすことができます。そうすれば目標達成の展望も大きく開けてくると思います。ぜひみんなでこの仕事に取り組もうではありませんか。

中央役員がいっせいに入ろうという呼びかけはとても歓迎されておりますが、感想文の中には「中央も一緒に探求してくれるというのは心強いような、でも中央から来たらどうしようという気もしますが、ありがたいような、困るような…」、という率直なものもありました。

決して〝はっぱ〟をかけに行くわけではありません。支部に学びに行こうという提案です。ともに悩み、ともに考え、ともに行動するという姿勢で中央役員のみなさんも入っていこう、ということを強調したいと思います。

それから、「大運動」期間中にすべての中央役員が、「集い」あるいは「街角トーク」に打って出る、このことも全国の感想文では歓迎されています。必ずこの公約を実現するために、私たちも先頭に立って頑張る決意を表明するものです。

こういう議論のうえに、やはりこの目標で頑張ろう、全党が力を合わせようという決意で提起をしたわけです。ですから、常任幹部会でも、幹部会でも侃々諤々《かんかんがくがく》議論したように、都道府県でも地区でも支部でも、率直に、みんなの胸に落ちるまで本音で議論していただきたい。そうしてこそ本当の力がでてくると思います。そうしてこそみんなで、みんなの力でこの課題をやり遂げようということになると思います。そういう取り組みにしていこうではないかと、訴えます。

若い世代での党建設についての発言もたくさんありました。全国からの感想文では、「政治は変えられる、政治はあなたのためにある、その希望が伝われば、情勢は一変する」、この決議案の提起が、熱く受け止められています。私たちとしても新たなチャレンジをしていきたい。その点でさまざまな提案がこの総会でもおこなわれました。とくに東京の同志から具体的な提案として、青年党員が参加する全国決起集会を、この「大運動」と、そして民青の全国大会の成功にむけてやろう、ネット配信もしてほしいという提案がありました。大賛成です。これを具体化していきます。

この9月を全県・全地区前進で後退から前進に転じる月にしよう

さて結語の最後に、「9月が勝負だ」ということを訴えます。明日からの一日一日の取り組みが、決定的になります。そこで9月の目標の提案です。「大運動」に取り組む、この仕事の第一歩として、この9月を、すべての都道府県とすべての地区で、党員と、「しんぶん赤旗」日刊紙と日曜版の読者で、少なくとも必ず前進をかちとる月にしようではありませんか。一つの県も、一つの地区も残さず、後退から前進に転じる月にしようではないかということを、最初の仕事として提案したいと思います。

推進体制ですが、中央として「大運動」推進本部を置きます。本部長は私、そして本部長代理には山下芳生副委員長・党建設委員会責任者があたります。さっそく明日（16日）、第1回の会議を開き、7中総決定の全面実践の先頭に立つ決意です。ともに力を合わせて、必ずこの「大運動」を成功させようではありませんか。

みなさん、市民と野党の共闘で国政を変える日本の政治の新しい時代が始まっています。私たちの先輩がのりこえてきた苦闘の連続の歴史を振り返れば、綱領の実現が現実の政治課題になるという、こんな時代に中央役員として仕事ができる、中央役員としてたたかうことができる、このやりがいと手ごたえには計り知れないものがあるのではないでしょうか。

第28回党大会までの4カ月で、党建設の上でも新しい時代が始まったと言えるよう、「大運動」の取り組みをただちに開始し、目標を必ずやりぬこうではありませんか。第27回党大会で選出された中央委員会の最後の大仕事としてこの「大運動」を必ず成功させ、歴史的な第28回党大会を成功に導き、そして野党連合政権への道を切り開こうではありませんか。

以上で結語を終わります。

(「しんぶん赤旗」2019年9月17日付)

第27回党大会

第8回中央委員会総会

2019年11月4～5日

第8回中央委員会総会について

2019年11月5日　日本共産党中央委員会書記局

日本共産党第8回中央委員会総会は11月4、5の両日、党本部で開かれた。中央委員157人、准中央委員49人が参加した。

一、総会では、志位和夫委員長が、幹部会を代表して党綱領一部改定案についての提案報告をおこなった。

一、小池晃書記局長が、幹部会を代表して第28回党大会・第一決議案（政治任務）の提案報告をおこなった。

一、山下芳生副委員長が、幹部会を代表して第28回党大会・第二決議案（党建設）の提案報告をおこなった。

一、総会では、党綱領一部改定案と大会決議案を一括して討論し、46人が発言した。

一、山下副委員長が、党大会代議員の選出基準、全党討論の手順などについて提案し、総会はこれを承認した。

一、志位委員長が党綱領一部改定案について、小池書記局長が党大会・第一決議案について、山下副委員長が党大会・第二決議案について、それぞれ討論の結語を行った。

一、総会は、党綱領一部改定案および提案報告と結語、党大会・第一決議案と結語、党大会・第二決議案と結語を、いずれも全員一致で承認した。

一、最後に、小池書記局長・「大運動」推進本部長が、「第28回党大会をめざす大運動」について「訴え」をおこなった。総会は、小池本部長の「訴え」を全員の意思として承認し、閉会した。

（「しんぶん赤旗」２０１９年11月６日付）

綱領一部改定案についての提案報告

幹部会委員長　志位和夫

中央役員のみなさん、インターネット中継をご覧の全国のみなさん、おはようございます。私は、幹部会を代表して、来年一月の第二八回党大会に提案する日本共産党綱領一部改定案についての提案報告を行います。綱領一部改定案は、文書で配布しておりますので、それを見ながらお聞きください。

二〇〇四年の第二三回党大会での綱領改定から十六年が経過しました。改定された綱領は、その後の内外情勢の進展のなかで、全体としてその生命力が鮮やかに実証されています。戦後かつてない新しい共闘の流れが始まり、いよいよ綱領が規定した民主的改革の課題を現実のものとしていく時代がやってきました。

今回の綱領一部改定は、綱領第三章・世界情勢論を中心に行い、それとの関係で第五章・未来社会論の一部を改定するものとします。なお、第四章・民主主義革命論についても、第三章の改定にともなって、必要最小限の改定を行うことにします。

一部改定案の基本的な考え方と、改定の主要な内容について

まず綱領一部改定案の基本的な考え方と、改定の主要な内容について報告します。

二〇世紀の人類史の変化の分析にたって、二一世紀の世界の発展的な展望をとらえる

二〇〇四年の綱領改定で、世界情勢論は全面的な改定が行われました。

一九六一年に決めた綱領の世界情勢論のベースになっていたのは、当時、国際的定説とされていた「二つの陣営」論という世界の見方でした。すなわち、一方の陣営は、アメリカを中心とした「帝国主義の陣営」であり、戦争と侵略の政策を展開している。他方の陣営は、「反帝国主義の陣営」であり、平和、独立、社会進歩のためにたたかっている。この「二つの陣営」の対決が世界情勢を決めていくという見方でした。

しかし、この世界論には大きな問題点がありました。その最大の問題点は、「反帝国主義の陣営」のなかにソ連覇権主義という巨悪が含まれていたことでした。それにくわえて、こうした図式的な二分法では、世界の生きた、豊かな、複雑な動きがとらえられないという問題点がありました。

日本共産党は、この図式から抜け出して、科学的社会主義の立場から世界をありのままにとらえる

努力を一歩一歩積み重ねてきましたが、二〇〇四年に改定された綱領は、「二つの陣営」論を基本的に清算し、新しい世界情勢論を明らかにするものとなりました。その全体を貫く根本的立場は、二〇世紀に進行した人類史の巨大な変化の分析にたって、二一世紀の世界の発展的な展望をとらえるというところにあります。

こうした綱領の世界情勢論の根本的立場は、その後の世界の激動のなかで大きな生命力を発揮しています。そこでのべられた多くの命題は今日も正確で有効であります。そうした根本的立場および諸命題は、一部改定案に引き継ぐとともに、さらに発展させることにしました。

同時に、この十六年間の国際情勢の進展とともに、見直しが求められる問題が生まれています。また、この間の国際情勢の進展のなかで、新しく綱領に盛り込むべき重要な動きも明瞭になってきています。

一部改定案は、今日も正確で有効な諸命題については最大限そのまま引き継ぎつつ、見直しが必要な部分について修正を行い、新しく盛り込むべき問題について補強を行うという考え方にたって作成しました。

主要な改定の三つの内容——世界情勢論の組み立ての一定の見直しも

その主要な改定の内容は、以下の三点であります。

第一に、綱領第七節で、二〇世紀に起こった世界の変化のなかでも、植民地体制の崩壊が「世界の構造変化」というべき最大の変化だったことを明記したうえで、新たに第九節を設け、この構造変化が「二一世紀の今日、平和と社会進歩を促進する生きた力を発揮しはじめている」ことを、核兵器廃絶にむけた新たな前進、平和の地域協力の流れの形成・発展、国際的な人権保障の新たな発展などの諸点で、具体的に明らかにしました。

第二に、現綱領第八節の「今日、重要なことは、資本主義から離脱したいくつかの国ぐにで、政治上・経済上の未解決の問題を残しながらも、『市場経済を通じて社会主義へ』という取り組みなど、社会主義をめざす新しい探究が開始され、人口が一三億を超える大きな地域での発展として、二一世紀の世界史の重要な流れの一つになろうとしている」との規定は、二〇〇四年の綱領改定時には合理的根拠のある規定でしたが、今日の中国の実態にてらして現実にあわなくなっており、これを削除することを提案しています。

この改定は、この部分の削除にとどまらず、二一世紀の世界をどう見るかの全体にかかわる重要な改定であり、綱領の世界情勢論の全体の組み立ての一定の見直しを求めるものとなりました。

第三に、第二の点ともかかわって、綱領第五章・未来社会論の最後の節――社会主義への発展の時代的・国際的条件をのべた第一七節――一部改定案では第一八節は、見直しを行いました。発達した資本主義国での社会変革が社会主義・共産主義への大道であること、そこには特別の困難性とともに、豊かで壮大な可能性があることをまとまってのべました。

以下、具体的に改定の内容について提案報告を行います。

綱領第七節「二〇世紀の世界的な変化と到達点」――二つの点を補強

まず綱領第三章の表題は、「世界情勢――二〇世紀から二一世紀へ」から、「二一世紀の世界」へと変更しました。

現綱領の第七節について報告します。この節は、「二〇世紀の世界的な変化と到達点」を主題とした節であります。二〇世紀に人類が努力と苦闘によって達成した「人類史の上でも画期をなす巨大な変化」について、植民地体制の崩壊、国民主権の民主主義の発展、平和の国際秩序の三つの角度から叙述しています。この節は、二一世紀の世界をとらえるさいの土台となるきわめて重要な節であり、一部改定案では現綱領の叙述をそのまま引き継ぎ、二つの点で補強を行いました。

人権の問題を補強――人権の擁護・発展は「国際的な課題となった」

第一は、二〇世紀に起こった世界的な変化の内容として、次のように人権の問題を補強したことであります。

「人権の問題では、自由権とともに、社会権の豊かな発展のもとで、国際的な人権保障の基準がつくられてきた。人権を擁護し発展させることは国際的な課題となっている」

二〇世紀は、人類社会がかちとった人権の流れが太く豊かに発展し、一九四五年の国連憲章、一九四八年の世界人権宣言、一九六六年の国際人権規約をはじめとする「国際的な人権保障」の仕組みがつくられたという点でも、画期的な進歩をなす世紀となりました。この立場から現綱領を補強しました。

ここで、一部改定案が「人権を擁護し発展させることは国際的な課題となっている」と規定づけていることに注目してほしいと思います。第二次世界大戦までの時期は、人権問題は、国内問題とされ、外国からの口出しは無用という問題として扱われてきました。しかし、日本でもドイツでも、ファシズムと軍国主義による人権の蹂躙《じゆうりん》が、未曽有《みぞう》の犠牲を生んだ第二次世界大戦への道を開いたという歴史の教訓を踏まえ、戦後、「国際的な人権保障」という考え方が登場しました。二一世紀の世界においては、人権を擁護し発展させることは、単なる国内問題でなく、「国際的な課題」となった——国際社会における各国の義務となったという規定は、実践的にも大きな意義をもつものであります。

植民地体制の崩壊を「世界の構造変化」と明記し、変化を立体的に把握できるように

第二は、二〇世紀に起こった世界的な変化のなかでも、植民地体制の崩壊のもつ意義を特記したことであります。

現綱領では、二〇世紀に起こった世界的な変化を、植民地体制の崩壊、国民主権の民主主義の発展、平和の国際秩序の三つの点から特徴づけています。そのどれもが人類史的意義をもつ偉大な変化

ですが、この三つは並列のものではありません。

三つのなかでも最大の変化は、植民地体制の崩壊によって、百を超える国ぐにが新たに政治的独立をかちとって主権国家になったことにありました。それは「世界の構造変化」とも呼ぶべき変化でした。

他の二つの変化は、それぞれの発展過程がありますが、それぞれが植民地体制の崩壊という「世界の構造変化」によって大きく促進されることになりました。そもそも植民地支配は、民主主義や人権と両立しえません。その崩壊は、民族自決権をあらゆる人権の土台として世界公認の原理におしだすとともに、世界の民主主義と人権の流れの豊かな発展をもたらしました。また、植民地体制の崩壊は、世界の力関係を大きく変え、一九八〇年代以降の時期に国連総会で大国の無法な侵略が次々と断罪されるようになるなど、国連憲章にもとづく平和の国際秩序を発展させるうえでも巨大な力を発揮しています。

以上を踏まえ、一部改定案では、第七節の結びに、「これらの巨大な変化のなかでも、植民地体制の崩壊は最大の変化であり、それは世界の構造を大きく変え、民主主義と人権、平和の国際秩序の発展を促進した」と明記しました。植民地体制の崩壊を「世界の構造を大きく変えた」――「世界の構造変化」と明記し、この変化を軸に、三つの変化を立体的に把握できるように、叙述を補強しました。

綱領第八節――「社会主義をめざす新しい探究が開始……」の削除を提案する

二〇〇四年の綱領改定における判断には合理的根拠があった

次に現綱領の第八節について報告します。

現綱領の第八節は、「社会主義の流れの総括と現状」を主題にした節ですが、大きな改定が必要になりました。

その最大の問題点は、現綱領が、中国、ベトナム、キューバについて、「社会主義をめざす新しい探究が開始」され、「人口が一三億を超える大きな地域での発展として、二一世紀の世界史の重要な流れの一つとなろうとしている」と規定していることです。

〈判断の基準にした立場について〉

二〇〇四年の綱領改定のさい、わが党は、こうした評価を、私たち自身の自主的判断として行いました。その判断の基準としたのは次のような立場であります。二〇一四年の第二六回党大会への中央委員会報告を紹介したいと思います。

「私たちは、中国、ベトナムなどの現状を評価する場合に、何よりも重要になるのは、それぞれの国の指導勢力が社会主義の事業に対して真剣さ、誠実さをもっているかどうかにあると考えています。ただし、私たちは、中国やベトナムの国のなかに住んでいるわけではありませんから、これらの国の指導勢力の真剣さや誠実さをはかる基準としては、対外的な関係――外部にあらわれた事実を評価するしかありません。つまり、私たちが対外的にこういう国ぐにの指導勢力と接して、私たち自身が判断するしかありません。あるいは、これらの国ぐにが現実にとっている対外路線を分析して判断するしかありません」

〈中国について綱領でのべている判断をもつにいたった経過〉

こうした基準にてらし、私たちが、二〇〇四年の綱領改定当時、「社会主義をめざす新しい探究が開始」されていると判断したことには、合理的根拠がありました。

中国についていえば、私たちが綱領でのべているような判断をもつにいたったのは、一九九八年の日中両共産党の関係正常化と、それ以降の数年間の一連の体験にもとづくものでした。とくに、九八年の関係正常化のさい、当時の中国指導部が、毛沢東時代の覇権主義的干渉の誤りを率直に認め、「真剣な総括と是正」を公式に表明したことは、「社会主義の事業に対する真剣さ、誠実さ」を強く感じさせる出来事でした。二〇〇三年のイラク戦争に反対を貫いたことも、中国に対する肯定的評価を形成する体験となりました。現綱領の規定は、そうした経験と認識にもとづくものでした。

〈国際的な性格をもつ問題点については、節々で直接に伝えてきた〉

同時に、現綱領では、「社会主義をめざす新しい探究が開始」されたというのは、これらの国ぐにの方向性についての認識・判断であって、その国で起こっているすべてを肯定するものではないことを、「政治上・経済上の未解決の問題を残しながらも」というただし書きで明確にしています。また、わが党は、これらの国ぐにの将来について、楽観的、固定的に見ているわけではないことを、くりかえし表明してきました。わが党は、この立場から、中国に対しても、内政不干渉の原則を守りつつ、国際的な性格をもつ問題点については、節々でわが党の見解を直接に伝えてきました。

中国の国際政治における問題点――前大会での批判と、この三年間の動き

〈第二七回党大会で「新しい大国主義・覇権主義の誤り」を具体的に指摘〉

この数年来、中国の国際政治における動向に、綱領の認識にかかわるような、見過ごすことのできない問題点があらわれてきました。

二〇一七年一月に開催した第二七回党大会では、今日の中国に、「新しい大国主義・覇権主義の誤り」があらわれていることを、核兵器問題での深刻な変質、東シナ海と南シナ海での力による現状変更をめざす動き、国際会議の民主的運営をふみにじる覇権主義的なふるまい、日中両党で確認してきた原則に相いれない態度――の四点にわたって具体的に指摘しました。そして、こうした誤りが今後も続き、拡大するなら、「社会主義の道から決定的に踏み外す危険」が現実のものになりかねないことを警告するとともに、「誤りを真剣に是正し、国際社会の信頼をえる大道に立つことを求める」と表明しました。

〈この三年間、中国は問題点をいっそう深刻にする行動をとっている〉

前大会から三年間、中国は、残念ながら、これらの問題点を是正するどころか、いっそう深刻にする行動をとっていると判断せざるをえません。

――第一に、核兵器問題での変質がいっそう深刻になっています。

中国は、核兵器保有五大国（P5）の一員として核兵器禁止条約への敵対の立場をとってきました。中国は、昨年七月に、「P5プロセス」の調整役を引き受け、核兵器禁止条約反対・発効阻止の立場をとり、「核兵器のない世界」をめざす動きへの妨害者としての姿をあらわにしています。他の核保有大国と競争しつつ核兵器の近代化・増強を進めていることも重大であります。

――第二に、東シナ海と南シナ海での覇権主義的行動も深刻化しています。

中国公船による尖閣諸島の領海侵入、接続水域入域が激増・常態化しています。昨年（二〇一八年）、日中首脳が相互往来し、両国首脳が、日中関係について、「正常な発展の軌道に戻すことができた」と評価しました。にもかかわらずその後、領海侵犯、接続水域入域は、今年に入って大きく増えています。両国関係の「正常化」を喧伝《けんでん》しながら、領海侵犯を常態化させるというのは、きわめて不誠実な態度だといわなければなりません。中国側にどんな言い分があろうと、他国が実効支配している地域に対して、力によって現状変更を迫ることは、国連憲章および友好関係原則宣言などが定めた紛争の平和的解決の諸原則に反するものであり、強く抗議し、是正を求めるものであります。

南シナ海について、中国は、二〇一四年以降、大規模な人工島建設、爆撃機も離着陸できる滑走路、レーダー施設や長距離地対空ミサイルの格納庫、兵舎などの建設を進めてきました。中国政府は、当初は、「軍事化を進める意図はない」とのべていましたが、今では「防衛施設を配備するのは極めて正常であり、中国の主権の範囲内」と、公然と軍事拠点化を正当化し、軍事的支配を強化しています。二〇一六年、仲裁裁判所の裁定が、南シナ海水域における中国の権利主張を退け、力による現状変更を国際法違反と断じたにもかかわらず、これを一切無視して軍事化を進める傍若無人《ぼうじゃくぶじん》な態度は、国連憲章と国際法の普遍的に承認された原則にてらして許されるものではありません。

——第三に、国際会議の民主的運営をふみにじる横暴なふるまい、日中両党で確認された原則に背く行動についても、それを是正する態度はとられませんでした。第二七回党大会決議では、二〇一六年、マレーシアのクアラルンプールで開催されたアジア政党国際会議（ＩＣＡＰＰ）総会で、中国共産党代表団が、同会議の宣言起草委員会が全員一致で確認した内容——核兵器禁止条約の速やかな交渉開始の呼びかけ——を、最後になって一方的に覆すという覇権主義的ふるまいをとったこと、この問題をめぐるわが党代表団との協議のなかで「覇権主義」という悪罵を投げつける態度をとったことを厳しく批判しました。

前党大会直前の二〇一七年一月十二日、私は、中国共産党中央委員会の指示で党本部を訪れた程永華中国大使（当時）の求めで会談を行いました。この会談の内容について、多少ふみ込んで明らかにしておきたいと思います。会談のなかで、大使は、わが党の決議案がのべた「新しい大国主義・覇権主義」など中国に対する批判的内容の削除を求めました。私は、それをきっぱり拒否し、なぜわが党がそうした表明をするのかを全面的かつ詳細にのべ、中国側に誤りの是正を求めるとともに、わが党の立場を中国共産党指導部に伝えるよう要請しました。

さらに私は、会談のなかで、「中国共産党代表団がアジア政党国際会議でとったふるまいを、中国共産党中央委員会として是とするのか、非とするのか。本国に問い合わせ、回答を持ってきてほしい」と求めました。大使は「北京に報告する」と答えました。しかし、この三年間、中国共産党からは何らの回答もありませんでした。これらの経過にてらして、わが党は、クアラルンプールで中国共産党代表団がとった覇権主義的ふるまいの問題は、中国共産党中央委員会自身の問題だとみなさざるをえません。そこに、「社会主義の事業への誠実さ、真剣さ」を見いだすことはできません。

――第四に、これらの諸問題にくわえて、人権問題が深刻化しています。

香港で、今年六月に、自由と民主主義を求める、全体として平和的な大規模デモが起こった当初から、中国政府は「組織的暴動」と非難し、これへの抑圧的措置をとる香港政府に全面的な支持を与えてきました。警察による実弾発砲によって負傷者が出たさいにも、それを正当化する態度をとりました。深圳に武装警察部隊を展開させ、武力による威嚇を行いました。わが党は、デモ参加者が、いかなる形態であれ暴力をきびしく自制し、平和的方法で意見を表明することが大切だと考えます。同時に、表現の自由と平和的集会の権利は、国際的な人権保障の基準でも明確に認められている権利であり、香港政府による抑圧的措置、およびそれを全面的に支持し、武力による威嚇を行った中国政府の対応に反対します。「一国二制度」のもと、事態が平和的な話し合いで解決されることを強く望むものです。

さらに、最近、ウイグル自治区で、大規模な恣《しい》意的勾留、人権弾圧が中国当局によって行われていることを深く憂慮しています。国連の人種差別撤廃委員会は、昨年九月、中国に関する総括所見を発表し、多数のウイグル人やムスリム系住民が法的手続きなしに長期にわたって強制収容されて「再教育」が行われていることなどについて、「切実な懸念」を表明しました。ウイグルにおける人権問題も重大な国際問題となっており、わが党は中国当局に対し人権抑圧の中止を強く求めるものです。

〈「社会主義をめざす新しい探究が開始」された国と判断する根拠は、もはやなくなった〉

以上のべた中国の行動は、どれも、社会主義の原則や理念と両立しえないものといわなければなりません。中国について、わが党が、「社会主義をめざす新しい探究が開始」された国と判断する根拠は、もはやなくなりました。

以上を踏まえて、綱領第八節の「今日、重要なことは、資本主義から離脱したいくつかの国ぐにで、……社会主義をめざす新しい探究が開始され、人口が一三億を超える大きな地域での発展として、二一世紀の世界史の重要な流れの一つとなろうとしていることである」との規定の全体を削除することを提案するものです。

ベトナムとキューバについて

ベトナムについては、わが党は、両党指導部間の交流を通じて、ベトナムが「政治上・経済上の未解決の問題」を抱えつつも、社会主義の事業に対して「真剣さ、誠実さ」をもってのぞんでいることを確認してきました。核兵器禁止条約など国際政治の中心課題でも協力してきました。ベトナムが取り組んでいるドイモイ（刷新）の事業の成功を願うものであります。

キューバについては、長年にわたる米国の敵視政策のもとで自主的な国づくりの努力を続けてきたこと、核兵器廃絶で積極的役割を果たしていることを評価しています。同時に、ベネズエラ問題で、民主主義と人権を破壊し独裁を強めるマドゥロ体制を支え、ラテンアメリカに分断を持ち込む役割を果たしていることを深く憂慮しています。

なお、「社会主義をめざす新たな探究の開始」が、「二一世紀の世界史の重要な流れの一つ」とはみなせなくなるもとで、今後は、個々の国についての体制的な判断・評価はせず、事実にそくしてありのままに見ていくことにします。

ソ連論は、二〇世紀論を補足するものとして位置づける

こうした改定にともなって、現綱領の第八節の綱領的位置づけを見直すことが必要になってきます。

〈「二つの体制が共存する時代」という特徴づけは成り立たなくなった〉

現綱領の第八節は、「資本主義が世界を支配する唯一の体制とされた時代」は、「過去のものとなった」として、二〇世紀を、「二つの体制が共存する時代」への移行・変化が起こった世紀としてとらえています。そして、こうした時代的な特徴は、ソ連・東欧での体制崩壊で終わったわけではなく、「二つの体制の共存」という点でも、新しい展開が見られるところに、二一世紀を迎えた世界情勢の重要な特徴があると強調しています。

しかし、「社会主義をめざす新しい探究が開始」以下の規定を削除する立場にたつならば、当然、「二つの体制が共存する時代」という特徴づけは成り立たなくなります。そこで、綱領第八節冒頭の「資本主義が世界を支配する唯一の体制とされた時代」は「過去のものとなった」という規定は、削

除することにします。

〈二〇世紀に起こった「世界の構造変化」との関係でソ連論を位置づけた〉

そうした認識の発展のもと、綱領第八節のソ連論をどうあつかうか。

現綱領のソ連論の叙述そのものは正確なものであり、一部改定案では、そのまま残すことにしました。旧ソ連社会に対する評価を抜きにして、二一世紀の世界の現状を的確に分析することも、社会主義・共産主義の未来の展望を語ることもできないからです。日本国民との関係でも、この問題での誤解を解き、わが党の先駆性を語ることは、引き続き重要な課題であります。

ただしその綱領的位置づけは、見直す必要があります。現綱領では、ソ連論に二一世紀における「社会主義をめざす新しい探究」につながる位置づけをあたえていますが、こうした位置づけが成り立たなくなるもとで、一部改定案では、二〇世紀に起こった「世界の構造変化」との関係でソ連論を位置づけることにしました。

こうした観点から、一部改定案では、ロシア革命の世界史的意義として、「とりわけ民族自決権の完全な承認を対外政策の根本にすえたことは、世界の植民地体制の崩壊を促すものとなった」という補強を行いました。さらに、ソ連の崩壊がもたらした新たな可能性について、「世界の平和と社会進歩の流れを発展させる新たな契機となった」という補強を行いました。

こうして一部改定案においては、綱領第八節――ロシア十月革命から始まる資本主義から離脱した国ぐにの動きは、第七節でのべられている「二〇世紀の世界的な変化と到達点」を補足する節として、すなわち二〇世紀論の一部として位置づけることにしたいと思います。

以上が綱領第八節に関する改定の提案であります。

綱領第九節――「世界の構造変化」が生きた力を発揮しはじめている

二一世紀の世界の発展的な展望を、二つの角度からとらえる

それでは二一世紀の世界をどうとらえるか。一部改定案では、「二〇世紀に起こった世界の構造変化」という土台のうえに、二一世紀の世界の発展的な展望を、次の二つの角度からありのままにとらえるという整理を行いました。

第一は、「世界の構造変化」が、平和と社会進歩を促進する生きた力を発揮しはじめているという角度であります。その叙述のために新しく第九節をもうけました。

第二は、世界資本主義の諸矛盾から、世界をとらえるという角度であります。現綱領の第九節の内容をもとに、一部改定案では第一〇節でこの角度からの分析を行いました。

一握りの大国から、世界のすべての国ぐにと市民社会に、国際政治の主役が交代した

まず綱領の第九節について報告します。この節は、「世界の構造変化と二一世紀の世界の新しい特

徴」を主題に、新たにもうけたものです。

〈「世界の構造変化」が世界史の本流としての力を発揮しはじめた〉

この節の冒頭では、次のようにのべています。

「植民地体制の崩壊と百を超える主権国家の誕生という、二〇世紀に起こった世界の構造変化は、二一世紀の今日、平和と社会進歩を促進する生きた力を発揮しはじめている」

この特徴づけは、二一世紀の今日の特徴づけとして、二〇一四年一月に開催した第二六回党大会決定でのべ、その後の党の決定でもくりかえし確認してきたものです。

「世界の構造変化」そのものは二〇世紀に起こったものであり、二〇世紀の進行それ自体に大きな影響を及ぼしましたが、二一世紀の今日になって、いよいよ世界史の本流としての力を発揮しはじめた――そういう意味合いをこめた特徴づけですが、それを綱領に明記することにしたいと思います。

〈二一世紀の新しい特徴――諸政府とともに市民社会が大きな役割〉

続くパラグラフでは、次のようにのべています。

「一握りの大国が世界政治を思いのまま動かしていた時代は終わり、世界のすべての国ぐにが、対等・平等の資格で、世界政治の主人公になる新しい時代が開かれつつある。諸政府とともに市民社会が、国際政治の構成員として大きな役割を果たしていることは、新しい特徴である」

このパラグラフは、「二一世紀とはどんな時代か」について、総論をのべています。

「世界のすべての国ぐにが、対等・平等の資格で、世界政治の主人公になる新しい時代」という特徴づけは、国際情勢の分析にとどまらず、日本共産党が野党外交で世界に働きかけてきた強い実感に裏付けられたものであります。わが党は、日本の平和団体とともに、二〇一〇年のNPT（核不拡散条約）再検討会議、二〇一七年の核兵器禁止条約の国連会議などに代表団を派遣し、会議の成功のために活動しましたが、それらの国際会議で会議運営の要《かなめ》の職につき、生き生きと主役を演じていたのは、途上国や新興国、非同盟諸国の代表だったことが、実に印象的でした。

一部改定案が、「諸政府とともに市民社会が、国際政治の構成員として大きな役割を果たしている」ことを、二一世紀の新しい特徴とのべていることに、注目してほしいと思います。もともと国連は、その憲章のなかで非政府組織の役割を認めていますが、国際会議への市民の参加が飛躍的に拡大していったのは一九九〇年代以降であります。環境、人権、開発、女性問題などをテーマとした国連主催の世界会議に市民社会代表が参加し、大きな役割を発揮するようになりました。核兵器問題など、安全保障、平和と軍縮の分野でも被爆者を先頭に市民社会代表が重要な役割を発揮するようになりました。その背景には、とくにソ連崩壊後、国際政治で積極的役割を発揮するようになった非同盟運動を構成する途上国のイニシアチブがありました。「世界の構造変化」は、非同盟運動の台頭をもたらすとともに、市民社会が国際政治の構成員として、大きな役割を発揮する状況を生みだしたのであります。

一握りの大国から、世界のすべての国ぐにと市民社会に、国際政治の主役が交代した――ここに二一世紀の世界の希望ある新しい特徴があることを強調したいと思います。

核兵器禁止条約——国際政治の主役交代を象徴的に示す歴史的出来事に

一部改定案では、続いて、「二〇世紀の世界の構造変化」のもとで二一世紀に起こった前向きの変化について、核兵器問題、平和の地域協力の流れ、国際的な人権保障の三つの具体的問題について、明らかにしています。

〈その画期的意義を戦後の核兵器問題の国際交渉の歴史のなかでとらえる〉

核兵器問題について、一部改定案では次のようにのべています。

「『ノー・モア・ヒロシマ、ナガサキ（広島・長崎をくりかえすな）』という被爆者の声、核兵器廃絶を求める世界と日本の声は、国際政治を大きく動かし、人類史上初めて核兵器を違法化する核兵器禁止条約が成立した。核兵器を軍事戦略の柱にすえて独占体制を強化し続ける核兵器固執勢力のたくらみは根づよいが、この逆流は、『核兵器のない世界』をめざす諸政府、市民社会によって、追い詰められ、孤立しつつある」

二〇一七年七月に国連で圧倒的多数の賛成で採択された核兵器禁止条約は、「世界の構造変化」のもとで、一握りの大国から、世界の多数の国ぐにと市民社会に、国際政治の主役が交代したことを、最も象徴的に示す歴史的出来事となりました。その画期的意義を、戦後の核兵器問題の国際交渉の歴史のなかでとらえることが重要であります。

〈核保有大国を主役とする交渉は、矛盾と破綻に直面した〉

戦後、核兵器問題の交渉の主役の座は、長い間、米ソを中心とする核保有大国が独占し、その内容は核兵器廃絶ではなく、核軍備競争のルールをつくることでした。その最悪の例は、一九六三年の部分的核実験停止条約――地下核実験を合法化する条約であり、この条約のもとで核軍拡競争が加速していきました。

一九六八年に締結されたNPTも、五大国だけに核兵器保有の権利を認めるという前例のない差別的で不平等な条約でした。それでも国際社会がこの条約を受け入れたのは、NPT第六条で、核保有国が核軍備撤廃の義務を負うことを約束したからでした。

しかし、核保有国はこの約束を裏切り続け、核軍拡競争は一九八〇年代中頃にはピークを迎え、一時は六万発をこえる核兵器が世界に蓄積されるところまで危機が深刻になりました。他方、新たな核保有国が次々と生まれ、核不拡散＝核独占体制そのものが矛盾と破綻に直面しました。

〈核兵器交渉の「主役交代」――逆流は「追い詰められ、孤立しつつある」〉

こうしたもと一九九〇年代後半から、NPT第六条を生かして「核兵器のない世界」に進もうという国際的機運が大きく広がります。そこで核兵器交渉の主役に躍り出てきたのが、アジア・アフリカ・ラテンアメリカの途上国を中心とする非同盟諸国でした。途上国・新興国・先進国からなる「新アジェンダ連合」も積極的役割を果たしました。そして、この時期に、核兵器交渉のもう一つの主役として、被爆者を先頭とする市民社会の存在と役割が飛躍的に拡大し、諸国政府との共同が発展しました。一握りの核保有大国から、世界の多数の国ぐにと市民社会へと、「主役交代」が起こったのであります。

その最初の大きな成果が、二〇〇〇年のNPT再検討会議で、核保有国に「自国核兵器の完全廃絶」を約束させた最終文書を採択したことでした。さらに二〇一〇年のNPT再検討会議では、「核兵器のない世界」を達成し維持するための「必要な枠組み」を確立するための「特別な取り組み」を行うことを最終文書にもりこみ、核兵器禁止条約への道を開く大きな成果を得ました。二〇一七年の核兵器禁止条約の成立は、こうした世界史的流れが生みだした画期的成果にほかなりません。

核兵器禁止条約は、核保有大国の圧力や妨害にもかかわらず、発効に必要な五〇カ国の半分を超える三三カ国が批准し、発効は時間の問題となっています。一部改定案がのべているように、核兵器固執勢力のたくらみは根づよいが、世界史の大局でみるならば、この逆流は、「追い詰められ、孤立しつつある」。ここに確信をもち、国内外の連帯を強め、「核兵器のない世界」を実現するために力をつくそうではありませんか。

平和の地域協力の流れ——東南アジアとラテンアメリカ

〈この流れが形成された根底にも、「世界の構造変化」がある〉

一部改定案では、続いて、平和の地域協力の流れについて次のようにのべています。

「東南アジアやラテンアメリカで、平和の地域協力の流れが形成され、困難や曲折をへながらも発展している。これらの地域が、紛争の平和的解決をはかり、大国の支配に反対して自主性を貫き、非核地帯条約を結び核兵器廃絶の世界的な源泉になっていることは、注目される。とくに、東南アジア諸国連合（ＡＳＥＡＮ）が、紛争の平和的解決を掲げた条約を土台に、平和の地域共同体をつくりあげ、この流れをアジア・太平洋地域に広げていることは、世界の平和秩序への貢献となっている」

こうした流れが形成された根底にも、「世界の構造変化」があります。

東南アジアは、第二次世界大戦までは、そのほとんどが植民地支配のもとに置かれましたが、戦後、次々と独立をかちとり、植民地体制の世界的崩壊の先陣を切りました。しかし、戦後も、この地域には大国による「分断と敵対」がもちこまれました。「分断と敵対」に覆われていたこの地域を、「平和と協力」の地域へと変貌させる一大契機となったのが、一九六七年に設立された東南アジア諸国連合（ＡＳＥＡＮ）でした。

ラテンアメリカの国ぐには、二〇世紀の初頭は、多くの国ぐにが形式的には独立しつつも、実質的には従属国の地位に置かれていました。第二次世界大戦後も、「米国の裏庭」と呼ばれたように、米国の強い従属下に置かれ、無法な介入・侵略がくりかえされました。しかし、二〇世紀の終わりから二一世紀にかけて、多くの国ぐにで軍事独裁政権が倒されて民主主義の覚醒がもたらされるとともに、「米国の裏庭」とされてきた地域は、米国から自立した地域へと変わりました。対米自立と平和の流れが広がるもと、二〇一一年、中南米カリブ海諸国共同体（ＣＥＬＡＣ）が設立されました。

一部改定案がのべているように、この二つの地域が、紛争の平和的解決、大国支配に対する自主性、核兵器廃絶などを共通の特徴とする、平和の地域協力の流れをつくりだしていることは、注目されます。

〈二つの地域の平和への動きは、発展の度合いを異にしている〉

同時に、この二つの地域の平和への動きは、発展の度合いを異にしていることも、指摘しておかなければなりません。

東南アジア諸国連合（ASEAN）は、結成から半世紀を超え、紛争の平和的解決を掲げた東南アジア友好協力条約（TAC）を土台として、重層的な平和と安全保障の仕組みをつくりあげ、それを域外に広げつつ、その強化・発展をはかってきています。大国の介入によって加盟国に分断をもたらす動きもありますが、忍耐力と柔軟性を発揮して、団結と自主性を守ってきています。とくに、二〇一九年六月のASEAN首脳会議で、「ASEANインド太平洋構想」が採択されたことは注目されます。同構想は、TACをインド太平洋での友好協力においても外交指針とし、広大なインド太平洋を「対抗でなく対話と協力の地域」にしようという壮大な提唱であります。こうしたASEANの努力は、一部改定案がのべているように「世界の平和秩序への貢献」であり、わが党はこれを強く支持し、連帯を表明するものであります。

ラテンアメリカでは、この数年間に顕在化したベネズエラ危機が、この地域全体に分断をもたらし、CELACは事実上の機能停止に陥っています。その前途には大きな困難と曲折が予想されますが、「米国の裏庭」から自主的な国づくりへの転換という歴史的発展を逆行させることは誰にもできません。また、この大陸で生まれた世界で最初の非核地帯条約であるトラテロルコ条約を履行するための機構――中南米カリブ海核兵器禁止機構（OPANAL）は、核兵器禁止条約の国連会議の直前に条約採択に向けた特別会合を開催するなど、核兵器廃絶のうえで重要な国際的役割を果たしています。わが党は、この大陸で生まれた平和の地域協力の流れが、ベネズエラ危機をのりこえて発展することを、心から願うものであります。

平和の地域協力の枠組みを構築することは、日本の平和と安定にとっても緊急の課題となっています。わが党は、東南アジア諸国連合（ＡＳＥＡＮ）がつくりだした平和の地域協力の枠組みを、北東アジアにも広げるために力をつくすものです。

国際的な人権保障の新たな発展、ジェンダー平等を求める国際的潮流

一部改定案では、続いて、国際的な人権保障について次のようにのべています。

「二〇世紀中頃につくられた国際的な人権保障の基準を土台に、女性、子ども、障害者、少数者、移住労働者、その他の弱い立場にある人びとへの差別をなくし、その尊厳を保障する国際規範が発展している。ジェンダー平等を求める国際的潮流が大きく発展し、経済的・社会的差別をなくすこととともに、女性にたいするあらゆる形態の暴力を撤廃することが国際社会の課題となっている」

〈「世界の構造変化」と、人権保障の豊かな発展〉

ここで一部改定案がのべている「弱い立場にある人びとへの差別をなくし、その尊厳を保障する国際規範」とは、一九七九年の女性差別撤廃条約、八九年の子どもの権利条約、九〇年の移住労働者権利条約、九二年の「少数者の権利宣言」、二〇〇六年の障害者権利条約、〇七年の「先住民の権利宣言」など、二〇世紀末から二一世紀にかけて実現した一連の国際条約・宣言のことであります。

これらの人権保障の豊かな発展をかちとった力は、全世界の草の根からの運動にありますが、植民地支配の崩壊という「世界の構造変化」は、国際的な人権保障の発展にも大きな積極的影響をおよぼしました。途上国が国際社会の不可欠の構成員としての地位を占めるようになるもとで、途上国の人権問題――貧困、差別、暴力などの問題に光があたるようになり、そのことが先進国も含めた世界全体の新しい人権保障の発展を促す――こうしたダイナミックな過程が進んでいます。

〈ジェンダー平等を求める国際的潮流の発展について〉

ジェンダー平等を求める国際的潮流の発展も、こうした「世界の構造変化」のなかに位置づけることができます。

国連の発足当初における女性問題の取り組みは、先進国の要求を反映して、政治、教育、職業、家族関係などにおける女性差別の廃止――「平等」を目標にしていました。植民地体制が崩壊して途上国が国連の構成員になるもとで、「貧困からの解放＝開発なくして女性の地位向上はない」――「開発」という主張が広がりました。先進国と途上国のこれらの要求は統合され、豊かなものとなっていきました。

こうしたもと、一九七九年に女性差別撤廃条約が成立します。「世界の女性の憲法」と呼ばれるこの画期的条約の具体化と実践は、世界の草の根のたたかいを背景に発展していきます。差別には「直接差別」だけでなく、一見中立のように見えるが女性に不利に働く「間接差別」や、より弱い立場の女性などに対する「複合差別」があることが共通の認識になり、その是正の措置をとることが求められるようになっていきました。女性に対する暴力が、実質的な男女の平等を阻んでいる大きな原因であるとの認識が広がり、一九九三年の国連総会で「女性に対する暴力撤廃宣言」が全会一致で採択されました。

ジェンダー（社会的・文化的性差）平等という概念は、こうした人権の豊かで多面的な発展のなかから生まれたものであります。国連では、一九九五年、北京で開かれた第四回世界女性会議の行動綱領で、「ジェンダー平等」「ジェンダーの視点」などを掲げたことが大きな契機となり、二〇〇〇年に開催された国連ミレニアム総会で確認された「ミレニアム開発目標」の一つにジェンダー平等と女性の地位向上の促進が掲げられました。二〇一五年、「ミレニアム開発目標」の後継として採択された「持続可能な開発目標」でも、ジェンダー平等は目標の一つに掲げられ、すべての目標に「ジェンダーの視点」がすえられました。

世界でも日本でも、「#ＭeＴoo（ミー・トゥー）」、「#ＷithＹou（ウィズ・ユー）」などを合言葉に、性暴力をなくし、性の多様性を認め合い、性的指向と性自認を理由とする差別をなくし、誰もが尊厳を持って生きることができる社会を求める運動が広がっていることは、人類の歴史的進歩を象徴する希望ある出来事であります。

こうして二一世紀は、国際的人権保障という点でも、豊かな発展が開花する時代となっています。すべての個人が尊厳を持って生きることのできる日本と世界をつくるために、力をつくそうではありませんか。

綱領第一〇節――世界資本主義の諸矛盾から、二一世紀の世界をとらえる

次に綱領の第一〇節について報告します。

この節は、世界資本主義の諸矛盾から、二一世紀をとらえることを主題としています。一部改定案の第一〇節は、現綱領の第九節の内容を基本的に生かし、必要な修正・補強を行いました。

世界資本主義の諸矛盾――貧富の格差の拡大、地球的規模での気候変動について

〈資本主義の諸矛盾、二つの世界的な大問題を特記〉

この節の冒頭は、「巨大に発達した生産力を制御できないという資本主義の矛盾」の七つのあらわれについてのべています。

「広範な人民諸階層の状態の悪化、貧富の格差の拡大、くりかえす不況と大量失業、国境を越えた金融投機の横行、環境条件の地球的規模での破壊、植民地支配の負の遺産の重大さ、アジア・中東・アフリカ・ラテンアメリカの国ぐにでの貧困」の七つであります。この七つは、その一つひとつが利潤第一主義の体制が生みだしている深刻な矛盾であり、人類がこの体制をのりこえて社会主義にすすむ必然性を示すものとなっています。

一部改定案のこの叙述は、現綱領の規定を引き継いだものとなっています。一カ所だけ、世界の貧困の記述について、絶対的貧困については、サハラ以南のアフリカなど一部地域を除いて削減されているという事実を踏まえて、修正を行いました。

そのうえで、一部改定案は、これらの諸矛盾のなかでも世界的に大問題となっている二つの問題を次のように特記しました。

「貧富の格差の世界的規模での空前の拡大、地球的規模でさまざまな災厄をもたらしつつある気候変動は、資本主義体制が二一世紀に生き残る資格を問う問題となっており、その是正・抑制を求める諸国民のたたかいは、人類の未来にとって死活的意義をもつ」

〈貧富の格差——世界的規模でも、発達した資本主義国の内部でも拡大の一途〉

貧富の格差が、世界的規模でも、発達した資本主義国の内部でも、拡大の一途をたどっています。

グローバルな金融取引が拡大する中で、一部の大資産家に空前の富が集中しています。アメリカの『フォーブス』誌は、一九八七年以来、毎年、「世界のビリオネア」——一〇億ドル以上の資産保有者リストを発表していますが、八七年には「ビリオネア」は世界全体で一四〇人、資産総額は二九五〇億ドルだったのが、二〇一九年には「ビリオネア」は世界全体で二一五三人、資産総額は八・七兆ドルと、三十二年間で実に二十九倍にも膨れ上がっています。八・七兆ドルという額は、アフリカのGDPの実に四年分に匹敵します。世界的規模での格差拡大が目のくらむような規模で進んでいるのです。

発達した資本主義国の内部でも格差は拡大し続けています。ＯＥＣＤ（経済協力開発機構）が二〇一四年十二月に発表したリポートは、「大半のＯＥＣＤ諸国では、過去三十年間で富裕層と貧困層の格差が最大になった」とのべました。ＯＥＣＤ諸国には、わが党がめざす「ルールある経済社会」に近い到達点をもつ国ぐにもありますが、そういう国ぐにも含めて、ほぼ例外なく格差が拡大し、現代の資本主義社会は、貧富の格差が史上最悪となっているのであります。

マルクスは、『資本論』で、資本の蓄積が進むと、一方に「富の蓄積」、他方に「貧困の蓄積」が進むことを指摘し、「資本主義的蓄積の一般的法則」と呼びましたが、世界の資本主義の現実は、この法則が働いていることを証明しています。

〈気候変動——資本主義というシステムの根本からの変革が問われる〉

地球的規模での気候変動もきわめて深刻であります。

今年九月の「国連気候行動サミット」で、十六歳のスウェーデンの環境活動家グレタ・トゥンベリさんが「人びとは苦しみ、死にかけ、生態系全体が崩壊しかけている」と世界に訴えたことは、大きな反響を呼びました。

二〇一五年に採択された「パリ協定」は、世界の平均気温上昇を産業革命前と比較して二度より十分低く抑え、一・五度に抑制する努力目標を設定し、そのために二一世紀後半までに人間活動による温室効果ガスの排出量を実質的にゼロにする方向性を打ち出しました。一・五度の上昇であっても、深刻な熱波、嵐、水不足、山林火災、食料生産の不安定化などが生じるとされていますが、現在提出されている各国の目標の合計では、二一世紀末には約三度の気温上昇が起こると予測され、そうなった場合の破壊的影響ははかりしれないものがあります。

地球的規模の気候変動に対しては、資本主義の枠内でもその抑制のための緊急で最大の取り組みが強く求められていますが、かりに抑制ができないとなれば、資本主義というシステムそのものを根本から変革することが求められるでしょう。資本主義という制度は、新しい制度へとその席を譲らなければならなくなるでしょう。

こうした意味で、一部改定案では、貧富の格差、気候変動という二大問題について、「資本主義体制が二一世紀に生き残る資格を問う問題」と位置づけました。そして世界各国でこの人類的問題を打開しようという運動が起こっていることを踏まえて、そうした運動への連帯の気持ちを込めて、「その是正・抑制を求める諸国民のたたかいは、人類の未来にとって死活的意義をもつ」と強調しました。

アメリカ帝国主義、いくつかの大国で強まっている大国主義・覇権主義

続いて一部改定案では、資本主義世界の政治的諸矛盾についてのべています。

現綱領では、この問題の冒頭に核兵器問題をあげていますが、この問題は第九節に移し、前向きの変化に重点をおいた記述としました。緊張を激化させ、平和を脅かす諸要因として、この間、世界における重大な逆流となっている「国際テロリズムの横行、排外主義の台頭」を補足しました。

〈アメリカの帝国主義的侵略性について〉

一部改定案では、帝国主義と覇権主義について、現綱領の到達点を踏まえつつ、必要な補強を行いました。

二〇〇四年の綱領改定では、帝国主義について重要な理論的発展を行いました。植民地体制が崩壊し、植民地支配を許さない国際秩序がつくられた今日においては、「ある国を帝国主義と呼ぶときには、その国が独占資本主義の国だということを根拠にするのではなく、その国が現実にとっている政策と行動の内容を根拠にすべきであり、とくに、その国の政策と行動に侵略性が体系的に現れているときに、その国を帝国主義と呼ぶ」という立場を表明し、「現在アメリカがとっている世界政策は、まぎれもなく帝国主義」（第二二回党大会第七回中央委員会総会）だということを明らかにしました。

こうしたアメリカ帝国主義の規定づけは、現在も的確であります。同時に、現綱領の記述には、「新しい植民地主義」、「『世界の警察官』と自認」、「世界の唯一の超大国」など、現状にあわなくなっている要素もあります。

一部改定案では、それらの要素を削除し、アメリカの帝国主義的侵略性を、①「国連をも無視して他国にたいする先制攻撃戦略をもち、それを実行するなど、軍事的覇権主義に固執している」こと、②「地球的規模で軍事基地をはりめぐらし、世界のどこにたいしても介入、攻撃する態勢を取り続けている」ことの二つの点で特徴づけました。二つ目の点についていえば、アメリカは、国防総省の公表資料でも――実際にはもっと多いと言われておりますが――、世界の四五の国に、五一四カ所もの外国軍事基地をもち、常時介入・攻撃態勢をとっていますが、このような国は世界にアメリカ一国しか存在しません。

「いま、アメリカ帝国主義は、世界の平和と安全、諸国民の主権と独立にとって最大の脅威となっている」

この綱領の命題は、今日においても強調されなければなりません。

〈「世界の構造変化」をふまえた弾力的なアメリカ論を明記〉

そのうえで、一部改定案では、次のように補足しました。

「軍事的覇権主義を本質としつつも、世界の構造変化のもとで、アメリカの行動に、国際問題を外交交渉によって解決するという側面が現われていることは、注目すべきである」

わが党は、この間の大会決定で、「世界の構造変化」のもと、アメリカの動向を「いつでもどこでも覇権主義・帝国主義の政策と行動をとる」という捉え方でなく、時と場所によっては、外交交渉による解決を模索する側面もあらわれうるという、複眼の捉え方の重要性を強調してきました。この立場から、ブッシュ（息子）政権二期目の対朝鮮半島政策、オバマ政権初期の核兵器政策、トランプ政権の対朝鮮半島政策など、米国に前向きの動きがあらわれた時には評価し、それを促す対応をしてきました。こうした弾力的なアメリカ論は大きな生命力を発揮してきており、この立場を一部改定案に明記しました。

そのさい、一部改定案が、「軍事的覇権主義を本質としつつも」と強調していることに注目してほしいと思います。あくまでも本質は軍事的覇権主義にあるが、国際世論の圧力をうけて外交交渉による解決もあらわれうるという捉え方が大切であります。

〈いくつかの大国で強まっている大国主義・覇権主義について〉

さらに、一部改定案では、次のように補足しました。

「いくつかの大国で強まっている大国主義・覇権主義は、世界の平和と進歩への逆流となっている。アメリカと他の台頭する大国との覇権争いが激化し、世界と地域に新たな緊張をつくりだしていることは、重大である」

ここでいう「いくつかの大国」で、主として念頭に置いているのは、中国、ロシアであります。中国、ロシアに現れた大国主義・覇権主義、米中、米ロの覇権争いとその有害な影響という角度も、綱領の世界論の視野に入れておく必要があります。

米中の対立は、かつての米ソ対決と異なり、資本主義的世界市場のなかで、経済的には相互依存を深めるもとでの、覇権争いと捉えられるべき性格の問題であります。同時に、この対立が、軍事的対立にも及び、軍事衝突の危険もはらむ事態も生まれていることへの警戒が必要となっています。

綱領第一一節——国際連帯の諸課題——どんな国であれ覇権主義を許さない

綱領第一一節は、国際連帯の諸課題を主題としています。

現綱領の記述にくわえて、「民主主義と人権を擁護し発展させる闘争」、「気候変動を抑制し地球環境を守る闘争」を、新たな課題として綱領上も位置づけました。

変更をくわえた点は、「二つの国際秩序の選択」についての叙述であります。

現綱領には、「国連憲章にもとづく平和の国際秩序か、アメリカが横暴をほしいままにする干渉と侵略、戦争と抑圧の国際秩序かの選択が、いま問われていることは、重大である」という特徴づけがあります。

これは二〇〇〇年に開かれた第二二回党大会で、当時、アメリカがアジアでもヨーロッパでも軍事同盟を侵略的に強化し、国連憲章にそむく戦争体制の準備を具体化するもとで、提起した課題でした。その後の二〇〇三年のイラク戦争をめぐる事態の流れのなかで、この課題は、文字通り国際政治の中心課題として浮き彫りになり、それを綱領改定のさいに明記しました。

しかし、この特徴づけは見直す必要があります。今日の世界で、アメリカの軍事的覇権主義が突出した危険をもっていることは疑いありませんが、中国、ロシアによる覇権主義も台頭し、それぞれが自らの「覇権主義的な国際秩序」の押しつけをはかっているからであります。

そこで、一部改定案では、この特徴づけを、「国連憲章にもとづく平和の国際秩序か、独立と主権を侵害する覇権主義的な国際秩序かの選択が、問われている」という、より包括的な規定にあらためました。

そして、「どんな国であれ覇権主義的な干渉、戦争、抑圧、支配を許さず、平和の国際秩序を築く」という命題を強く押し出しました。

日本共産党は、相手がアメリカであれ、旧ソ連であれ、中国であれ、あらゆる覇権主義と正面からたたかい続けてきた自主独立の党であります。一部改定案のこの命題は、そうした党の綱領ならではの重みがある命題であることを、強調したいと思います。

綱領第四章——第三章の改定にともなって必要最小限の改定を行う

次に綱領第四章「民主主義革命と民主連合政府」について報告します。

一部改定案では、第三章の改定にともなって、次の諸点について、最小限の改定を行うことを提案しています。どれも現綱領の第一二節——一部改定案の第一三節「現在、日本社会が必要とする民主的改革の主要な内容」にかかわる改定であります。

——「国の独立・安全保障・外交の分野で」の第四項の最初のパラグラフ、アジア諸国との友好・交流の項に、「紛争の平和的解決を原則とした平和の地域協力の枠組みを北東アジアに築く」を補足します。二〇一四年の第二六回党大会で提唱した「北東アジア平和協力構想」を踏まえた叙述です。

——「憲法と民主主義の分野で」の第三項「一八歳選挙権を実現する」は、すでに現実のものとなりましたので削除します。

——第六項に、「ジェンダー平等社会をつくる」「性的指向と性自認を理由とする差別をなくす」を補強します。

——「経済的民主主義の分野で」の第三項は、現綱領では、農林水産政策とエネルギー政策の転換が一体的にのべられていますが、一部改定案では、それを二つの項に分けて次のように記述します。

「3　食料自給率の向上、安全・安心な食料の確保、国土の保全など多面的機能を重視し、農林水産政策の根本的な転換をはかる。国の産業政策のなかで、農業を基幹的な生産部門として位置づける。農林水

4　原子力発電所は廃炉にし、核燃料サイクルから撤退し、『原発ゼロの日本』をつくる。気候変動から人類の未来を守るため早期に『温室効果ガス排出ゼロ』を実現する。環境と自給率の引き上げを重視し、再生可能エネルギーへの抜本的転換をはかる」

それぞれが第三章の改定にともなう改定であります。

綱領第五章――発達した資本主義国での社会変革は、社会主義・共産主義への大道

次に、綱領第五章「社会主義・共産主義の社会をめざして」の改定について報告します。

この章は二〇〇四年の綱領改定で、全面的に書き改められた章です。綱領改定によって、「生産手段の社会化」を社会主義的変革の中心にすえるとともに、労働時間の抜本的短縮による「社会のすべての構成員の人間的発達」を保障する社会という、マルクス本来の未来社会論が生きいきとよみがえりました。二〇〇四年の綱領改定のこれらの核心的内容は、一部改定案でも全面的に引き継いでいます。

一部改定案で、見直しを加えたのは、綱領第五章の最後の節――現綱領第一七節、社会主義への発展の時代的・国際的条件をのべた部分であります。

三つの流れから社会主義をめざす流れが成長・発展するという特徴づけを削除する

現綱領では、第一七節の第一パラグラフ、第二パラグラフで、二一世紀における社会主義への発展の時代的・国際的条件として、発達した資本主義諸国での人民の運動、資本主義を離脱して社会主義への道を探究する国ぐに、政治的独立をかちとり経済的発展の道を探究しているアジア・中東・アフリカ・ラテンアメリカの国ぐにの人民の運動――こうした三つの流れから「資本主義を乗り越えて新しい社会をめざす流れが成長し発展することを、大きな時代的特徴としている」とのべています。

この特徴づけは、見直しが必要であります。すでにのべたように、一部改定案では、「社会主義をめざす新たな探究の開始」が、「二一世紀の世界史の重要な流れの一つ」とはみなせなくなったとして、綱領から削除することを提案しているからです。この立場に立てば、三つの流れから社会主義をめざす流れが成長し発展するという特徴づけは成り立たなくなります。そこで、現綱領第一七節の第一・第二パラグラフを削除することを提案したいと思います。

第一八節の主題――発達した資本主義国での社会変革の意義

この規定を削除することは、途上国・新興国など、資本主義の発展が遅れた国ぐににおける社会主義的変革の可能性を否定するものでは、もちろんありません。資本主義の矛盾があるかぎり、どのような発展段階にある国であっても、社会主義的変革が起こる可能性は存在します。

同時に、ロシア革命以後、資本主義からの離脱の道に踏み出した国ぐにの歴史的経験を概括するならば、資本主義の発展が遅れた国ぐににおける社会主義的変革には、きわめて大きな困難がともなうものであることは、すでに歴史が証明しています。ソ連の崩壊は、その直接の原因は、スターリン以後の指導部が誤った道を進んだ結果でしたが、その背景には、資本主義の発展が遅れた国からの出発という歴史的制約がありました。中国についても、いま起こっているさまざまな政治的・経済的諸問題の根底には、遅れた国からの出発という歴史的制約が横たわっていることを、指摘しなければなりません。

一部改定案では、これらの歴史的経験もふまえて、「発達した資本主義国での社会変革は、社会主義・共産主義への大道である」という命題を太く打ち出しました。そして、綱領第一七節――一部改定案の第一八節の主題を、発達した資本主義国での社会主義的変革の意義を正面から論じるものへと変更しました。

前人未到の道の探求――特別の困難性とともに、豊かで壮大な可能性をもった事業

〈発達した資本主義国での社会主義的変革は二一世紀の新しい世界史的課題〉

一部改定案の第一八節の最初のパラグラフは、現綱領の第一五節から移したもので、発達した資本

主義国での社会主義・共産主義への前進をめざす取り組みは、二一世紀の新しい世界史的な課題であることをのべています。これまで誰も歩んだことのない前人未到の道の探求をしようということであります。

一部改定案には、それに続けて、次のような記述を書き込みました。

「発達した資本主義国での社会主義的変革は、特別の困難性をもつとともに、豊かで壮大な可能性をもった事業である。この変革は、生産手段の社会化を土台に、資本主義のもとでつくりだされた高度な生産力、経済を社会的に規制・管理するしくみ、国民の生活と権利を守るルール、自由と民主主義の諸制度と国民のたたかいの歴史的経験、人間の豊かな個性などの成果を、継承し発展させることによって、実現される。発達した資本主義国での社会変革は、社会主義・共産主義への大道である。日本共産党が果たすべき役割は、世界的にもきわめて大きい」

〈「特別の困難性」とそれを打破する力について〉

最初の文章は、発達した資本主義国での社会主義的変革が「特別の困難性」をもつとともに、「豊かで壮大な可能性をもった事業」であるとのべています。

そこには「特別の困難性」があります。日本での社会変革の事業を考えてもわかるように、発達した資本主義国では、支配勢力が、巨大な経済力と結びついた支配の緻密な網の目を、都市でも農村でも張り巡らしています。なかでも支配勢力が、巨大メディアの大部分をその統括下に置き、国民の精神生活に多大な影響力を及ぼしていることは、私たちの事業を前進させるうえで特別に困難な条件の一つとなっています。

こうした国で社会変革の事業を成功させるためには、国民の間に深く根を下ろし、国民の利益の実現のために献身する強大な党と、その党が一翼を占める統一戦線の発展が必要であることを強調したいと思います。

〈「豊かで壮大な可能性」――その要素を五つの点で明記〉

同時に、発達した資本主義国での社会主義的変革には、これまで人類がまったく経験したことのない「豊かで壮大な可能性」が横たわっています。

ここでいう「豊かで壮大な可能性」とは、資本主義の高度な発展そのものが、その胎内に、未来社会に進むさまざまな客観的条件、および主体的条件をつくりだすということです。一部改定案では、続く文章で、その要素を五つの点で列挙しています。

――第一は、「資本主義のもとでつくりだされた高度な生産力」です。

これまで資本主義から離脱して社会主義をめざす探究を行った国ぐには、革命ののち、まずは社会主義の土台である発達した経済そのものを建設することに迫られ、そのことに起因する多くの困難、試行錯誤、失敗に直面しました。

しかし、発達した資本主義国における社会主義的変革には、そのような困難は生じないでしょう。資本主義のもとでつくりだされた高度な生産力をそっくり引き継ぐとともに、生産手段の社会化によって、資本主義経済につきもののさまざまな浪費が一掃され、社会と経済の飛躍的な発展への道が開かれるでしょう。

――第二は、「経済を社会的に規制・管理するしくみ」です。

マルクスは、資本主義から社会主義へと引き継ぐべき要素として、発達した生産力だけでなく、資本主義がつくりだす経済を社会的に規制・管理するさまざまなしくみを重視して論じました。資本主義の発展とともに、資本主義の胎内に、そうした規制・管理のしくみが準備されてくること、そのことのうちに、社会主義にすすむ内在的必然性があるということを、『資本論』などのなかで明らかにしています。

たとえば、マルクスは、信用制度や銀行制度の発展など、資本主義のなかで発展してくる経済を社会的に規制・管理するしくみが、社会主義的変革をすすめるさいに「有力な梃子《てこ》として役立つ」ことは間違いないと強調しています。こうした点でも、発達した資本主義は、未来社会に引き継がれる要素をさまざまな形でつくりだすのであります。

――第三は、「国民の生活と権利を守るルール」です。

二〇一〇年に開いた第二五回党大会への中央委員会報告では、わが党の綱領でのべている「ルールある経済社会」とは、資本主義の枠内で実現すべき目標ですが、それを「ルールある資本主義」と表現しない理由について、「この改革の成果の多くは、未来社会にも引き継がれていくことでしょう」として、次のように説明しています。

「綱領でのべている『ルールある経済社会』とは、資本主義の枠内で実現すべき目標ですが、それを綱領で『ルールある資本主義』と表現していないのは、『ルールある経済社会』への改革によって達成された成果の多く――たとえば労働時間の抜本的短縮、男女の平等と同権、人間らしい暮らしを支える社会保障などが、未来社会にも引き継がれていくという展望をもっているからであります」

マルクスは、『資本論』で、労働時間を規制する工場立法が産業界全体に広がることの意義を、次のようにのべました。「工場立法の一般化は、……新しい社会の形成要素と古い社会の変革契機とを成熟させる」

資本主義の発展のなかで、人民のたたかいによってつくりだされた労働時間短縮のルールが社会全体に広がることは、未来社会にすすむうえで、その客観的および主体的条件をつくりだす――これが、マルクスがここでのべた展望にほかなりません。この点でも、高度に発達した資本主義は、未来社会のための豊かな諸条件をつくりだすのであります。

――第四は、「自由と民主主義の諸制度と国民のたたかいの歴史的経験」です。

旧ソ連でも、中国、ベトナム、キューバでも、政治体制の面で、事実上の一党制をとり、それぞれの国の憲法で「共産党の指導性」が明記されました。これは議会も民主主義の経験も存在しないという条件で、革命戦争という議会的でない道を通って政権を獲得したことと関連があります。

多くの発達した資本主義国――そして日本では、このようなことは決して起こり得ません。日本共産党は、綱領で、民主主義と自由の成果をはじめ、資本主義時代の価値ある成果のすべてを、受けつぎ、発展させることを約束していますが、それは単なる綱領上の約束にとどまるものではありません。日本では、戦後、日本国憲法のもとで、すでに七十年余にわたって、国民主権、基本的人権、議会制民主主義が、国民のたたかいによって、さまざまな逆流とたたかいながら、発展させられてきました。こうした社会を土台にするならば、未来社会において、それらが全面的に継承され、豊かに花開くことは、歴史の必然であります。

この点にかかわって、一部改定案が、「自由と民主主義の諸制度」とともに「国民のたたかいの歴史的経験」とのべていることに注目してほしいと思います。制度上、「自由と民主主義」が保障されても、そのもとで独裁国家に暗転した例は、第一次世界大戦後、ワイマール憲法のもとでのナチスドイツなどの経験があります。しかし、日本においては、戦後、七十年余にわたって、自由と民主主義の諸制度を守り、発展させてきた国民のたたかいの歴史的蓄積があります。ここにこそ、未来社会に自由と民主主義をより豊かな形で引き継ぎ、花開かせる最大の保障があることを、強調したいと思います。

——第五は、「人間の豊かな個性」です。

マルクスは、『資本論』の最初の草稿——『五七年～五八年草稿』のなかで、人類の歴史を、個人の歴史的発展という角度から大きなスケールで描き出し、人格的な独立性をもった個人——豊かな個性が、搾取制度という限界をもちつつも、資本主義社会のもとで形成され、未来社会を形成する重要な条件をつくりだすことを意義づけました。

この点でも、資本主義の発展が遅れた条件のもとで出発した革命とは、決定的な違いがあります。これらの国ぐにでは、生産力の水準の立ち遅れなどとともに、人間の個性、基本的人権、主権者としての意識などが、十分に形成されていなかったことが、その前途に重大な客観的困難をつくりだしました。

発達した資本主義国における社会主義的変革は、「人間の豊かな個性」という点でも、資本主義のもとで達成した到達点を継承して未来社会を建設することができます。ここにもはかりしれない「豊かで壮大な可能性」が存在するのであります。

一部改定案では、発達した資本主義が準備する五つの要素をあげていますが、それらのすべてが、生産手段の社会化を土台に、未来社会において継承・発展され、豊かに花開く。その全体を踏まえて、一部改定案では、「発達した資本主義国での社会変革は、社会主義・共産主義への大道である」と明記しました。

マルクス、エンゲルスが描いた世界史の発展の法則的展望にたって

マルクス、エンゲルスは、資本主義をのりこえる社会主義革命を展望したときに、この革命は、当時の世界で、資本主義が最も進んだ国――イギリス、ドイツ、フランスから始まるだろうと予想し、どこから始まるにせよ当時の世界資本主義で支配的地位を占めていたイギリスでの革命が決定的な意義をもつことを繰り返し強調しました。これらの国ぐにが社会主義に踏み出すことが、巨大な模範となり実例となって、世界のより遅れた国ぐにをいくつかの諸段階をへて社会主義の道にひきこむことになるだろう――これが、彼らが描いた世界史の発展の展望でした。

二一世紀の世界における社会主義的変革の展望も、マルクス、エンゲルスが描いた世界史の発展の法則的展望のなかに見いだすことが重要であります。

日本共産党が果たすべき役割は、世界的にもきわめて大きい

一部改定案は、このパラグラフの結びに、「日本共産党が果たすべき役割は、世界的にもきわめて大きい」と強調しています。

資本主義の発展は、未来社会への客観的条件をつくりだしますが、いくら客観的条件が成熟して

も、変革の主体的条件がつくられなくては、社会変革は現実のものにはなりません。この点で、日本共産党が置かれている立場は、世界的にも重要であります。

日本共産党は、自主独立の科学的社会主義の党として、ソ連覇権主義をはじめあらゆる覇権主義と正面からたたかいぬき、そのたたかいを通じて自らを鍛え、綱領路線の発展をかちとり、国民と深く結びつき、日本における社会変革の主体的条件をつくりあげるために不屈の努力を続け、日本社会において確かな政治的地歩を築いてきた党であります。

わが党は、こうした先駆的歴史をもつ党として、二一世紀の世界で、新しい社会への道を切り開く事業において、特別に大きな任務を担っています。全国の同志のみなさん。そのことをお互いに深く自覚して、奮闘しようではありませんか。

以上で、報告を終わります。

（「しんぶん赤旗」２０１９年11月６日付）

綱領一部改定案

志位委員長の結語

みなさん、2日間の会議、お疲れさまでした。総会では46人の同志が発言しました。全国での党内通信の接続数は1536カ所、視聴者は1万918人、インターネット視聴者と合計で3万1049人となりました。全国から1037通の感想が寄せられました。

それぞれの議案について、それぞれの提案者が結語を行いますが、私は、幹部会を代表して、綱領一部改定案についての結語を行います。

一部改定案に対する修正提案と質問について

綱領一部改定案は、討論でも全国からの感想でも、強い歓迎をもって受け止められています。一部改定案は、多くの論点に及ぶものですが、その全体に対して、積極的な感想が寄せられています。

まず、一部改定案に対する修正提案と質問についてお答えします。修正提案を受けた修正箇所は、文書でお配りしたとおりであります。いくつかの字句上の修正、用語の統一を行いました。

「弱い立場にある人びと」という表現は削除した

内容にかかわる修正は、第九節、国際的な人権保障の発展について述べたパラグラフに、「先住民など」を補足するとともに、「その他の弱い立場にある人びと」という表現を削除したことです。原案の「弱い立場にある人びと」という言葉は、国連が使用している「脆弱《ぜいじゃく》な立場にある人びと」という包括的な規定をふまえたものですが、「弱い立場といわれると、抵抗、違和感を覚える」という意見が出されました。原案は、女性など、ここであげている人びとを「弱い人びと」といっているのではなく、〝弱い立場に置かれてきた人びと〟という意味で使いましたが、「弱い」という言葉自体に違和感があるという意見です。そこで、「弱い立場にある人びと」という表現は削除することにしました。削除しても、この部分の文意は十分に伝わると思います。違和感を与える言葉は、綱領に残すべきではないと判断しました。

「市民社会」という用語について

一部改定案では、「市民社会」という用語を使っていますが、これを「市民の運動」などに修正したらどうかという提案がありました。

「市民社会」（シビル・ソサエティ）という用語は、国連など国際社会ですでに定着している用語で、国連の諸活動に自発的にかかわる個人と団体を包括した概念として使われています。核兵器禁止条約の前文にも明記されたように、さまざまな分野の専門家、宗教指導者、国会議員などを含んでいます。私たちも核兵器禁止条約の国連会議に参加しましたが、国会議員として、「市民社会」の一員にかぞえられて、条約に明記されているわけであります。このように「市民社会」とは、「市民の運動」より、より広い意味をもつ用語であり、原案のままにしたいと思います。

提案報告が述べている中国の変化はなぜ起こったか

文書で出されたいくつかの質問にお答えします。

複数の同志から、「提案報告が述べている中国の変化は、なぜ起こったのか、それはいつごろで、何をきっかけにしたものだったのか」という趣旨の質問が寄せられました。

なかなか難しい質問でありますが、お答えできる範囲で述べておきたいと思います。

「いつごろ」からかという質問に対しては、中国の国際政治における動向に問題点があらわれてきたのは、２００８年から２００９年ごろ、胡錦濤政権の最後の時期から習近平政権が始まる時期だと認識しています。中国が、国際舞台で、核兵器廃絶を「究極的目標」と棚上げする姿勢を示したのは、２００９年のことでした。東シナ海で、尖閣諸島の領海に初めて公船を侵入させる行為をとったのは、２００８年のことでした。南シナ海のほぼ全域について自国の権利を公式に主張するようになったのは、2009年でした。

その背景にあるのは、ちょうどこの時期に、中国がGDP（国内総生産）で日本を追い越し、世界第2の「経済大国」になったという問題があると思います。経済的に力をつけるもとで、中国指導部には、より謙虚で誠実な対応が求められましたが、そうした対応が行われず、「大国主義・覇権主義」の誤りがあらわれてきた、これが背景にあると考えます。

より根本的な問題として、中国のおかれた歴史的条件を指摘しなくてはなりません。中国革命は、文字通り遅れた国から始まりました。とくに、自由と民主主義の諸制度が存在しないもとで、革命戦争という議会的でない道で革命が起こったこと、革命後もソ連式の「一党制」が導入されるとともに、自由と民主主義を発展させる課題が位置づけられなかったことは、中国社会の民主的発展の大きな障害となりました。

いま一つ、より根底にある歴史的条件は、中国社会に大国主義の歴史があるということです。近代以前、中国は、東アジアの超大国として、周辺の諸民族と朝貢関係を結び、従属下においてきた歴史をもっています。こういう歴史をもつ国として、革命後も、大国主義・覇権主義は、毛沢東時代の「文化大革命」の時期に、日本共産党への乱暴な干渉攻撃をはじめ、さまざまな形であらわれました。

そして、そういう歴史をもつ国だけに、大国主義・覇権主義に陥らないようにするためには、指導勢力が強い自制と理性を発揮することが不可欠となります。日中両党関係が正常化された1998年から数年間の時期には、わが党に対する干渉への「真剣な総括と是正」を公式に表明するなど、間違いなくそうした自制と理性が発揮されました。しかしそれは一時的なものとして終わりました。

その根本的な背景には、中国の置かれたこうした歴史的条件があったと考えるものです。

平和の地域協力の流れにアフリカを含んでいないのはなぜか

文書で出された質問のなかに、「平和の地域協力の流れにアフリカを含んでいないのはなぜか」というものがありました。

アフリカには、この大陸の55のすべての国ぐにが加盟する組織として、アフリカ連合（ＡＵ）が存在しています。この大陸の国ぐには、アフリカ非核地帯条約を２００９年に発効させるなど、核兵器廃絶で積極的役割を果たしています。日本共産党は、アフリカの国ぐにとも、この問題で、国連などの会議で、おおいに協力の関係をつくってきました。

ただ、内政不干渉の原則が守られず、ブルンジ、ルワンダ、スーダンの紛争・内戦にあたっては、ＡＵとして軍事介入を行うなど、紛争の平和的解決という点では、さまざまな問題が残されていきます。そうした点を考慮して、綱領では、アフリカを、平和の地域協力が進んでいる地域にはあげていません。

同時に、アフリカ大陸で進んだ植民地支配からの解放は、世界史の偉大な発展の重要な構成部分となっており、私たちはこの大陸の国ぐにの今後の発展を期待を持って注視していきたいと思います。

一部改定案を、今の日本のたたかいを前進させる生きた力に

さて、討論を踏まえて、私が強調したいのは、一部改定案は、国際情勢を中心とした改定案ですが、それは決して「遠い外国の話」ではなく、今の日本のたたかいを前進させる生きた力にしてほしいし、必ず生きた力にすることができる——このことが討論で浮き彫りになったということです。この点が、たいへんに大切な点だと思います。討論を踏まえて、四つの点を、私は指摘したいと思います。

世界の大局的な流れをつかむことは、日本のたたかいを確信をもってすすめる土台

第一に、世界の大局的な流れをつかむことが、日本のたたかいを確信をもってすすめるうえでも不可欠の土台になるということです。

討論のなかで、「毎日のニュースを見ると、世界で起こっていることは暗い話ばかりだが、一部改定案を読んで明るい展望が見えた」という発言がありました。全国からの感想でも、同様の声がたくさん寄せられました。

たしかに世界は、その時々の断面だけを見ますと、暗い、恐ろしい出来事の連続のようにも見えます。しかし大きな歴史的スケールで見ますと、さまざまな曲折や逆行を経ながらも、着実な進歩の歩みを刻んでいます。

20世紀はまさにそうした世紀でした。この世紀は時々の断面だけを見れば、戦争と抑圧の連続であり、こんなにも多くの人々が暴力の犠牲になった世紀はなかったと言っても過言ではないでしょう。

しかし百年という単位で見ますと、この世紀に、人類は巨大な進歩を記録しました。それは綱領第七節が述べているとおりであります。

そして21世紀も、時々の断面だけで見れば、戦争があり、テロがあり、暗いニュースが連続しているようにも見えます。しかし、この世紀が始まって、およそ20年近くという単位で見ますと、一部改定案が述べているように、核兵器廃絶、平和の地域協力、国際的な人権保障などの前進の姿がはっきりあらわれてきました。

一部改定案には、こうした世界史の大局的な見方がつらぬかれています。提案報告でも述べたように、その根本的立場は、20世紀に進行した人類史の巨大な変化の分析に立って、21世紀の世界の発展的展望をとらえるというところにあります。この立場は2004年に行った綱領改定の根本的立場でしたが、一部改定案はこの根本的立場を徹底的におしすすめるものとなったと思います。

そして強調したいのは、20世紀においても、21世紀においても、こうした人類史の進歩の原動力となったのは、各国の人民のたたかいだということです。綱領の世界論は、「人民のたたかいが歴史をつくる」という科学的社会主義の立場、史的唯物論の立場に立脚したものであり、これをしっかりつかむことは今日の日本のたたかいを確信をもってすすめるうえで、大きな力になることは間違いないと考えるものです。

日本のたたかいと世界のたたかいは、直接に結びついている

第二に、日本のたたかいと世界のたたかいは、「グローバル化」のもとで、直接に結びついている

ということです。とくにインターネット、SNSの発達のもとで、それはいっそう顕著になっています。世界のどこで起こった出来事も、瞬時のうちに世界全体に伝わり、さまざまな影響を及ぼしあいます。

一部改定案で述べられている、「核兵器のない世界」をめざすたたかい、国際的な人権保障の豊かな発展をめざすたたかい、ジェンダー平等を求めるたたかい、貧富の格差の是正を求めるたたかい、気候変動を抑制するたたかいなどは、どれも世界の大問題であるとともに、日本国民にとっても強い関心が寄せられている切実な大問題であり、たたかいが起こっている問題です。これらの問題で、世界の動きは、日本の世論と運動にただちに影響を与え、相互に深く関連しあっています。

一部改定案は、これらの諸問題を、21世紀の世界の大局的な流れ、世界資本主義の諸矛盾のなかに大きく位置づけ、その解決の展望を明らかにしています。そしてこれらの諸課題で、国際連帯を強めることを呼びかけています。

一部改定案は、世界的規模で解決が求められているさまざまな諸問題について、関心と模索を強め、真剣に解決を求めている日本国民の思いにこたえ、日本のたたかいを世界的な流れのなかに位置づけて発展させるうえで、大きな力になると確信するものです。

中国にかかわる綱領改定の意義――世界の平和と進歩にとって大義あるとりくみ

第三は、一部改定案が、中国の国際政治における問題点について、事実と道理にそくして踏み込んで明らかにしたうえで、「社会主義をめざす新しい探究が開始」された国と判断する根拠はもはやなくなったという判断のもとに、この部分の綱領からの削除を提案している意義についてであります。

多くの同志が発言で、この改定は、中国にかかわっての日本共産党に対する誤解、偏見をとりのぞく大きな力になると述べました。日本共産党を、中国共産党・中国政府と同一視した攻撃が広く行われています。それだけでなく、中国政府による大国主義的、覇権主義的な行動、人権侵害に対して、日本国民のなかで当然の批判や危惧が広がり、そこから生まれる社会主義に対する「マイナスイメージ」が日本共産党の前進の障害になっていることも事実であります。一部改定案がこれらの誤解、偏見を解きほぐし、日本共産党の魅力を広げていくうえで、大きな力を発揮することは間違いありません。

同時に、私が強調したいのは、わが党が今、中国の国際政治における問題点を正面から批判しているのは、日本国民の誤解、偏見を解くという次元にとどまらず、世界の平和と進歩にとって大義があるとりくみだと考えているからであります。中国に今あらわれている、新しい大国主義・覇権主義、人権侵害は深刻なものですが、世界を見ましても、それに対して冷静に、事実と道理にそくして、正面から批判する動きが率直に言って弱いという現状があります。

安倍政権も、中国のあれこれの動向を、自分の政権の軍事力拡大に利用することはしても、たとえば尖閣諸島問題一つとっても、中国の覇権主義的行動の問題点を正面から提起し批判するという姿勢が弱い。香港で起こっている人権侵害についてもまともな批判をしない。そういう状況が続いています。

こういう状況のもとで、日本共産党が事実と道理にもとづいた批判を行っていることは、私は、中国の大国主義・覇権主義の行動に対する痛手となっていると考えます。だからこそ提案報告で明らかにしたように、中国共産党は、3年前、日本共産党第27回大会を前にして、大会決議案に明記されていた「新しい覇権主義・大国主義」という記述の削除を求めたのであります。痛手になっているからこそ、削除を求めたのです。

日本共産党が、いま中国が行っている誤った行動を批判することは、そうした意味で、世界の平和と進歩を進めるうえでの大義あるとりくみだということを強調したいし、自主独立を貫いてきた党として、そうした国際的責任を果たしていきたいという決意を申し上げたいと思います。

今の私たちのたたかいは、そのすべてが未来社会を根本的に準備する

第四は、一部改定案が、「発達した資本主義国における社会変革は、社会主義・共産主義への大道である」という命題を押し出したことの意味についてであります。

これは、私たちが、一つの世界史的な「割り切り」をしたということであります。提案報告でも述べたように、わが党は、資本主義の発展の遅れた国ぐにおける社会主義的変革の可能性を否定するものでは決してありません。そのような断定は、図式的で傲慢《ごうまん》なものとなるでありましょう。

同時に、ロシア革命から1世紀をへた世界史的経験は、資本主義の発展が遅れた国ぐにおける社会主義的変革には、きわめて大きな困難があることを証明しました。そうしたもとで、発達した資本主義国で社会主義・共産主義への道を開くという人類未到のとりくみに、腹をくくって挑戦しよう

――これが一部改定案の立場であります。

一部改定案では、発達した資本主義国での社会主義的変革の「特別の困難性」とともに、「豊かで壮大な可能性」を全面的に明らかにしています。私が、結語で強調したいのは、今の私たちのたたかいが、「特別の困難性」を突破するとともに、「豊かで壮大な可能性」を準備するたたかいであるということです。

いま全党がとりくんでいる「党勢拡大大運動」のとりくみは、社会変革の主体的条件を根本的に強め、「特別の困難性」を突破して、日本における社会進歩を進める最大・最良の保障を築くたたかいにほかなりません。

また、労働時間短縮をはじめ「ルールある経済社会」をめざすたたかい、人権の豊かな発展をかちとり、すべての個人が尊厳をもって生きることのできる社会をめざすたたかいは、未来社会にすすむ諸要素を豊かにするたたかいであり、これらのたたかいは未来社会へと地続きでつながっています。

今の私たちのたたかいは、そのすべてが未来社会を根本的に準備する――こういう大きな大志とロマンのなかに現在のたたかいを位置づけ、日本共産党の大きな躍進をかちとろうではありませんか。

わけても、一部改定案を「大運動」成功の政治的・理論的推進力にしていただくことを心から訴えまして、討論の結語といたします。

（「しんぶん赤旗」2019年11月7日付）

第一決議案（政治任務）

小池書記局長の結語

第一決議案の結語をおこないます。

この決議案の主題は、「市民と野党の共闘」を、「連合政権をめざす共闘」に質的に発展させるとともに、共闘の決定的な推進力であり、日本の政治をおおもとから変革する日本共産党の躍進を実現することにあります。総会の討論でも、全国から寄せられた感想文でも、その内容は全体として歓迎されました。

安倍政治転換の「三つの方向」に強い共感

なかでも、連合政権をめざす共闘へ発展させるうえで、今回、安倍政治からの転換の「三つの方向」を提起したことに、全国から強い共感の声が寄せられています。

決議案についての報告でも強調しましたが、これは、いままでの野党間の合意の内容を踏まえて、共通している方向を三つの点で整理したものです。

第一に、憲法にもとづき、立憲主義、民主主義、平和主義を回復する。

第二に、格差をただし、暮らし・家計応援第一の政治にきりかえる。

第三に、多様性を大切にし、個人の尊厳を尊重する政治を築く。

これはいわば、今日における「政治転換の三方向」です。この三つの方向は、当たり前のように見えるかもしれません。しかし、その当たり前のことを破壊してきたのが安倍政権です。だからこそ安倍政治の問題点を鋭くただし、その転換の方向を明示するものとなっています。しかもこの三つの方向は、すでに野党間で共有しているものであり、十分に一致できるものです。

埼玉の同志からこういう感想文が寄せられました。

「当たり前のことを壊した安倍政権に対して、当たり前の政治とは何かを分かりやすく、日常的な言葉でしゃべれるようにまとめてくれたのは大変良い感じで受け止めています」

安倍政権は、市民と野党の共闘に対して、「理念なき野合」などと悪罵を投げつけますが、とんでもありません。この三つの方向は、安保法制（戦争法）に反対するたたかいの中から生まれ、その後の4年間の選挙協力と、国会内外でのたたかいを通じて、揺るがぬものとなってきた理念です。日本共産党は、市民と野党のみなさんに、この三つの方向にそって、安倍政治を転換する野党連合政権をつくることを心からよびかけるものです。

共闘の新しい到達が生き生きと語られた

総会の討論では、市民と野党の共闘がさまざまな困難と曲折を経ながら、新しい到達を築いてきたことが、生き生きと語られました。

宮本たけしさんが、4月の衆議院大阪12区補欠選挙でのたたかいのドラマを語りました。バッジを外し退路を断って立ち上がり、野党共闘で野党の議席をかちとらせてという訴えに、党派を超えて51人の現職・前職議員が駆けつけて応援し、全国から1000人のボランティアが結集し、募金も1700万円を超えました。まぎれもない日本共産党の国会議員が、野党の統一候補としてたたかう経験が生まれたのが衆院大阪12区補選でした。

それが7月の参議院選挙で、わが党が擁立した候補者を野党統一候補にする動きにつながり、鳥取・島根選挙区で中林よし子さん、福井選挙区で山田かずおさん、そして、徳島・高知選挙区の松本けんじさんのたたかいに実を結びました。これらの選挙に真っ先に駆けつけ、応援してくれたのも、大阪12区で宮本たけしさんを応援してくれた野党議員の方々でした。

この流れが、高知県知事選挙への道を開きました。広田一さん（衆院議員・「社会保障を立て直す国民会議」）が選対本部長となり、中村喜四郎さん（衆院議員・立憲民主・無所属フォーラム）が決起集会で、「奇跡を起こそう」と訴えてくださっています。11月4日には立憲民主党の安住淳さん、国民民主党の原口一博さん、そしてわが党の穀田恵二さんと、3人の国会対策委員長が、並んで松本けんじ県知事候補の必勝を訴え、立憲民主党の武内則男衆院議員が司会を務めました。宮本たけしさんのバトンがつながり、全国へと広がっています。

このように、一歩一歩積み重ねてきた努力をつうじて、相互に応援する本気の共闘の流れが生まれています。これをさらに加速し、野党連合政権をめざす共闘に発展させ、安倍政権を倒し、新しい政治を必ずつくろうではありませんか。

個人後援会の新しい提起について

選挙をたたかう方針をめぐって、「必要に応じて、党議員・候補の個人後援会をさまざまな名称、形態でつくり、幅広い方々と力をあわせる活動にも取り組む」という新しい提起について、全国からの感想では、多くの歓迎する感想が寄せられていますが、心配の声も寄せられています。「『日本共産党後援会よりも個人後援会の方がやりやすい』となって、これまでの努力を弱めることにならないか」といったご意見です。

しかし新しい提起は、「比例を軸に」をいささかも弱めるものではありません。決議案ではそこを明確にしています。「『比例を軸に』をつらぬき、『日本共産党後援会』としての活動を選挙戦の基本としつつ、必要に応じて」個人後援会をという提起です。ですから個人後援会に参加する人にも、比例は日本共産党への支持を広めてもらうように働きかけることが必要です。またこれは、どの選挙区でも一律に個人後援会をつくるという提起ではありません。それぞれの選挙区の状況をよく検討して、「必要に応じて」つくるという方針です。

これまで活動してきた「勝手連」的なサポーターとの関係をどう考えるのかという質問も寄せられました。

この間、市民と野党の共闘の発展のなかで、多彩な形態で党候補を応援する人々が生まれています。その多くが、インターネット・SNSを活用して結びつきを広げ、一人ひとりの自発性や創意性を生かしながら活動しています。こうした人たちに対しては、党が活動のあり方を押しつけるのではなく、さまざまな形で党候補を応援してくださっている方々の意見をよく聞いて、〝学ぶ姿勢〟を大切にして、名称や活動のあり方を相談していくようにしていきたいと思います。

市民と野党の共闘という新しい情勢のもとで、方針を発展させて、「比例を軸に」、日本共産党への支持を大きく広げる活動に挑戦することをよびかけるものです。

積極的支持者を増やす活動とともに党の自力をつける仕事を

積極的支持者を増やす日常活動の強化についても、「大事だ」という受け止めが広がりました。宮城県議選をたたかった同志からの感想文では、「県議選では、『水道民営化や女川原発ストップ、消費税5％減税の願いにこたえているのは共産党』と広がったけれども、それだけではなく、『共産党だからこそこたえられる』という角度で話さないと、積極的支持者になるのは難しいと思っていた。でも選挙だけで考えると、狭い視点にしか立てない。日常活動でどう語り、その姿を見せていくことの強化がよびかけられたことで、私自身もすっきりした」とのことでした。

共闘の時代に党躍進をかちとるカギは、「共産党だから支持する」という積極的支持者を増やす日常活動の強化にある。これは、この間の選挙をたたかったみなさんの共通する思いではないでしょうか。

この課題は、２０１７年総選挙の結果をふまえて3中総で提起したものです。そしてＪＣＰサポーター制度や「しんぶん赤旗」電子版の発行などにも取り組んできました。その後、6中総では、選挙直前ということもあり、「批判とともに希望を語る論戦」とあわせて「政治論戦の二つの力点」として位置づけ、選挙戦の中でも双方向の取り組みなどが全国に広がりました。

さらにこの大会決議案では、腰をすえて取り組む課題にしようということで、選挙方針の冒頭にすえました。このことも歓迎されています。滋賀県の同志の感想文では、「積極的支持者を増やすことは本当に大事だが、どう実践するか。党員はおそらくみんな党のことを知ってほしいと願っていると思う。ここに依拠していけば実践が広げられると思うので、こじあけたい」と述べています。みんなでこじあけようではありませんか。

積極的支持者を増やす活動とともに、党の自力を強くするための独自の努力を強めることは、どんな複雑な情勢でも、共闘の勝利と党の躍進を同時に実現するために絶対不可欠な課題です。積極的支持者の中核は党員です。そして、「しんぶん赤旗」読者です。自力をつけることこそ、「積極的支持者を増やす」ことの中心をなすものであることを、あらためて強調したいと思います。

そして積極的支持者を増やすための取り組みにあたって、最良、最強の力となるのが、本総会で承認されるであろう党綱領一部改定案です。綱領改定案をおおいに語り、日本共産党の綱領、理念、歴史を丸ごと理解してもらう取り組みを、全国津々浦々に広げに広げようではありませんか。

そのことを訴えて結語を終わります。

（「しんぶん赤旗」2019年11月7日付）

第二決議案（党建設）山下副委員長の結語

第二決議案「党建設」の討論の結語を行います。

第二決議案は、総会の討論でも、党内通信をご覧になった方からの感想文を見ても、大変積極的に受け止められました。討論を聞いて、決議案の三つの点が受け止められたのではないかと思います。

党建設への決意が受け止められた

一つは、党建設を第二決議案として独立して提案したことが、非常に歓迎されています。討論ではこの点について、何人もの方から「党建設に対する中央の並々ならぬ決意を感じた」「本気度を受け止めた」などと語られました。提案報告でも述べたように、党大会で党建設を独立した決議とするのは、今回が初めてのことであります。わが党にとって、今が党建設でなんとしても後退から前進に転ずる歴史的時期にある、という認識に立ってのことでしたが、それが全国の同志に歓迎され、自らの決意となっています。

全国が連帯しあえる決議案——変革者の立場で困難に立ち向かおう

二つ目に、決議案が党組織の現状をリアルに問題提起したことが、正面から受け止められています。静岡の県委員長は、「党の現状をかなり立ち入ってリアルに述べているところに注目した」と述べ、「ともすると、大変な課題になると〝中央は自分たちの困難をわかっているのか〟というもやもやがある。これに対する明確な回答になっている。そしてもう一つは、〝困難は自分たちの所だけではない〟〝全国が共通して立ち至っている困難だ〟ということもつかめる中身となっている。そのうえで、決議案は厳しい条件のもとで陣地を持ちこたえてきた意義を述べている。連帯しあううえで大事な中身だ」と語りました。提案者として深い受け止めに感動しながら聞きました。

決議案は、党建設の現状についてリアルかつ率直に問題提起をしました。そこから出発することが、党建設で前進に転じるためにはどうしても必要と考えたからですが、それが全国の同志に正面から受け止められています。困難を直視するとともに、それにたじろがず、変革者の立場で立ち向かうのがわが党の真骨頂であります。危機もあるが、他方で党建設で前進できる客観的な条件もある。主体的力もある。この両面をつかんで、危機打開のために中央委員会が先頭に立とうではありませんか。

決議案の探求・開拓がすでに始まっている

三つ目に、決議案が、前進への道をこの方向で一緒に探求・開拓していこうとよびかけた内容が、すでに始まっているみなさんの新しい挑戦とかみ合っています。

衆議院比例四国ブロックの候補者は、初めて漁協との懇談に挑戦している経験を語り、「『〝相手から学ぶ〟姿勢を大切に、相互に多様性を尊重して力をあわせよう』との決議案の提起は大歓迎」と述べました。そしてこの姿勢が伝わるなら、「こんなに漁業、漁協のことを思ってくれる方々がいることがうれしくて」と深い信頼を得られることも報告されました。

衆議院東京12区の候補者は、「ＪＣＰ Ｗｉｔｈ Ｙｏｕ」のとりくみやフラワーデモで知り合った数人の方と、月1回綱領学習を続けていることを紹介しました。豊かな内容がありましたが、私は「入党の働きかけは急がず、同意を重ねる努力を心がけている」と述べた点に注目しました。決議案の「ともに学び、ともに成長する姿勢で、入党を働きかける」という提起は、こうした努力ともかみあうものだと思います。

国政候補として参院選をたたかった神奈川の中央役員は、若い世代、子育て世代の方が、党の候補者や専従者になった場合の苦労を、自らの体験、同世代の声を紹介しながら切々と語りました。そして、日本共産党だからこそ改革できるとして、「子育て世代が誇りをもって、『共産党だから私たちは輝いて活動できるんだ』といえる態勢をつくりたい」と述べました。この発言を、みんなで共有して、そういう党を一緒につくろうではありませんか。

わが党は、開拓者の党であります。党づくりの改革・発展に挑戦しようというよびかけは、全党の同志に意欲的に受け止められるものと思います。

以上、第二決議案の内容が、全面的に受け止められたことは、大変うれしいことです。

党大会めざす実践で決議案を豊かにしよう

承認されれば、いよいよ実践となります。

第二決議案の第4章は、党建設の目標をどうやってやりとげるか、探求・開拓の大きな方向性を示したものであります。党大会をめざす実践の中で、この第4章をうんと豊かなものにしようではありませんか。

党機関としての探求・開拓も、すでに生まれていることが紹介されました。

東京の都委員長代理は、「33の地区委員会すべてに、青年学生対策専任の宣伝組織者を置くことを考えている。これこそ、東京としての党づくりの改革・発展への挑戦」だと発言されました。

京都の書記長は、「30代、40代の党員の成長と活動の場をどう保障するのか、京都府委員会として地区委員会との相談会を持ち、調査と探求を始めた」と発言されました。

党大会をめざす「党勢拡大大運動」のとりくみを通じて、こうした探求・開拓を豊かに発展させ、その教訓を党大会にもちより、全面的に決議に反映させて、党創立100周年をめざす党建設で、さらに新たな歩みを開始できるようにしようではありませんか。

なお、東京の青学部長代理から、若い世代の党員と党機関の責任者が集まる全国的会議をぜひ早い時期に、との要望が出されました。中央として、そのような学習と交流の場を積極的にもうけたいと思います。

中央委員会が、綱領一部改定案と、第一決議案の政治方針を全面的に力にして、全党の探求と開拓の先頭に立ち、豊かな経験をもちよって、党大会で再会することをよびかけて結語といたします。

（「しんぶん赤旗」2019年11月7日付）

第28回党大会成功へ全党が「二つの任務」をやりぬこう

8中総　小池晃「大運動」推進本部長の訴え

第28回党大会に提案する、綱領一部改定案、大会決議案が承認されました。本総会の最後に、「第28回党大会成功をめざす党勢拡大大運動」について、全国の同志の皆さんに訴えます。

「大運動」の到達点と前向きの変化

7中総以来とりくんできた「大運動」はどこまで来たか。全党の奮闘によって前進が始まりました。全党に新しい息吹が生まれています。同時に飛躍は起こせていません。このとりくみの延長では目標には届きません。

8中総を機に、前進から飛躍へ、そして目標達成へという大きな流れをつくりだせるかどうか、ここからが正念場であり、頑張りどころです。

党員拡大では、「大運動」に入って昨日までに1187人の新しい党員を迎えました。心から歓迎します。現勢では前進に転じることができていませんが、9月の479人から10月は652人へと、拡大の数は着実に増えてきています。

「しんぶん赤旗」読者拡大では、日刊紙・日曜版とも、9月、10月と連続して前進し、前進幅も広げています。10月は9割の地区が、日刊紙・日曜版の両方、またはいずれかで前進しました。

9月15日からの「大運動」、さらに10月16日からの「集中期間」で、確実に前向きの変化が生まれています。

第一に、党の危機をなんとしても打開しようという決意と踏み出しが、生まれています。

「うちの支部は厳しい」「配達・集金で限界」という思いもあった支部、これまで会議が開かれていなかった職場支部などが、「いま支部をなくすわけにいかない」「なんとかして現状を打開しよう」、そういう思いで立ち上がり、まず支部会議に集まろう、「集い」を開いてみよう、読者や後援会員を訪問しようと一つ一つ具体化し、踏み出しを始めています。

第二に、党づくりの歴史的可能性が、実践を通してつかまれてきたことです。

共闘を通じて結びついた人々や若い世代、文化人、知識人が次々入党し、野党関係者などに「赤旗」読者が増えています。

「赤旗」日曜版で、「隠れ共産党宣言」の小松泰信さんが、入党宣言をされました。

2016年12月、農業協同組合新聞での小松さんの「隠れ共産党宣言」は、翌年の党旗開きで紹介され、1月15日の「赤旗」のインタビューに初登場。4月の「とことん共産党」に出演されたさいに「赤旗」の購読を宣言し、その後も各地の演説会などに呼ばれ、日本共産党員と接すれば接するほど、まじめにひたむきに頑張る姿に心打たれたそうであります。

そして今年7月、ご自分の記事を見た男性が入党したという「赤旗」の記事を読んで、「人にこれだけ影響を与えておいて、自分は入らないではおられません」と、ご自身も入党を決意されました。「隠れ共産党宣言」に始まり、ついに、逃げも隠れもせずに入党宣言。党づくりの可能性が大きく広がっていることをひしひしと感じます。

第三に、「全支部運動にできる」という先進的経験がうまれ、その経験が広がりつつあることです。私が10月の「訴え」で紹介した北海道旭川地区の入党対象者チェックシートの活用が全国に広がり、「対象者が見えてきた」と、「支部が主役」で立ち上がる流れが生まれています。今大会期に今まで党員を迎えられていなかった支部も、「赤旗」読者を増やしたことがなかった党員も、「大運動」に入って新たに踏み出し、成果をあげる経験が生まれています。

同時に、全党の持つ力を出し切っているとは言えません。

党員拡大の働きかけに立ち上がった支部は約1割、読者拡大の成果支部も広がってはいるものの、36％です。

まだ多くの支部が「わが支部の『大運動』」にはなっていません。

まだ多くの党員が「私の『大運動』」にはなっていません。

逆に言えば、いま、文字通り全支部・全党員の運動にできるならば、必ず飛躍は起こせるし、目標達成は十分に可能であることを示しています。

８中総で練り上げた綱領一部改定案、大会決議案を最大の力にして、全支部・全党員運動をつくりだし、目標総達成への道をきりひらこうではありませんか。

党大会成功へ、「二つの任務」を訴える

残された期間、歴史的な第28回党大会の成功へ、全党が「二つの任務」をやりぬくことを訴えます。

第一は、綱領一部改定案、大会決議案の全党討議で、全党の英知を結集して、大会議案を練り上げることです。

大会議案については、綱領一部改定案、綱領一部改定案についての提案報告と結語、二つの大会決議案（政治任務・党建設）とその結語を、全党が討議・読了する文書とします。

第二は、「党勢拡大大運動」の目標総達成をやりとげることです。

この二つの任務は、一体で、相乗的にすすめることができるものです。

綱領一部改定案と大会決議案には、この間の全党の英知と実践の結晶がぎっしりとつまっており、そのものが「大運動」をすすめるための最大の理論的・政治的推進力となるものです。

綱領一部改定案は、21世紀の世界の希望ある流れを明らかにし、平和と社会進歩のために国内外で力をつくす党の役割を鮮明にするものであり、さらに、中国の覇権主義、人権問題などによるわが党への誤解を払拭《ふっしょく》するこの上ない力になるものです。わが党が中国の誤った行動を事実と道理に基づいて批判していることは、世界の平和と進歩にとって大義あるとりくみであることも強調しておきたい

と思います。

大会第一決議案は、市民と野党の共闘の展望を示すとともに、日本共産党ならではの役割を明らかにしています。第二決議案は、決議案そのものが「大運動」を推進する大方針となっています。

同時に、綱領一部改定案と大会決議案を、全党の英知と実践で練り上げようと思えば、討論で深めるだけでなく、その中身をおおいに国民に語り、大会議案に示された党の役割を発揮し、目標に向かって党勢拡大にとりくみ、その経験をもちよって大会でさらに練り上げなければなりません。

年明け1月14日からの党大会に向けて、全力をつくそうではありませんか。

大会議案の全党討論をどうすすめるか

綱領一部改定案、大会決議案を練り上げる全党討論をどうすすめるか。

まず、すべての党員に、綱領一部改定案と大会決議案を届けることが、全党討論の出発点です。党籍を持つすべての党員に、一人残らず届け切りましょう。議案を届けるさいには、党員の状況、願い、悩みなどもよく聞き、読了を援助し、一人ひとりの党員の初心や可能性が生きる党づくりへの第一歩にしましょう。

支部では、すべての支部が、支部総会待ちにならずに、綱領一部改定案と大会決議案の討議をただちに開始し、繰り返しおこないましょう。

支部総会では、全党員参加で十分な時間をとって大会の諸議案を討議するとともに、支部会議でもくりかえし討議して、実践の力にしていきましょう。

全党討論を促進するうえでも、指導的同志のみなさん、都道府県・地区役員、地方議員、支部長のみなさんが、文書が「赤旗」に掲載されて1週間以内、11月14日までに読了し、機関でよく討議して全党討論の促進と「大運動」実践の先頭に立とうではありませんか。

「党勢拡大大運動」の目標総達成をどうやりぬくか

最後に、「党勢拡大大運動」の目標総達成をやりぬくために、前進から飛躍を起こすために、三つのことを訴えます。

第一に、いま政治の大激動が起こるもとで、たたかいと論戦で安倍政権を攻めに攻めて、党の風を吹かせることです。

安倍9条改憲を許さないたたかいでも、消費税5%への減税を求めるたたかいでも、国会内外で、安倍政権を追いつめ、新しい政治を切り開く党の役割を発揮し、町に党の風を吹かせる中で、党勢拡大をすすめましょう。

一連の台風・大雨による災害救援・復旧のため、6千万円を超える募金が中央委員会には託されています。引き続き、わが党の原点である「国民の苦難軽減」に力をつくしましょう。

第二に、綱領一部改定案、大会決議案を力に、党の綱領、「赤旗」の役割、党員としての誇りを語って、党勢拡大をすすめましょう。

全党討議で大会議案を練り上げるだけでなく、その魅力を国民に語る「大運動」に発展させて入党と購読を訴えましょう。綱領が若い世代にこそ響くことが、この総会でも語られました。綱領改定案、党大会決議案を生かした「綱領を語り、日本の未来を語り合う集い」や「街角トーク」に、すべての支部・グループ、地方議員のみなさんがとりくみましょう。

なお、今後入党を訴える際には、まだ決定された綱領ではありませんが、2004年の改定時と同様に、綱領改定案を使うことにします。党大会までそういう扱いをすれば、その同志は、入党した時から綱領討議に参加することにもなります。

第三に、支部も党機関も、支部総会や党会議を成功させながら、「大運動」の飛躍をつくりだすために、強力な臨戦態勢を確立することであります。

すべての支部が、週1回の支部会議を軸に、日々活動する態勢をとり、みんなが行動したことをお互い励ましあいましょう。11月こそ、すべての支部が入党を働きかけ、すべての支部が読者拡大で成果をあげることに挑戦しようではありませんか。

党機関が、地方議員・常勤常任委員の経験者などをはじめ、党のあらゆる力を結集する臨戦態勢をつくりあげ、機関役員が支部に入り、毎日変化を起こしましょう。

党本部も総出動態勢で、現場に入り、ともに議論し、ともに行動する決意であります。

中央役員のみなさん、本大会期の最後の仕事として、党づくりをともに探求・開拓する姿勢で現場に入り、県・地区・支部とともに、自らが議論し仕上げた決議案のその実践の先頭に立って力をつくそうではありませんか。

（「しんぶん赤旗」2019年11月7日付）

第27回党大会
日本共産党中央委員会総会決定集

2021年３月20日　初　版

定価はカバーに表示してあります
発　行　日本共産党中央委員会出版局
〒151-8586　東京都渋谷区千駄ヶ谷4-26-7
TEL 03-3470-9636
Mail:book@jcp.or.jp
http://www.jcp.or.jp
振替口座番号 00120-3-21096
印刷・製本　株式会社 光陽メディア

落丁・乱丁がありましたらお取り替えいたします

ISBN978-4-530-04417-8　C0031　Printed in Japan